El SISTEMA PARA ALCANZAR EL EXITO QUE NUNCA FALLA

W. Clement Stone

DERECHOS RESERVADOS © Título Original: The Success System
That Never Fails

Publicado en inglés por BN Publishing © Copyright 2006

© Copyright - W. Clement Stone

© Copyright 2007 – BN Publishing

Visite nuestra tienda online en:

www.bnpublishing.com

info@bnpublishing.com

Ninguna parte de esta publicación, incluido el diseño de la portada, puede ser reproducida por ningún medio, sin el previo consentimiento del editor.

All rights reserved. No part of this publication may be reproduced, stored in a retrieval system, or transmitted in any form or by any means, electronic, mechanical, photocopying or otherwise, without the prior permission of the copyright owner.

Este libro está dedicado a usted y a todos aquellos que buscan las verdaderas riquezas de la vida.

¿Puede existir un sistema para llegar al éxito?

Introducción

"Una pequeña mancha de tinta hace pensar a miles, quizá a millones..." escribió Byron en *Don Juan*. Y la búsqueda del éxito en la vida personal, familiar y comercial ha sido siempre algo predominante en el pensamiento de estos millones de seres.

Hoy, precisamente en este instante, en todos los puntos del globo, existen personas que se preguntan qué pueden hacer para progresar hacia alguna meta deslumbrante, y para mejorarse a sí mismos.

Muchos arrancarán de lo profundo de sus corazones y de sus almas un secreto que les lleve a realizaciones superiores. Pero la mayoría seguirá preguntándose...soñando... y deseando. Y un día despertarán sorprendidos para encontrarse en el mismo lugar en el que soñaban cuando jóvenes. Pero ya han perdido sus sueños y no saben muy bien por qué.

Todo el mundo desea algo

No importa de que se trate: dinero, posición, prestigio, ...una proeza especial...la oportunidad de ser útiles a sus semejantes ...el amor, un matrimonio y un hogar felices. Todo el mundo anhela algún tipo de satisfacción—el éxito en una forma o en otra. Ser feliz...tener salud...ser rico...y experimentar las verdaderas riquezas de la vida: todos estos son deseos universales. Y son estos estímulos internos los que nos mueven a actuar.

Ni usted ni yo somos excepciones. Y usted tiene las mismas oportunidades para triunfar o fracasar que tienen otros hombres o mujeres, en posiciones elevadas o modestas...en este país de facilidades ilimitadas en el cual muchos han convertido sus buenos deseos en realidad—y en el cual otros muchos se han quedado arrumbados en la cuneta del camino de la vida.

¿Por qué triunfa un hombre y fracasa otro? Existe una respuesta para esto. Y la encontraremos en este libro.

Porque existen fórmulas, instrucciones, recetas—reglas, principios, sistemas, —mapas del tesoro incluso, si se quiere— que, si se les sigue en el debido orden, darán vida a buenas cosas para aquéllos que las buscan. A menudo, las reglas para el éxito son tan sencillas y tan evidentes que ni siquiera se las ve. Pero cuando las buscamos también nosotros podemos encontrarlas.

Y durante esta búsqueda puede ocurrir algo maravilloso: podemos adquirir conocimientos...alcanzar experiencia...sentirnos inspirados, y entonces empezaremos a identificar los ingredientes que son necesarios para el éxito.

En esta casa

No hace mucho tiempo acepté una invitación para visitar el Centro Infantil Kentuckiana en Louisville (Kentucky). Yo había oído decir que su directora, la Doctora Lorraine Golden, había renunciado a los importantes ingresos que conseguía con su práctica profesional para consagrar sus talentos, su experiencia y la ayuda de un Poder Superior a intentar que pudieran andar niños inválidos.

Según iba yo recorriendo la clínica advertí que todo estaba inmaculadamente limpio. Me detuve ante la niña que ví sentada en una silla.

"¿Cómo te llamas?" —le pregunté amablemente.

"Jenny" —contestó.

Su madre estaba sentada a su lado, así que le pedí me hablara de Jenny.

Los ojos de la madre me miraron fijamente cuando me dijo: "Jenny tiene seis años. Durante los cuatro primeros años de su vida estuvo inválida sin poder andar. No teníamos dinero, y por

INTRODUCCIÓN   IX

eso la traje a la clínica. La Doctora Golden me dijo que Jenny tenía un agarrotamiento nervioso. Ahora Jenny puede andar".

La madre vaciló. Por su semblante advertí que tenía algo más que decirme—algo personal. Y esperé.

"Señor Stone... quiero que usted sepa que..." volvió a vacilar. Y entonces lo dijo: "...fuera de mi iglesia, esta es la única casa en la que siento la presencia de Dios."

Cuando concluyó, su cabeza estaba inclinada como para ocultar sus emociones, y quizá unas lágrimas. Jenny, la niña que no pudo andar durante los cuatro primeros años de su vida, caminó hacia su madre, le hechó los brazos al cuello y la besó.

Y al continuar el recorrido de la clínica me dí cuenta que fue el deseo impetuoso de la Doctora Golden el que había hecho de Kentuckiana una realidad—un deseo generoso, entregado, de propio sacrificio, que no podía contenerse. Ahora bien, para movernos a actuar es preciso que el deseo vaya unido a la ambición y a la iniciativa.

El deseo es el comienzo de toda realización humana

¿Cómo desarrollar ambición cuando no se es ambicioso? ¿Cómo desplegar iniciativas cuando no se tienen? ¿Cómo movernos a nosotros mismos o a otras personas a la acción? Estas preguntas me las han hecho a menudo personas de todas las jerarquías de la vida: padres, maestros, ministros religiosos, agentes comerciales, directores de ventas, técnicos de empresa y estudiantes de segunda enseñanza y universitarios.

"Lo primero es desarrollar el deseo"—es mi respuesta.

Pero ¿cómo se engendra un deseo? ¿Cómo empezar? Las respuestas se volverán evidentes según vaya usted leyendo.

Recuerde bien: en el deseo hay algo mágico, y, también, la magia estriba en la habilidad del mago, y la habilidad depende de tres ingredientes necesarios. De hecho, el éxito continuado en toda actividad humana depende siempre de esos tres importantes ingredientes. Esto es lo que yo he aprendido. Y lo demostré cuando desarrollé en primer término mi sistema de ventas que nunca falla, que me llevó más tarde a un descubrimiento asombroso... *el sistema que nunca falla para alcanzar el éxito.*

Prepárese para la prosperidad futura

Yo he visto los principios del éxito operando en las vidas de cientos de hombres y de mujeres en todos los campos del esfuerzo humano. Solamente después de continuos estudios y experimentos descubrí las razones que están detrás tanto del éxito como del fracaso...y también algo más: cómo hacer que aquellos que han fracasado triunfen más adelante.

En la creencia de que lo que permanece con nosotros, cuando compartimos con los demás lo bueno y lo bello, se multiplicará y crecerá, voy a compartir, en este libro, las técnicas para alcanzar el éxito tal y como yo las he descubierto.

Y sé por experiencia que si usted emprende el viaje conmigo a lo largo de este libro, capítulo por capítulo, en una búsqueda del tesoro—también usted será capaz de emplear *el sistema para alcanzar el éxito que nunca falla* a fin de convertir en realidad sus valiosos deseos.

Una antigua leyenda hindú dice que, cuando los dioses estaban haciendo el mundo dijeron: "¿Dónde podremos esconder los tesoros más valiosos para que no se pierdan? ¿Cómo podremos esconderlos para que el ansia y la codicia de los hombres no los roben o destruyan? ¿Cómo podremos asegurarnos de que estas riquezas se transmitirán de generación en generación en beneficio de toda la humanidad?"

Por ello, en su gran sabiduría eligieron un escondite que era tan evidente que no se le podía ver. Y allí colocaron las verdaderas riquezas de la vida, dotadas del mágico poder de regenerarse a sí mismas indefinidamente. En este escondite, esos tesoros pueden ser encontrados por todas las personas de cualquier país que sigan *el sistema que nunca falla para alcanzar el éxito*.

Y según vaya usted leyendo este libro, léalo como si yo fuera un amigo personal suyo que le escribe a usted y solamente a usted. Porque este libro está dedicado a usted y a todos los que buscan las verdaderas riquezas de la vida.

W. CLEMENT STONE

INDICE

¿PUEDE EXISTIR UN SISTEMA PARA LLEGAR AL ÉXITO?   VII

PRIMERA PARTE

EMPIEZA LA BUSQUEDA

Capítulo 1   UN NIÑO EMPIEZA LA BÚSQUEDA   3

Continúa la búsqueda del niño. El camino hacia la cumbre. Las decisiones son importantes cuando van constantemente acompañadas de la acción. Cuando vaya en busca de algo, no vuelva hasta haberlo conseguido.

2   PREPÁRESE PARA EL DÍA DE MAÑANA   12

Consiga de su dinero lo que realmente vale. Haga dos veces más en la mitad de tiempo. Piense por usted mismo. Cómo superé la timidez y el miedo. Cómo neutralizar la timidez y el miedo. Sepa cuándo hay que renunciar. Cómo conseguir que una persona nos escuche. Juegue para ganar. Por qué estaba escrito. ¿Qué significa para Ud.?

3   CONSTRÚYASE A SÍ MISMO   23

Está dentro de Ud. Haga un inventario de sí mismo. Elaboró un registrador de tiempo... y se construyó a sí mismo. El poder de la voluntad. Se llega al alma a través de la mente. Derribe las murallas invisibles. Constrúyase a sí mismo.

4   NO PERMITA QUE SU FUTURO QUEDE DETRÁS DE USTED   35

¿Está su futuro detrás de usted? Dejó su futuro detrás de él. ¿Cómo vencerse a sí mismo? Procure hacer la cosa adecuada porque es adecuada. De los harapos a la riqueza. AMP e insatisfacción inspiradora. Donde va el Dr. Joe va Dios. La bendición del trabajo.

Segunda Parte

DESCUBRO EL MAPA DEL TESORO

5 Triunfar supone menos trabajo que fracasar   47

Triunfar supone menos trabajo que fracasar. Aprendí mucho sobre muy poco. Exito a corto plazo y fracaso a largo plazo. Haga lo que tiene miedo de hacer. La puerta que yo temía me abrió la oportunidad. Fracasos temporales, pero éxitos permanentes. Cómo encontrar lo que andamos buscando.

6 Elija la dirección adecuada   60

Cuando lo necesite, sepa dónde encontrarlo. Convirtió la derrota en una victoria. La práctica supera los handicaps. No hay tres personas, si falta una. Del éxito al fracaso. "Tienes madera-lo eres!" No es necesario conocer todas las respuestas. El ingrediente más importante para el éxito.

7 La energía para actuar   71

Las emociones mezcladas intensifican la ENERGIA PARA ACTUAR. El mayor motivador de todos. Si desea algo, vaya a buscarlo. La fe es un motivador sublime. La inspiración produce el conocimiento y el modo de actuar. Proporciónese un autoarranque.

Tercera Parte

UN VIAJE MEMORABLE

8 Escogí una buena tripulación   85

Tenga el valor de enfrentarse con lo desconocido. Ponga los cimientos adecuados. Un perro caliente y un vaso de leche. Concéntrese. Decidí multiplicarme a mí mismo. No desperdicie una oportunidad. Pida consejo al hombre que pueda ayudarlo. Nunca es tarde para aprender.

ÍNDICE

9 Capeamos el temporal — 97

Lo único que hay que temer es el propio miedo. Prepárese a enfrentarse con las catástrofes de la vida. El fin de la vida es la propia vida. Prepárese para luchar. Aprenda con la experiencia de los demás. Me enfrenté con mi problema. Lo que yo no sabía. La necesidad me motivó a actuar. El intento y el éxito. Carácter-actitud-voluntad de aprender. Su actitud les convirtió en "pasados".

10 Resulta fácil si se conoce el modo de actuar — 111

El entusiasmo atrae. Yo tenía un problema. Un plano para el éxito. Si quieres triunfar selecciona tu medio ambiente. Convierta una desventaja en una ventaja. El descubrimiento asombroso. El cuaderno de bitácora de las ventas.

11 Fuentes misteriosas de poder — 121

Sus oraciones obtuvieron respuesta. El hombre de la mente de radar. Ocultos canales de la mente. Predicción. Ciclos. Tendencias del crecimiento. Libérese de la esclavitud.

12 El destino de toda carne — 133

El bien que quisiera hacer... no lo hago. El mal que no quisiera hacer... lo hago. La sugestión tienta... La autosugestión repele el mal. La solidaridad. El traidor. Ármese ahora para poder resistir más adelante.

13 Cómo ir desde donde está usted hasta donde le gustaría estar — 144

Si quiere un empleo vaya en su busca. Trae cuenta estudiar, aprender y emplear un sistema para alcanzar el éxito. Tejió una cadena interminable. Un buen hombre atrae a otro. El libro más extraño que se ha escrito nunca. Piense y enriquézcase. Un montón de carbón... y algo más. El mapa del tesoro está completo. Una filosofía viva.

Cuarta Parte
LA RIQUEZA... Y LAS VERDADERAS RIQUEZAS DE LA VIDA

14 Riqueza y oportunidad — 161

Nuestra gran herencia. ¿Cómo se crea la riqueza?

Los impuestos son buenos. La riqueza de las naciones. La riqueza aumentada merced a los donativos. Los balances de crédito exterior. Ganemos la guerra fría más deprisa. Usted, la riqueza y la oportunidad.

15 Cómo encender el fuego de la ambición — 171

Déle un sentido a su vida. De qué modo le motivé. Déle una oportunidad ... para que sus sueños se conviertan en realidad. Para motivar ... cuente historias. Encienda la llama de la ambición gracias al sistema que nunca falla para alcanzar el éxito. ¿Cómo puedo mejorar en la escuela? Cómo conseguir un empleo.

16 Los superdotados... no nacen... se hacen — 184

Comentarios sobre lo que dijo el experto. La motivación tiene la máxima importancia. Conozca a un genio potencial. Usted puede aumentar su I. Q.

17 El poder que cambia el rumbo del destino — 193

Emplee el poder que cambia el rumbo del destino. Emplee la sesera. Un deseo impulsivo le movió a una mala acción. Su código moral no le detuvo. Normas elevadas le mantuvieron alejado del delito. Cánones elevados e inviolables rechazan las sugestiones malas. Cómo desarrollar el poder que cambia el rumbo de su destino.

18 Las verdaderas riquezas de la vida — 204

¿Cuáles son las verdaderas riquezas de la vida? Las bellas artes y las verdaderas riquezas de la vida. Comparte el amor de la música y descubre la verdadera riqueza.

Quinta Parte

TERMINA LA BUSQUEDA

19 El indicador del éxito produce éxito — 221

Cómo relacionar y asimilar. Su Agenda Social y el sistema que nunca falla para alcanzar el éxito. No espere lo que no inspeccione. "La Fe"[1]. Sea honrado consigo mismo. Depende de usted.

20 El autor pasa revista a su propia obra   235

Se ha abierto mi mente. Ensanche sus horizontes. Los libros de autoayuda cambiaron su vida. El vigilante de buen corazón. Porque amo a mi gente. Las puertas grandes giran sobre pequeñas bisagras. El lugar oculto...

Bibliografía y libros recomendados   245

El autor de este libro   249

Primera Parte

EMPIEZA LA BUSQUEDA

Las decisiones no seguidas de acciones no sirven para nada.
El fracaso puede serle útil.
No se deje encerrar dentro de muros mentales.
Encauce sus pensamientos, controle sus emociones, ordene su destino.

1

Un niño empieza la búsqueda

Yo tenía seis años y estaba asustado. Vender periódicos en el duro barrio de South Side de Chicago no era fácil, especialmente con los chicos mayores que cogían las mejores esquinas, gritaban más fuerte y me amenazaban con los puños cerrados. El recuerdo de aquellos días sombríos me acompaña todavía, porque es la primera vez que recuerdo de cómo convertí en ventaja una desventaja. Se trata de una historia sencilla que ya no tiene importancia ahora...y sin embargo constituyó un punto de partida.

El Restaurante Hoelle's estaba cerca de la esquina en la cual yo intentaba trabajar, y esto me dio una idea. Era un sitio muy concurrido y próspero que ofrecía un aspecto aterrador para un niño de seis años. Yo estaba nervioso, pero entré apresuradamente y realicé una buena venta en la primera mesa. A continuación, los clientes de la segunda y de la tercera mesa me compraron periódicos. Sin embargo, cuando me dirigía a la cuarta, el señor Hoelle me echó a empujones a la calle.

Pero yo había vendido tres periódicos. Así que, cuando el señor Hoelle no estaba mirando, volví a entrar y me fuí a la cuarta mesa. Aparentemente, al jovial cliente le gustó mi perspicacia; me pagó el periódico y me dio diez centavos extra, antes de que el señor Hoelle me echara nuevamente; pero yo ya había vendido cuatro periódicos y conseguido además diez centavos "de propina". Entré al restaurante y empece a vender otra vez. Hubo una explosión de risas. Los clientes disfrutaban con el espectáculo. Alguien dijo en voz alta: "Déjele que se quede", cuando el señor Hoelle se dirigió hacia mí. Aproximadamente cinco minutos después había vendido todos mis periódicos.

La noche siguiente volví de nuevo. El señor Hoelle me llevó una vez más hasta la puerta de la calle. Pero, al volver yo a entrar inmediatamente, levantó las manos en alto y exclamó: "¡Es inútil!". Más tarde nos hicimos grandes amigos, y nunca volví a tener dificultades al vender allí periódicos.

Años después, volví yo a pensar en aquel niño, casi como si no se tratara de mí sino de un amigo extraño de hacía mucho tiempo. Una vez, después de haber hecho fortuna y de ser director de un gran imperio de Seguros, analicé las acciones de ese niño a la luz de lo que ya había aprendido. Estas son las conclusiones a las que llegué:

1. El necesitaba dinero. Los periódicos no tenían ningún valor para él si no se vendían; ni siquiera sabía leerlos. Los pocos céntimos que había pedido prestados para comprarlos serían dinero perdido. Para un niño de seis años, esta catástrofe era suficientemente grande como para moverle—para hacerle que siguiera intentando. De este modo, tuvo la necesaria *inspiración para actuar*.

2. Después de su primer éxito al vender en el restaurante tres periódicos, volvió a entrar aunque sabía que podían molestarle y echarle de nuevo. Después de tres incursiones, consiguió la técnica necesaria para vender periódicos en los restaurantes. De este modo, obtuvo el *modo de actuar*.[1]

3. Sabía lo que hay que decir, porque había oído a los chicos mayores gritar los titulares. Cuando se acercaba a un posible cliente, todo lo que tenía que hacer era repetir en voz más baja lo que había oído. De este modo, poseyó *el conocimiento de la actividad* necesaria.

Sonreí al darme cuenta de que "mi pequeño amigo" había tenido éxito como vendedor de periódicos empleando la misma técnica que más tarde se convertiría en un sistema para alcanzar el éxito que le permitiría, a él y a otros muchos, amasar fortunas. Pero me estoy adelantando. Por el momento, limítese a recordar

---

[1] Teniendo en cuenta el contexto, se ha traducido por "modo de actuar" la conocida expresión. *Know-how*. (N. del T.).

estas tres expresiones: *inspiración para actuar, modo de actuar, y conocimiento de la actividad.* Estas son las claves del sistema.

Continúa la búsqueda del niño

Aunque había crecido en una vecindad pobre y triste, era feliz. ¿Acaso no son felices todos los niños, independientemente de la pobreza, si tienen un sitio para dormir, algo que comer, y espacio para jugar?

Yo vivía con mi madre en casa de unos parientes. Cuando fuí un poco mayor, el abuelo de una niña que vivía en el ático de nuestra casa de pisos deslumbró mi imaginación con historias de cowboys y de indios, mientras comíamos buñuelos de arroz con leche. Y todos los días, cuando él se cansaba de contarme cosas, bajaba yo al patio trasero y hacía de Buffalo Bill o de gran jefe indio. Mi caballito —consistente en un palo o en una vieja escoba— era el más rápido de todo el Oeste.

Imagínese a una madre trabajadora por la noche viendo a su pequeño acostado y pidiéndole que le hable de sus experiencias del día—las buenas y las malas. Imagínese al niño, después de haber charlado durante algún rato, levantarse de la cama y arrodillarse junto a su madre mientras ella reza pidiendo consejo. Y entonces tendrá usted el sentimiento del comienzo de mi búsqueda de las verdaderas riquezas de la vida.

Mi madre tenía mucho que rezar. Como todas las buenas madres, pensaba que su hijo era un buen muchacho pero se preocupaba porque tenía "malas compañías". Y le preocupaba en especial el hecho de que hubiera adquirido la costumbre de fumar.

El tabaco era caro, y por ello yo solía enrollar posos de café en papel de fumar cuando no podía conseguir tabaco. Quizá me hiciera sentirme importante porque otro chico y yo fumábamos solamente cuando estaban delante los demás chicos y chicas, experimentando singular placer si se escandalizaban. Cuando había gente en casa, yo demostraba que ya era mayor fumando uno de estos cigarrillos caseros. Se creaba así una pauta. Pero no era buena.

Al igual que otros chicos que empiezan por un camino equivocado, yo solía hacer novillos. No sacaba con ello ningún placer;

me sentía culpable. Quizá intentaba de ese modo demostrar que era diferente de los demás de mi grupo. Pero hacía una cosa buena: por la noche, cuando hablábamos mi madre y yo, le contaba la verdad—se lo decía todo.

Las oraciones de mi madre fueron atendidas. Me hizo ingresar en el Spaulding Institute, que era un internado parroquial de Nauvoo (Illinois). Allí, situado en un medio saludable en el cual se empleaban los tres ingredientes del *sistema que nunca falla*, ocurrió algo bueno.

¿Dónde mejor que en una escuela religiosa se puede desarrollar la *inspiración para actuar* al buscar la mejora de uno mismo? ¿Y quién tiene un mejor *modo para actuar* y el necesario *conocimiento* para formar el carácter que aquéllos que consagran toda su vida a la iglesia luchando por purificar sus propias almas a la vez que intentan salvar las almas de los demás? Según pasaban las semanas y los meses y los años, crecía en mí la secreta ambición de ser como mi padre religioso, como el pastor al cual yo admiraba y quería.

Pero también quería a mi madre y la echaba de menos. Como tantos otros muchachos que viven en la escuela lejos de su hogar, yo sentía nostalgia de mi casa y, como ellos también, siempre que veía a mi madre o que le escribía le pedía volver a casa para estar allí siempre.

Después de dos años en Nauvoo, pensó que yo estaba ya preparado. Y lo que es igualmente importante—ella estaba preparada. O quizá se tratara del amor maternal porque también ella ansiaba tenerme a su lado. Aunque podía dudarse de mi capacidad de adaptarme a un nuevo ambiente, sabía que siempre podría mandarme de nuevo a Nauvoo si ello parecía aconsejable. Yo estaba preparado y ella también lo estaba.

El camino hacia la cumbre

Cuando mi madre era pequeña, aprendió a coser, y, como tenía iniciativa, talento y sensibilidad, despuntó mucho. Poco tiempo después de haber abandonado yo Nauvoo, se dio cuenta de que también para ella era deseable cambiar de casa y de ambiente profesional. Ya estaba en condiciones de hacerlo porque no tenía que preocuparse buscando a alguien que cuidara de mí mientras ella trabajaba.

Consiguió colocación en un establecimiento muy selecto de importación de artículos para señora, llamado Dillon's. A los dos años la pusieron al frente de todo lo relacionado con la costura, confección y creación de modelos, y consiguió una gran reputación de modista y creadora de modelos entre la selecta clientela. Sus ingresos fueron lo suficientemente elevados como para permitirle adquirir un piso propio en un barrio más elegante.

A una manzana de distancia de nuestra casa había una pensión cuya propietaria cocinaba su propia comida, y allí iba yo a comer. Los alimentos eran maravillosos—asados de vaca, judías, pasteles caseros, puré de patatas en salsa—a pesar de las joviales lamentaciones de los huéspedes adultos que, para un niño de once años resultaban las personas más interesantes del mundo: eran artistas. Ellos también me querían a mí. Yo era el único chico que había allí.

Como miles de hombres y de mujeres que se aferran a la oportunidad de emprender *el camino hacia la cumbre* en este país de oportunidades ilimitadas, mi madre ahorró lo bastante para montar su propio negocio. Su fama como creadora de modelos y como modista, le trajo buenos clientes, pero carecía del *modo de actuar* para utilizar el crédito bancario. (Muchos negocios pequeños se harían más grandes si los dueños se enteraran de que el negocio de los Bancos es ayudar a que pequeños establecimientos se hagan mayores a través de una sólida financiación.)

Debido a la falta de capital o de una adecuada utilización de los créditos bancarios, la tienda de confección de mi madre nunca creció más allá de su trabajo personal y del de dos empleadas fijas. También ella tuvo problemas económicos como los tienen la mayoría de las personas que procuran establecerse por cuenta propia. Pero estos problemas nos iniciaron en muchas de las verdaderas riquezas de la vida como, por ejemplo, la alegría de dar.

Yo me ganaba el dinero para mis gastos (que en parte era dinero ahorrado porque había abierto una cuenta de ahorros) con un itinerario que había montado para la venta de periódicos y del *Saturday Evening Post*. Aunque todas las noches me pedía mi madre que le contara mis dificultades, ella nunca me hablaba de las suyas. Pero podía darme cuenta de ellas. Una mañana ví que parecía muy preocupada. Ese mismo día, antes de que volviera a casa, saqué una cantidad que representaba para mí una parte importante de mis ahorros y compré una docena de las mejores rosas que encontré.

La alegría de mi madre ante esta prueba de cariño me llevó a darme cuenta de la alegría verdadera que tiene el que da algo. Muy a menudo, a lo largo de los años siguientes, contó ella a sus amigos con orgullo de madre lo de las doce y hermosas rosas de largo tallo y lo que había supuesto para ella. Esta experiencia, me hizo darme cuenta de que tener dinero es una buena cosa—por el bien que se puede hacer con él.

El 6 de enero era siempre una fecha importante en la vida de mi madre y en mi propia vida porque era su cumpleaños. Por alguna razón, quizá debido a las compras navideñas, cierto seis de enero mi cuenta en el Banco no llegaba a un dólar. Esto me preocupó mucho porque deseaba con todas mis fuerzas comprarle un regalo de cumpleaños. Aquella mañana recé pidiendo consejo.

Cuando volví a casa de la escuela a la hora de comer, mis oídos se sentían acariciados por el crugido del hielo bajo mis pisadas. De repente me detuve y me volví. *Algo* me dijo que rehiciera mi camino y mirara. Volví hacia atrás, recogí del suelo un papel verde arrugado ¡y descubrí con asombro que era un billete de diez dólares! (Volveré a referirme más adelante a ese *algo*).

Me sentí excitado, pero después de todo no me decidí a comprar un regalo. Tenía un plan mucho mejor.

Mi madre estaba en casa a la hora de comer. Cuando limpiaba la mesa, recogió su plato y encontró una felicitación de cumpleaños escrita a mano, con el billete de diez dólares. Una vez más descubría la alegría de dar, porque parecía que aquél día todos los demás se habían olvidado de su cumpleaños. Disfrutó mucho con ese regalo que en aquel entonces le pareció a ella una suma muy importante.

Las decisiones son importantes cuando van constantemente acompañadas de la acción

Estas experiencias personales demuestran que toda nueva decisión que toma un niño o un adulto en un conjunto dado de circunstancias inicia unas pautas de pensamiento que más tarde crearán un impacto extraordinario en sus vidas. Cuando una persona adulta toma una decisión, puede ser insensata o sensata según cuáles hayan sido sus experiencias anteriores al tomar decisiones. Porque *las pequeñas cosas que son buenas florecen en grandes cosas que también lo son. Y las pequeñas cosas que son malas, florecen en grandes cosas que son malas.* Y esto mismo se aplica a las decisiones.

Ahora bien, las buenas decisiones han de ir acompañadas constantemente por la acción. Sin ésta, una buena decisión se vacía de su sentido, porque hasta el deseo puede morir si no se da el intento de convertirlo en realidad. Por esta razón inmediatamente después de una buena decisión debemos actuar.

Cuando vaya en busca de algo, no vuelva hasta haberlo conseguido

Yo tenía doce años cuando un chico mayor vecino mío, al cual yo respetaba, me invitó a asistir a una reunión de boy scouts. Fuí y lo pasé muy bien, y por ello me uní a su sección—la Sección 23, dirigida por un scoutmaster llamado Stuart P. Walsh, estudiante de la Universidad de Chicago.

Nunca le olvidaré. Era un hombre de carácter. Quería que todos los muchachos de su sección se convirtieran en scouts de primera clase en un breve espacio de tiempo, e invitaba a todos los muchachos a que desearan que su sección fuera la mejor de toda la ciudad de Chicago. Quizá fuera una de las razones de que esto se consiguiera. Otra de ellas era su firme convicción: *para conseguir lo que esperas—inspecciona,* cuando enseñes, inspires, eduques y supervises a otras personas.

Todos los scouts de la Sección 23 hacían un informe semanal sobre las buenas acciones que habían realizado en cada día de la semana—de qué modo habían ayudado a los demás sin recibir compensación de ningún género. Esto hacía que cada muchacho buscara la oportunidad de realizar una buena acción, y, como la buscaba la encontraba.

Stuart P. Walsh grabó en la memoria de cada uno de los miembros de la Sección 23 los principios de la Ley Scout en una pauta indeleble: "un Scout es digno de confianza, leal, servicial, amistoso, cortés, amable, obediente, alegre, ahorrativo, valiente limpio y respetuoso".

Pero —y esto es más importante todavía— *inspeccionaba* para ver si todos los scouts de su Sección sabían como relacionar, asimilar, y emplear cada uno de esos principios —no simplemente repetirlos de memoria como un papagayo sino emplearlos como un hombre. Puedo muy bien recordarle diciendo: "cuando vayáis en busca de algo—¡no volváis hasta haberlo conseguido!"

En el siguiente capítulo veremos cómo este principio aprendido de mi viejo Scoutmaster se incorporó a mi ser de tal modo que sin que yo en un primer momento me diera cuenta de ello—supuso otro paso en el camino hacia el sistema para alcanzar el éxito que nunca falla. El vendedor de periódicos de seis años de edad del principio de este capítulo no se había despertado todavía para ver a dónde iba—pero estaba en el camino hacia esa meta.

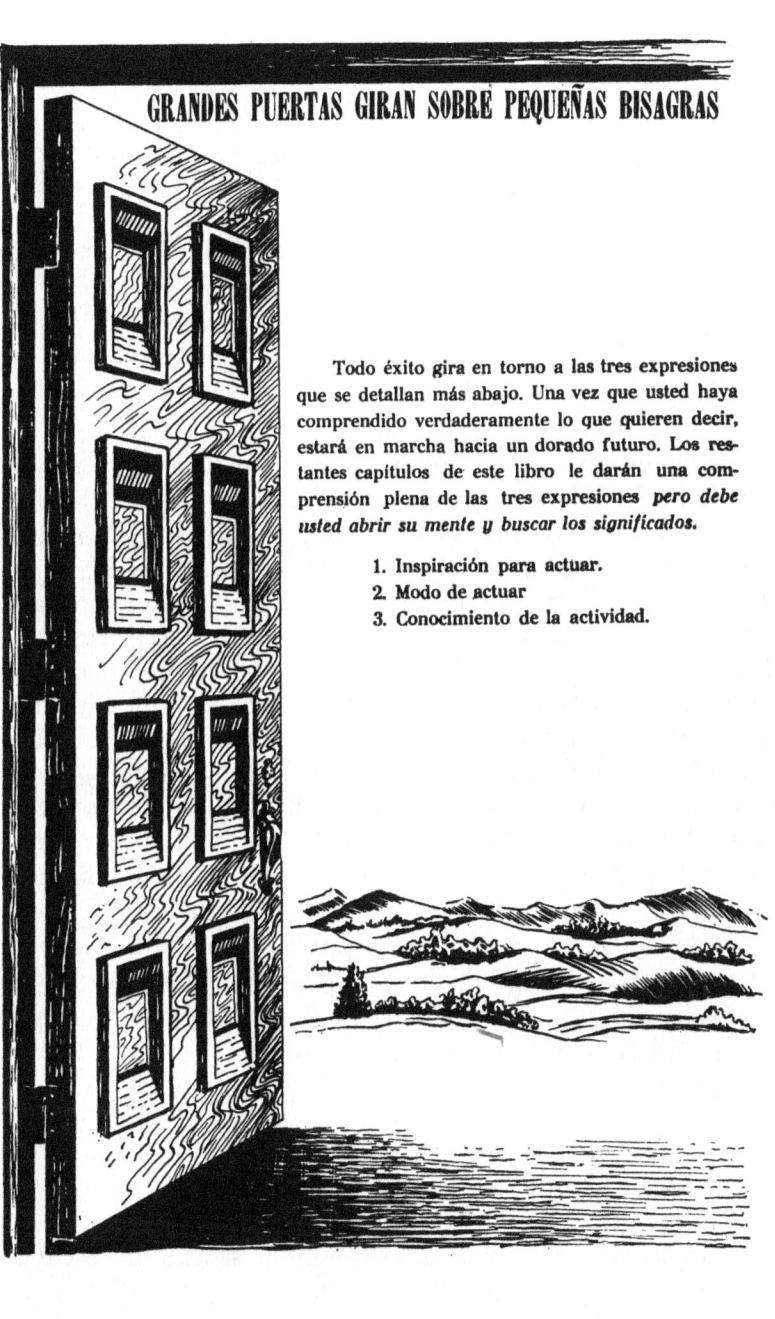

GRANDES PUERTAS GIRAN SOBRE PEQUEÑAS BISAGRAS

Todo éxito gira en torno a las tres expresiones que se detallan más abajo. Una vez que usted haya comprendido verdaderamente lo que quieren decir, estará en marcha hacia un dorado futuro. Los restantes capítulos de este libro le darán una comprensión plena de las tres expresiones *pero debe usted abrir su mente y buscar los significados.*

1. Inspiración para actuar.
2. Modo de actuar
3. Conocimiento de la actividad.

2

Prepárese para el día de mañana

Una de las lecciones más importantes de mi vida se grabó en mi mente cuando estaba a punto de graduarme en el colegio. Una lección que se convirtió en un principio básico: *Estamos sometidos a nuestro medio ambiente. Por consiguiente, elige el medio ambiente que mejor te vaya a conducir hacia el objetivo deseado.*

Aunque no estaba entonces en condiciones de formular este principio tan sucintamente, me daba perfectamente cuenta de él. Cuando llegó el momento de prepararme para la Universidad, llegué a la conclusión de que Senn Righ era mejor que Lakeview High a la que hubiera tenido que ir de haber seguido viviendo en la casa que teníamos entonces. Como un cambio importante que mi madre iba a hacer en su negocio exigía que se mudara a Detroit, llegamos a un arreglo con una excelente familia inglesa del distrito de Senn y me fuí a vivir a su casa.

Decidí también que seleccionaría mis amigos al ingresar en los nuevos estudios. Al hacer la elección, busqué individuos de carácter e inteligencia y, como los busqué, encontré lo que quería: personas excelentes y admirables que tuvieron en mí una influencia benéfica enorme.

Consiga de su dinero lo que realmente vale

Viviendo yo en un ambiente bueno y asistiendo a un excelente centro de estudios, mi madre hizo una inversión en una pequeña

Agencia de Seguros en Detroit (Michigan) que representaba a la United States Casualty Company.

Nunca lo olvidaré. Empeñó sus dos diamantes para conseguir el dinero necesario para comprar la Agencia. Recuerdo que ella no había aprendido a recurrir al crédito bancario para montar un negocio. Después de alquilar un local en un edificio comercial de los suburbios esperó con ansia las ventas del primer día. Ese día fue muy feliz. Trabajó mucho pero no consiguió ni una sola venta—¡y eso fue una buena cosa!

¿Qué hace usted cuando todo sale mal? ¿Qué hace usted cuando no hay a dónde recurrir? ¿Qué hace usted cuando se vé enfrentado con un grave problema?

He aquí lo que ella hizo, tal como lo contó años más tarde: "Estaba desesperada. Había invertido todo el dinero que tenía y había de conseguir de esa inversión todo lo que valía mi dinero. Había hecho cuanto me era posible pero no había realizado una sola venta".

"Aquella noche recé pidiendo consejo y a la mañana siguiente volví a rezar con igual fin. Cuando salí de casa, fui al Banco más importante de Detroit. Allí vendí una póliza de seguros al cajero y obtuve permiso para vender en el Banco durante las horas laborables. Parecía que en mi interior había un impulso tan sincero que todos los obstáculos quedarían suprimidos. Aquel día hice cuarenta y cuatro ventas".

Debido a los intentos y a los errores del primer día mi madre suscitó en ella misma una insatisfacción inspiradora. Se sintió *inspirada para actuar*. Sabía a quien pedir consejo y ayuda en sus esfuerzos para ganarse la vida, del mismo modo que sabía a quien pedir consejo y ayuda cuando tropezaba con un problema referente a su hijo.

Y debido a los intentos y éxitos del segundo día, adquirió el *modo de actuar* para vender pólizas de seguros contra accidentes que más tarde convirtió en un exitoso sistema de ventas. Tenía ahora *el modo de actuar*, además de *la inspiración para actuar* y del *conocimiento de la actividad*. Por ello *el camino hacia la cumbre* era rápido.

A menudo, los agentes comerciales, al igual que otras personas, fracasan en *el camino hacia la cumbre* porque no reducen a una fórmula los principios aplicados en aquellos días en que tuvieron éxito. Conocen los hechos pero no saben derivar los principios.

Ahora que se ganaba ya bien la vida con sus ventas personales, mi madre empezó a montar una organización de ventas que operaba en todo el estado de Michigan bajo el nombre comercial de Liberty Registry Company.

Mi madre y yo nos veíamos los días de fiesta y durante las vacaciones. Las vacaciones de mi segundo año de estudios las pasé en Detroit. Fue entonces cuando también aprendí a vender pólizas de seguros contra accidentes, y fue entonces cuando empecé a buscar un sistema de ventas para mí mismo, un sistema que nunca fracasara.

Haga dos veces más en la mitad de tiempo

Las oficinas de la Liberty Registry Company estaban en el Free Press Building. Pasé un día en las oficinas leyendo y estudiando la póliza que iba a intentar vender el día siguiente. Mis instrucciones de venta eran las siguientes:

1. Recorra completamente el edificio Dime Bank Building.
2. Empiece por el ático y llame en todas y cada una de las oficinas.
3. Evite llamar en la oficina del propio Building.
4. Emplee la presentación: "¿Puedo ocupar unos instantes de su tiempo?".
5. Procure vender a todos los que visite.

Así pues, seguí las instrucciones. Recuerde qué había aprendido cuando era boy scout: *Cuando empieces a hacer algo no vuelvas hasta haberlo hecho.* ¿Tenía miedo? Puede estar usted seguro de que sí.

Pero nunca se me ocurrió dejar de seguir las instrucciones. No conocía ningunas que fueran mejores. A este respecto, yo era producto del hábito de un buen hábito.

El primer día vendí dos pólizas—dos más de las que había vendido nunca. El segundo día, cuatro—y esto era un aumento del cien por cien. El tercer día, seis—un aumento del cincuenta por ciento. Y el cuarto día aprendí una importante lección.

Llamé en la oficina de una gran agencia de bienes inmuebles, y cuando estaba en el despacho del director de ventas y empleé la frase: "¿Puedo ocupar unos instantes de su tiempo?" quedé sobresaltado. Porque se puso de pié de golpe, aporreó su mesa con el puño derecho y casi a gritos me dijo: "¡Muchacho, mientras vivas nunca pidas a un hombre parte de su tiempo! ¡Cógelo!".

Así que cogí su tiempo y ese día vendí pólizas a él y a veintiséis de sus empleados.

Ello me hizo pensar: Tiene que haber un modo científico de vender muchas pólizas cada día. Debe existir un método para que una hora produzca el trabajo de muchas. ¿Por qué no encontrar un sistema para vender dos veces más en la mitad del tiempo? ¿Por qué no puedo yo crear una fórmula que produzca resultados máximos por cada hora de esfuerzo?

A partir de ese momento intenté concientemente descubrir los principios que desde entonces me han servido para construir mi sistema de ventas que nunca falla. Razoné del siguiente modo: "El éxito se puede reducir a una fórmula y también se puede reducir a una fórmula el fracaso. Aplica aquélla y evita ésta. Piensa por tí mismo".

Piense por usted mismo

Independientemente de quien sea usted, es deseable aprender la técnica de los buenos agentes comerciales, porque vender consiste simplemente en persuadir a otra persona para que acepte nuestros servicios, nuestros productos o nuestras ideas. En este sentido todo el mundo es agente comercial o viajante. Independientemente de que usted tenga o no vocación de agente comercial, los detalles pormenorizados de mi sistema de venta no son realmente importantes para usted; pero los principios pueden serlo—si usted está dispuesto.

Lo importante para usted es reducir a una fórmula—de preferencia por escrito, los principios que aprenda a través de las experiencias que tengan éxito y de los fracasos en cualesquiera actividad en las que pueda estar interesado. Ahora bien, es posible que no sepa cómo extraer los principios de lo que lee, de lo que oye, o de la experiencia. Yo le explicaré cómo lo conseguí, pero *es preciso que usted, piense por sí mismo*.

Cómo superé la timidez y el miedo

Antes de describir como superé la timidez y el miedo en el momento de abrir puertas cerradas, de entrar en despachos suntuosos y de intentar vender pólizas a hombres de negocios y a mujeres siendo un adolescente, permítame primero que le diga como me enfrenté de niño con los mismos problemas.

A muchas personas les resultará difícil creer que yo de pequeño era tímido y asustadizo. Pero es ley de naturaleza que en cada experiencia nueva y en cada nuevo ambiente los individuos sienten cierto grado de temor. La naturaleza protege del peligro a los individuos gracias a esta precaución. Las mujeres y los niños experimentan esto en mayor grado que los hombres; éste es también el modo con que la naturaleza nos protege del daño.

Recuerdo que de niño era tan tímido que cuando había gente en casa me iba a otro cuarto, y durante las tormentas me escondía debajo de la cama, pero un día razoné así: "Si el rayo va a caer aquí será tan peligroso esté donde esté, debajo de la cama o en cualquier otro sitio de la habitación. Decidí vencer este temor. Se me presentó una oportunidad y la aproveché. Durante una tormenta me obligué a mí mismo a acercarme a la ventana y a mirar los rayos. Ocurrió algo sorprendente. Empecé a disfrutar con la belleza de los relámpagos a través del cielo. Hoy en día no hay nadie que disfrute más que yo durante una tormenta.

Aunque llamé sucesivamente en todas las oficinas del Dime Bank Building, no había superado el miedo al abrir las puertas, en especial cuando no podía ver qué había detrás de ellas. (Muchas puertas de cristal estaban esmeriladas o tenían cortinas). Era necesario crear un método que me obligara a entrar.

Y entonces, porque la busqué, encontré la respuesta. Razoné así: "El éxito lo alcanzan aquellos que intentan conseguirlo. *Cuando no hay nada que perder con intentarlo y mucho que ganar si se consigue el éxito, ¡intentalo por todos los medios posibles!*".

La repetición de una u otra de estas automotivaciones satisfizo plenamente mi razón. Pero seguía teniendo miedo y seguía siendo necesario entrar en acción. Afortunadamente, por fin dí con el "autoarrancador". "*¡Hazlo ahora mismo!*", porque había aprendido el valor que tiene procurar establecer hábitos adecuados y el peligro de adquirir malos hábitos. Se me ocurrió que podía obligarme a mí mismo a actuar cuando salía de una oficina, si me apresuraba rápidamente hacia la siguiente. Si se me ocurría vacilar volvería emplear el "autoarrancador". *Házlo ahora mismo!*— y a actuar inmediatamente y así lo hice.

Cómo neutralizar la timidez y el miedo

Una vez dentro de una oficina seguía sin encontrarme a gusto pero pronto aprendí a neutralizar el miedo de hablar con un desconocido. Lo conseguí gracias al control de la voz.

Descubrí que si hablaba rápidamente y en voz alta, y vacilaba donde hubiera habido un punto o una coma si se hubiera tratado de un escrito, y conservaba una sonrisa y recurría a modular las palabras, me desaparecía ese vacío que sentía en el estómago. Más tarde, descubrí que esa técnica está basada en un principio sicológico muy sólido: las emociones (como el miedo) no están sujetas de un modo inmediato a la razón, sino que lo están a la acción. *Cuando los pensamientos no neutralicen una emoción indeseada—la acción la neutralizará.*

Al director de Ventas de aquella Agencia de Bienes inmuebles no le había gustado la presentación: "¿Puedo coger unos momentos de su tiempo?" Además, muchas personas con las cuales yo había empleado esta presentación habían contestado: "No". Así pues, renuncié a ella y, después de varios tanteos, concebí una nueva que es la que he empleado desde entonces: "Creo que esto le interesará a usted también".

Nadie ha contestado "No" a esta presentación. La mayoría ha preguntado: "¿De qué se trata?". Y yo, por supuesto, a continuación se lo he dicho y les he colocado mi charla comercial. La finalidad de una presentación comercial es exclusivamente conseguir que otra persona nos escuche.

Sepa cuándo hay que renunciar

"Procura vender a todos los que visites", fue una de las instrucciones que me había dado mi madre. Así lo hice con todos los clientes. A veces agotaba a alguno de ellos pero, cuando me marchaba de su oficina, yo también estaba agotado. Me parecía que, al vender un servicio de bajo precio como lo estaba haciendo resultaba imperativo llegar a una media de ventas superior por cada hora de esfuerzo. Porque no todos los días vendía 27 pólizas en una sola oficina.

Por ello, decidí *no* vender a todo aquél a quien visitara, *en el caso de que la venta fuera a llevar más tiempo que un límite que yo me había fijado a mí mismo.* Intentaría hacer feliz al cliente y me marcharía rápidamente aunque supiera que de seguir con él podría conseguir la venta.

Ocurrieron cosas maravillosas. Aumenté enormemente mi media de ventas por día. Más aún, el cliente, en varias ocasiones, creyó que yo iba a seguir argumentando pero, cuando yo me despedía de él tan agradablemente, se acercaba a la oficina siguiente, en la que yo esta vendiendo y me decía: "Usted puede hacerme esto a mí. Cualquier otro agente de seguros, hubiera seguido; vuelva y redacte la póliza." En lugar de sentirme cansado después de un intento de venta, sentía entusiasmo y energía ante la idea de presentarme a un nuevo posible cliente.

Los principios que aprendí son sencillos: La fatiga no ayuda a hacer mejor el trabajo. No reduzca su nivel energético hasta el punto de agotar la batería. El nivel de actividad del sistema nervioso aumenta cuando el cuerpo se vuelve a "cargar" con el reposo. *El tiempo es uno de los ingredientes más importantes en cualquier fórmula que produzca éxito en cualquier actividad humana. Ahorre tiempo. Inviértalo juiciosamente.*

Cómo conseguir que una persona nos escuche

"Cuando estés hablando con una persona mírale a los ojos" me enseñaron cuando era niño. Pero al vender, yo miraba a los ojos de la persona y a menudo la veía sacudir la cabeza en signo de negación. Y, todavía más a menudo, me interrumpía. Esto no me gustaba. Me desanimaba. Muy pronto di con la técnica para evitarlo: Conseguir que el posible cliente se concentre con su sentido de la vista y del oído en lo que tengo que enseñarle y que decirle. Yo señalaba a la póliza o a los folletos explicativos y los miraba a la vez que le colocaba mi charla comercial. Debido a que yo miraba a lo que estaba señalando, él también lo miraba.

Si con el rabillo del ojo yo veía que el cliente sacudía negativamente la cabeza, no paraba mientes en ello. Frecuentemente, él se interesaba más adelante y yo cerraba el trato.

Juegue para ganar

En un deporte o juego altamente competitivo, usted juega según las reglas y no viola las normas que se ha fijado a sí mismo; pero juega para ganar. Tal ocurre en el juego de vender. Porque vender —como todas las demás actividades— se convierte en algo muy divertido en cuanto uno ha llegado a ser un experto.

Descubrí que para llegar a ser experto tenía que trabajar y trabajar duramente. *Intente, intente, intente, y siga intentando*: es la regla que hay que seguir para convertirse en un experto en cualquier materia. Pero a su debido tiempo, y gracias al empleo de los hábitos adecuados de trabajo, se convierte uno en un experto. Experimentará entonces la alegría de trabajar y el oficio o profesión dejará de ser trabajo y resultará un entretenimiento.

Trabajé día tras día y lo hice duramente intentando mejorar mis técnicas de venta. Busqué *palabras claves*—palabras y expresiones que desencadenaran la reacción oportuna en el cliente. Y esa reacción oportuna suponía que él me compraría la póliza en un plazo de tiempo razonablemente corto, porque el tiempo representaba dinero para mí.

Yo deseaba decir la cosa apropiada del modo adecuado para conseguir la reacción apropiada. Esto requería práctica, y la práctica es trabajo.

Todo tiene un principio y un fin. La presentación es el principio de una explicación de la venta que se propone. ¿Cómo podría yo cerrar el trato en un espacio brevísimo de tiempo de modo que el cliente quedara satisfecho?

Y como indagué sobre esto, llegué a un descubrimiento: Si usted quiere que el cliente compre, *pídale* que compre. Pídaselo simplemente y dele una oportunidad de decir: "Sí". Pero procure que le resulte fácil decir "sí", y difícil decir "no". Concretamente, emplee la fuerza con tal delicadeza que resulte sutil, agradable y eficaz.

Y he aquí lo que descubrí: Si usted quiere que una persona diga "sí", formule simplemente *una afirmación positiva y haga una pregunta afirmativa*. Entonces la respuesta "sí" será casi una acción refleja natural. Ejemplos:

1. Afirmación positiva: *Hace un día estupendo.*
   Pregunta afirmativa: *¿Verdad que lo hace?*
   Respuesta: *Sí que lo hace.*
2. La madre, que quiere que su hijo practique el piano durante una hora el sábado por la mañana cuando sabe que el niño quiere irse a jugar, podría decir:
   Afirmación positiva: *Tú quieres practicar ahora durante una hora tener todo el día luego para jugar...*
   Pregunta afirmativa: *¿Verdad que sí?*
   Respuesta: *Sí.*
3. Una vendedora ofreciendo a una cliente un pañuelo de encaje podría decir:
   Afirmación positiva: *Es bonito, y de un precio muy razonable...*
   Pregunta afirmativa: *¿No le parece?*
   Respuesta: *Sí.*
   Pregunta afirmativa: *¿Se lo envuelvo entonces?*
   Respuesta: *Sí.*
4. La eficaz conclusión que descubrí es igualmente sencilla:
   Afirmación positiva: *Así pues, si no le importa, me gustaría redactar la póliza también para usted, si me lo permite...*
   Pregunta afirmativa: *¿Me lo permite?*
   Respuesta: *Sí.*

Por qué estaba escrito

El relato de mis experiencias en el Dime Bank Building indica las técnicas que empleé para desarrollar mi sistema de ventas que nunca falla, y el por qué yo las empleé. Buscaba el *conocimiento* necesario para cada una de las fases de que se compone la presentación de la venta. Me esforzaba por adquirir el *modo de actuar*—la *experiencia de emplear este conocimiento* concreto a través de *acciones* reiteradas.

Resumiendo, me estaba preparando para desarrollar el hábito de emplear una fórmula que consiguiera *de un modo coherente* resultados notables en mis ventas en el plazo de tiempo más breve.

Aunque entonces no me dí cuenta, en realidad me estaba *preparando para el día de mañana*. En efecto, años más tarde descubrí que mi sistema de ventas se valía de principios que son el denominador común de continuadas relaciones con éxito en todas las actividades humanas. Y de este modo realicé un descubrimiento mayor: *el sistema que nunca falla para alcanzar el éxito.*

¿Qué significa para Ud.?

La salud, la felicidad, el éxito y la riqueza pueden ser suyos si usted entiende y emplea el *sistema que nunca falla para alcanzar el éxito.*

Porque el *sistema funciona...* si usted hace funcionar el *sistema.*

Es posible que todavía no identifique y comprenda los principios para el éxito, que se descubren en las historias y explicaciones que ha leído, hasta el punto de adoptarlas. Pero, si sigue leyendo, se convertirán en claras como el agua.

Según va usted buscando el *sistema que nunca falla para alcanzar el éxito,* conseguirá procesos más rápidos y más duraderos si tiene siempre presentes los tres ingredientes necesarios que, por orden de importancia, son:

1. *Inspiración para actuar:* lo que le mueve a usted —o a cualquier otra persona— a actuar porque así lo *desea.*
2. *El modo de actuar:* las técnicas y habilidades particulares que, de un modo coherente, obtienen resultados para usted. El modo de actuar es la *aplicación adecuada del conocimiento.* El modo de actuar se convierte en *hábito* a través de una *experiencia* real y reiterada.
3. *Conocimiento de la actividad:* Conocimiento de la actividad, servicios, productos, métodos, técnicas y habilidades con las cuales se relaciona usted concretamente.

Para un éxito continuado es necesario, *prepararse para el día de mañana.* Para prepararse para el día de mañana, tiene usted que construirse a sí mismo. Y para aprender a *construirse a sí mismo,* lea el capítulo siguiente.

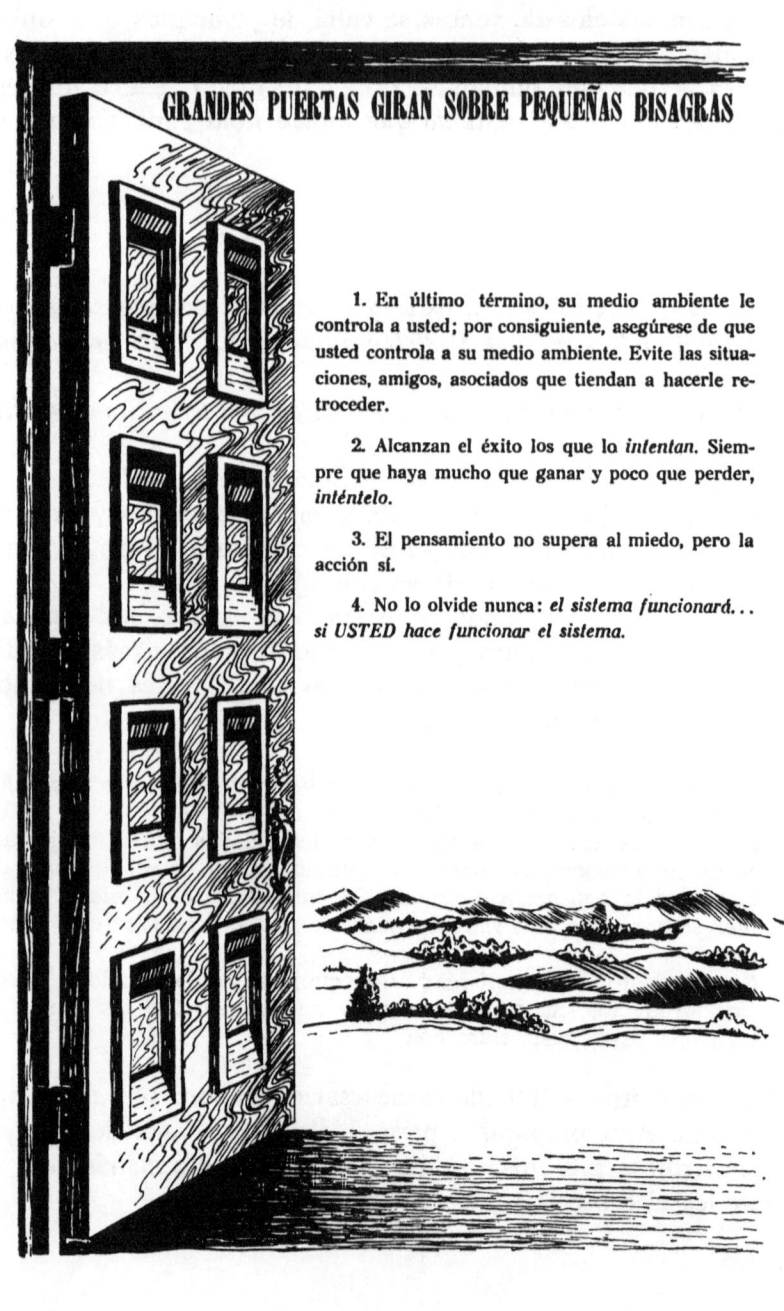

GRANDES PUERTAS GIRAN SOBRE PEQUEÑAS BISAGRAS

1. En último término, su medio ambiente le controla a usted; por consiguiente, asegúrese de que usted controla a su medio ambiente. Evite las situaciones, amigos, asociados que tiendan a hacerle retroceder.

2. Alcanzan el éxito los que lo *intentan*. Siempre que haya mucho que ganar y poco que perder, *inténtelo*.

3. El pensamiento no supera al miedo, pero la acción sí.

4. No lo olvide nunca: *el sistema funcionará... si USTED hace funcionar el sistema.*

3

Constrúyase a sí mismo

"Don, ¿sabes dónde puedo conseguir un empleo?"

Donald Moorhead vaciló, sonrió y dijo: "Sí, Jim. Ven a verme a la oficina mañana a las ocho y media".

Así concluyó la conversación. Empezó cuando el señor Moorhead, alto empleado de la United States Casualty Company, se encontró una tarde a un amigo mientras bajaba por Wall Street.

Y, a la mañana siguiente, cuando Jim fue a verle, Don sugirió que un modo fácil de conseguir grandes ingresos y de ser útil al público era vender pólizas de seguros sobre la vida y contra accidentes.

"Pero —dijo Jim— me asustaría terriblemente. No sabría a quien ir a ver. No he vendido nada en mi vida".

"No hay por qué preocuparse —fue la respuesta— Te diré lo que tienes que hacer. Te garantizo que no fracasarás... si vas a ver cada día a cinco personas. Y te daré todas las mañanas los nombres de cinco posibles clientes, si me prometes una cosa".

"¿El qué?"

"Prometeme que irás a ver a cada uno de ellos el mismo día en que te dé sus nombres. Si quieres puedes mencionar mi nombre. Pero no les digas que soy yo quien te envía".

Jim necesitaba urgentemente un empleo, y a su amigo no le hizo falta mucho tiempo para convencerle de que por lo menos lo intentara. Así pues, Jim se llevó a su casa las instrucciones y folletos necesarios, y volvió a la oficina del señor Moorhead algunos días después para conseguir sus cinco nombres y empezar una nueva carrera.

Está dentro de Ud.

"¡Ayer fue un día apasionante!" exclamó al presentarse a informar la mañana siguiente con dos ventas y una gran cantidad de entusiasmo.

Tuvo más suerte al día siguiente porque vendió pólizas a tres de sus cinco posibles clientes. A la tercera mañana salió de la oficina del señor Moorhead lleno de vitalidad y de vigor con otros cinco nombres. Se trataba de unas señas perticularmente buenas: vendió a cuatro de los cinco a los que visitó.

Cuando se presentó a la mañana siguiente el nuevo y entusiasta agente de ventas, el señor Moorhead estaba reunido en una importante conferencia. Jim esperó en el antedespacho durante unos quince minutos antes de que el señor Moorhead saliera y le dijera: "Jim tengo una reunión extraordinariamente importante que durará probablemente toda la mañana. ¿Por qué no ahorras tu tiempo y el mío? Busca por tí mismo cinco nombres en la guía telefónica. Eso es lo que yo he estado haciendo en los tres últimos días. Mira, te enseñaré como lo hago".

Entonces Don abrió la guía por la Sección comercial, señaló un anuncio, escogió el nombre del presidente de la Compañía y escribió su nombre y su dirección. Después le dijo, ahora inténtalo tú".

Jim lo hizo. Después que hubo escrito su primer nombre y dirección, Don continuó diciéndole: "Recuerda que el éxito al vender es una cuestión de actitud mental—la actitud del vendedor. Toda tu carrera puede depender de que fomentes o no en tí mismo la misma actitud mental apropiada cuando vayas a visitar a los cinco nombres que tú has elegido como la que tenías cuando visitabas a las personas cuyos nombres te dí yo".

Y de este modo empezó la carrera de un hombre que fue más adelante realmente exitoso porque se dio cuenta de esta verdad: *Está dentro de usted*. De hecho, mejoró el sistema. Para asegurarse de que sus posibles clientes estarían en casa, les telefoneaba y concertaba con ellos una cita. Es verdad que tuvo que elaborar

CONSTRÚYASE A SÍ MISMO

un *modo de actuar* al concertar citas, pero esto lo consiguió con la experiencia.

Y así es como usted aprenderá *el modo de actuar*—a través de la experiencia.

Hay también la historia del banquero que cometió un error y perdió su puesto pero luego consiguió otro mejor cuando hizo un inventario de sí mismo. Esto me lo ha contado hace poco Edward R. Dewey, Director de "The Foundation for the Study of Cycles".

Haga un inventario de sí mismo

"Mike Corrigan era un banquero amigo mío—me dijo el Señor Dewey que se fió erróneamente de un cliente con el que simpatizaba. Mike prestó a este hombre una cantidad importante, y ese préstamo no fue pagado. Aunque Mike llevaba en el Banco muchos años, sus jefes pensaron que teniendo en cuenta su experiencia, había tomado una decisión estúpida. Por ello le despidieron, y durante un cierto tiempo estuvo sin ningún empleo.

"Nunca he visto hombre más abatido, su manera de andar... su cara... su atuendo... sus palabras... todo revelaba un descorazonamiento y un desaliento total. Tenía lo que tú, Clem, llamas aptitud mental negativa—me dijo Ned Dewey y continuó:

"Mike hizo varios intentos para conseguir un empleo pero fueron en vano. Para mí esto era comprensible, teniendo en cuenta su actitud. Quería ayudarle y por eso le dí un libro: *Pick Your Job and Land It* (Coja un empleo y conquístelo) de Sydney y Mary Edlund. Los Edlungs explican cómo demostrar la experiencia en los negocios, de un modo atractivo, ante el patrono posible que se haya elegido. "Es necesario —le dije— después que lo hayas leído quiero que vengas a verme".

"Mike leyó el libro y me visitó al día siguiente porque necesitaba terriblemente un empleo.

"He leído el libro —me dijo—.

"Entonces te habrás dado cuenta —dije— que el libro sugiere que hagas una lista de tus caudales: de todas las cosas que has hecho *para producir dinero a tu patrono anterior.*—Y le hice varias preguntas tales como:

1. ¿Que incremento en los beneficios experimentó tu Banco año tras año bajo tu supervisión como Director de una Sucursal: incremento de beneficios debido a algo especial que tú hiciste?
2. ¿Cuánto dinero ahorró el Banco al eliminar un despilfarro gracias a una eficiencia aumentada bajo tu administración?.

"Mike era un hombre despierto... y estaba dispuesto. Había cogido la idea.

"Aquella noche después de cenar volvió a mi casa. ¡Me quedé asombrado con la transformación!. Era otro hombre: una sonrisa sincera... una manera de dar la mano firme y amistosa... una voz segura—la verdadera imagen del éxito.

"Y me quedé igualmente asombrado al leer lo que había escrito en las varias páginas que constituian la lista de lo que él consideraba como sus verdaderos "tantos". Porque, además de destacar el valor que él había tenido para su anterior patrono, hizo una lista especial bajo el título *Mis Verdaderos Tantos*".

Cuando Edward R. Dewey mencionó alguno de los tantos de la lista de Mike Corrigan no pude por menos de interrumpirle diciendo: "¡Mike Corrigan identificó los ingredientes esenciales para construirse a sí mismo! Y usted verá lo que yo quería significar con ello cuando lea el capítulo titulado "Las verdaderas riquezas de la vida".

El señor Dewey continuó: Entre los "tantos" *verdaderos* estaban:

* Una mujer maravillosa que significaba todo para él.
* Una hija única que trajo a su vida alegría, felicidad y resplandor del sol.
* Una mente y un cuerpo sano.
* Muchos amigos, buenos amigos.
* Una filosofía religiosa y una iglesia que era fuente de inspiración para él.
* El privilegio de vivir en América.
* Una casa y un coche pagados por completo.
* Algunos miles de dólares en el Banco.
* La juventud suficiente para tener muchos años buenos por delante.
* El respeto y la consideración de cuantos le conocían.

"Fue delicioso estar aquella noche con Mike —dijo Ned—. De hecho estaba tan entusiasmado que a mí también me hizo entusiasmar. Pensé que era la clase de persona que yo contrataría si fuera patrón.

"Durante los dos días siguientes, difícilmente pude dejar de pensar en Mike. Y cuando sonó el teléfono aquella noche a la hora de cenar, tuve el presentimiento de que era Mike. Y lo era.

"Quiero darte las gracias, Ned. He conseguido un buen empleo,—exclamó alegremente.

"Y Mike consiguió en efecto un buen empleo, de Tesorero de un importante hospital en una ciudad vecina y ese puesto lo ha conservado durante muchos años—concluyó diciendo el señor Dewey.

Elaboró un registrador de tiempo...
y se construyó a sí mismo

No es preciso encontrarse sin empleo para hacer el inventario de uno mismo. Los que se consagran al autoanálisis son por lo general aquéllos que buscan mejorarse a sí mismos—y lo consiguen. George Severance, que representa en Chicago la Ohio National Life Insurance Company, es un hombre así.

Fue él quien inventó el Social Time Recorder (Registrador del tiempo empleado en ocupaciones de tipo social), que le ayudó a conseguir el éxito, al alcanzar sus muchos y valiosos objetivos. El principio que él empleó puede aplicarlo cualquiera que quiera encontrar tiempo para desarrollar y regirse por su propio registrador del tiempo.

Y si usted va a seguir las instrucciones al confeccionar su Registrador de tiempo—y a emplearlo a diario, tal como se describe detalladamente en el Capítulo 19—entonces usted como George Severence se construirá a sí mismo.

Porque, al igual que él, empleará usted su técnica para tener paz espiritual y felicidad... para salir de deudas... para ahorrar dinero... para eliminar el despilfarro de tiempo y de dinero... para adquirir riquezas... para eliminar los malos hábitos y fomentar los buenos. Su empleo diario le moverá a usted a superiores realizaciones. *¡Yo se lo garantizo!*.

George es amigo mío. Conozco bien su historia. Encontró su primer estímulo en el negocio de vender cuando empezó a llamar en las puertas traseras vendiendo seguros industriales. He aquí cómo él lo relata:

"Creo que llamé en todas las puertas de servicio de mi vecindad. De hecho, sé que en un momento o en otro he recorrido todos los barrios de la ciudad. Según pasaba el tiempo, mis ventas empezaron a crecer en volumen; sin embargo, me encontré con serias dificultades económicas porque mis deudas crecían más deprisa que mis ingresos.

"Un día, la suma total de esas deudas me golpeó como un rayo. Me enfrentaba con una auténtica crisis económica. Recordé entonces una afirmación que había leído en algún sitio:

"*Si no puedes ahorrar dinero, la semilla del éxito no está en tí.*

"Deseaba desesperadamente triunfar, deseaba salir de deudas, sentía que en mi interior estaba la semilla del éxito. Decidí entonces que tenía que hacer algo al respecto".

Si no puedes ahorrar dinero, la semilla del éxito no está en tí. Esta afirmación indicaba que George Severance —como muchas personas que han alcanzado el éxito— obtenía un beneficio al recordar de memoria automotivadores y al reaccionar ante ellos.

Y, por consiguiente, le pregunté una vez: "Además de la *Biblia*, ¿qué libro de autoayuda jugó el papel más importante en tu vida?".

"*Authors of Portraits and Principles*" (Autores de Retratos y de principios)[1] —replicó.

Ahora bien, desde el punto de vista del éxito existe algo más importante que leer libros de autoayuda y extraer la filosofía que contienen, y es *la Acción*.

George me dijo que su Social Time Recorder *le ayudó* a hacer el inventario de sí mismo—a organizar su tiempo para pensar, a fijar objetivos concretos, y a elegir el camino adecuado para actuar—y *le* movió a la acción. Y también me dijo:

"Después que hube elaborado el Social Time Recorder, descubrí que había gastado hasta treinta y dos horas en un solo mes bebiendo café con mis amigos. Me quedé estupefacto porque me dí cuenta que eso equivalía a cuatro días de trabajo. Y entonces me percaté de que mis horas de comida duraban a veces sesenta minutos más de lo debido". Continuó diciendo:

"Por lo que se refiere a viajar,—iba saltando de aquí a allá como un conejo, en vez de trabajar exhaustivamente en un territorio.

---

[1] Concebido y preparado por Wm. C. King, King Richardson & Co. Springfield, Mass. 1895.

"Por lo que se refiere a las noches—yo solía asistir a muchas veladas. Y cuando las reuniones concluían a las ocho o las nueve, un grupo de nosotros jugaba a las cartas o se dedicaba a charlar sin substancia hasta pasada la medianoche. Ahora vuelvo a casa y paso la velada con mi familia. Disfruto de un buen sueño. Tengo más tiempo para leer libros de autoayuda.

"Por lo que se refiere a los deportes—a veces solía ir a partidos de pelota o a jugar al golf durante el tiempo dedicado a vender. Me horroriza pensar en los ingresos perdidos durante ese valioso tiempo.

"En lo que concierne a las obligaciones caseras—dedicaba tiempo a hacer tareas para la familia durante las horas dedicadas a los negocios, en lugar de consagrar provechosamente mi tiempo en hacer el trabajo que se espera de mí en tanto que hombre que gana un sueldo.

"Cuando miré hacia atrás descubrí que en muchos aspectos ya tenía un éxito en sociedad durante las horas que debía haber dedicado al negocio. Pero cuando elaboré mi Social Time Recorder me dí cuenta de que:

"*Si un día dedicado a los negocios constituye un éxito en sociedad, ha resultado un fracaso desde el punto de vista de los negocios.*

Así pues George completó a diario su Social Time Recorder. Los directivos de su Compañía estaban asombrados porque los balances señalaban que después de inventar su Social Time Recorder, George realizaba maravillas:

* Consiguió seguros de vida por un importe de cuatro millones de dólares en un solo año.
* Estableció un record en su Compañía al obtener nuevos negocios por un importe de un millon de dólares en *un sólo* día.
* Vendió de un modo consecuente seguros de vida en la cantidad suficiente para convertirse en un miembro vitalicio de la Million Dollar Round Table (Mesa redonda del millón de dólares)—proeza que todos los agentes de seguros anhelan, pero que muy pocos consiguen.

Con orgullo muy justificado George me dijo: "Empecé a pagar mis deudas, y más adelante, después de haberlas pagado, abrí una cuenta de ahorros. Acabé por tener ahorrados seis mil dólares. Un amigo mío y yo invertimos seis mil dólares en una empresa que nuestro Banco nos ayudó a financiar. Al cabo de un año cada uno de nosotros había recibido cincuenta mil dólares de ese proyecto. Fue un gran paso hacia adelante para adquirir riqueza".

¿Le gustaría ver un facsímil del Social Time Recorder de George Severance? ¿Leer un informe detallado de cómo funciona? ¿Crear un Registrador de tiempo para su propio uso privado?

Podrá hacerlo cuando lleguemos al Capítulo 19: *"The Success Indicator Bring Success"* pero es preciso el poder de la voluntad para iniciar el hábito—para hacer diariamente el inventario de uno mismo. Y un libro de autoayuda inspirador contribuirá a ello.

El poder de la voluntad

Authors of Portraits and Principles y otros libros de autoayuda inspiraron a George Severance. *Power of Will* (El poder de la voluntad)[1] me ayudaron a mí. Quizá al leer mi experiencia en el recorrido del Dime Bank Building en el capítulo anterior, haya puesto usted en duda que un agente comercial adolescente elaborara en su primera actuación técnicas de venta basadas en el funcionamiento de la mente humana cuando otros vendedores más viejos y más experimentados en todos los campos fracasen a menudo al intentar esto.

Pero no infravaloremos al adolescente. En tanto que estudiante novato que se preparaba a ingresar en la Universidad, yo tenía problemas que me impulsaron a comprar *Power of Will* de Frank Channing Haddock. Para empezar yo quería desarrollar el poder de la voluntad. Además, era presidente del Club de Debates en Senn High en el que debatíamos temas como: "¿Es libre la voluntad?". Era necesario dedicarse a la investigación y *Power of Will* es un buen libro al que referirse para un tema semejante.

Este adiestramiento en los debates y en los discursos públicos me dio seguridad en mí mismo y confianza. Y la necesidad de

---

[1] Frank Channing Haddock, Ralston Publishing Co., Cleveland, Ohio.

desarrollar argumentos de controversia rápidos y convincentes hizo que me vinieran naturalmente a la imaginación argumentos de controversia en las ventas, porque los principios son los mismos. Ya se sea orador público o agente de ventas, hay que pensar lógicamente y ser sensible a toda afirmación que se pueda hacer redundar en beneficio propio. Para vencer hay que ser *persuasivo*.

Me he preguntado a menudo por qué los Institutos no someten a los adolescentes a los libros de autoayuda. Están en una edad en la que se buscan las verdades y la ayuda personal. La Constitución prohibe la enseñanza de la religión en las escuelas públicas pero no hay nada en la Constitución que prohiba la enseñanza de las actitudes adecuadas por lo que se refiere al trabajo, la honradez, el valor, la construcción de una vida noble, el pensar con buenos pensamientos y el hacer buenas acciones.

Se llega al alma a través de la mente

La historia del hombre nos ha enseñado que *los mejores pensamientos que son muy nuevos son los mejores pensamientos que son muy viejos*. De este modo lo expresa otro amigo mío, Nate Lieberman. Innumerables personas han pensado con buenos pensamientos y realizado buenas acciones para edificar una vida noble gracias a la influencia de la iglesia. Las enseñanzas morales de la iglesia se encuentran en la Biblia y en otros escritos religiosos. Al buscar la mejora de sí mismo, sométase usted a la filosofía religiosa y recurra a la Biblia—el libro de autoayuda que ha inspirado acciones deseables a un número mayor de personas que cualquier otro libro. Y cuando lea la Biblia, siéntase animado, aunque al principio no tenga usted el *modo de actuar* para relacionar, asimilar y utilizar sus principios. Porque el *modo de actuar* es fruto de la experiencia.

A través de la Biblia y de la influencia de su iglesia, llegará usted a su alma a través de su mente. Y, debido a la importancia de una mente sana y a los poderes curativos de la religión, los sacerdotes o ministros de todas las denominaciones empiezan a reconocer la necesidad de la cooperación entre el ministro y el siquiatra a fin de conseguir los resultados más eficaces al proporcionar a los individuos una salud, física, mental y moral.

Durante veinticinco años, el Doctor Smiley Blanton y el Reverendo Dr. Norman Vincent Peale, han demostrado el valor que tienen un siquiatra y un ministro trabajando como colegas a la vez que cumplen con sus diferentes vocaciones. Pero además, a travez de la American Foundation of Religión and Psychiatry (que ellos establecieron) cuya sede principal está en Nueva York, han formado a ministros de todas las denominaciones en muchas partes del mundo a fin de que cumplan mejor la misión a la cual se han consagrado.

Menciono esta filosofía porque, en tanto que director de ventas, he contratado a hombres que fracasaron en otras compañías y que, al moverse a sí mismos para construirse, se han preparado para éxitos destacados. Cualquiera que desee construirse a sí mismo puede alcanzar sus objetivos luchando constantemente por desarrollar una salud física, mental y moral, con tal de que no edifique murallas invisibles.

Derribe las murallas invisibles

En el tercer siglo antes de Cristo, Chin Shih Huang Ti, primer Emperador de la dinastía Chin, construyó dos murallas: la célebre Gran Muralla de China y, simultáneamente, una "muralla invisible".

La Gran Muralla, con sus 25.000 torres de guardia se extendía a lo largo de 2.500 millas. Durante más de 2.000 años, impidió que los bárbaros entraran y que desapareciera la Civilización más antigua del mundo por su ciencia y cultura adelantadas.

En el tercer siglo antes de Cristo, China era autosuficiente; no necesitaba del resto del mundo. Pero el resto del mundo necesitaba lo que China tenía que compartir con él: el arte de la imprenta, el uso del carbón, las clepsidras, la forja de bronce, la pólvora, los instrumentos astronómicos, la brújula de navegar, los estupefacientes, las especias... y muchas más cosas.

Según pasaron los siglos, los bárbaros alcanzaron la *inspiración*, el *conocimiento* y el *modo de actuar* e hicieron adelantar su civilización tan por encima de la de Chin Shih Huang Ti que, en comparación, la China actual resulta primitiva.

Porque, al igual que los dirigentes de naciones que temen la libertad de religión, de educación y de prensa, y que han edificado cortinas de acero o de bambú alrededor de sus pueblos el Emperador estupidificó el progreso al destruir cualquier literatura que no correspondiera a sus ideas, conceptos y filosofía.

Ahora bien, es posible que no aparente usted ser un emperador, un rey o un dirigente a los ojos de los demás, pero es usted un monarca absoluto en lo que se refiere al control de lo que piensa, siente, cree, e *intenta* hacer. Y la literatura que usted no explora es tan inútil para usted como si estuviera quemada o destruida.

Por ello quizá sea hora de que usted se pregunte a sí mismo:

"¿Qué murallas invisibles he edificado yo?"

"Desde que dejé los estudios, ¿me he abierto a ideas, conceptos y filosofías que son diferentes de los que tenía entonces?

"¿Sigo estando al día con los desarrollos económicos, sociales, religiosos, científicos, políticos y todos los demás que son importantes en nuestros días?"

"¿Leo yo un libro de autoayuda como si el autor fuera un amigo personal que escribiera para mí, y únicamente para mí?"

"¿O bien he aprendido ya todos los principios fundamentales que podré aprender en el resto de mi vida?"

Constrúyase a sí mismo

Construya su propia vida, sea útil para sí mismo y para toda la humanidad. Construya desde dentro. Pero consiga la ayuda de fuera. Usted puede hacer esto según va buscando encontrando y siguiendo su *sistema que nunca falla para alcanzar éxito*.

A fin de conseguir ayuda de fuera, extraiga el bien allí donde lo encuentre. Y esto se inicia desde dentro: la actitud mental adecuada para con las personas, los lugares, las cosas, el conocimiento, las costumbres, las creencias—ya sean las suyas o las de los demás.

¿Está su futuro detrás de usted debido a una muralla invisible que usted ha construido tan poderosamente en su interior que impide que penetren ideas ilustradas?

Quizá sí...Quizá no. Usted puede derribar esas murallas invisibles en el caso de que existan. El siguiente capítulo—"No permita que su futuro quede detrás de usted."—le explicará la manera de hacerlo.

GRANDES PUERTAS GIRAN SOBRE PEQUEÑAS BISAGRAS

¿Sabe usted en este momento cuáles son exactamente sus "tantos"? Es usted consciente de sus habilidades reales, de su capacidad para crecer, de sus éxitos pasados por muy pequeños que sean? Si no lo es *hágase un inventario de sí mismo*. Para saber a dónde va y cómo llegar allí, tiene usted primero que *conocerse a sí mismo*.

4

No permita que su futuro quede detrás de usted

Floyd Patterson se derrumbó sobre la lona. Segundos más tarde, había dejado de ser el campeón mundial de los pesos pesados. Ingemar Johanssen la había arrebatado el título.

Los expertos dijeron que Floyd estaba acabado; su futuro como pugilista quedaba detrás de él. Y todo el mundo sabía que Floyd se enfrentaba con uno de los obstáculos más antiguos del deporte: ningún campeón de los pesos pesados ha vuelto a recuperar su corona. Pero Floyd tenía que intentarlo—más aún, dijo que lo conseguiría.

Porque Floyd Patterson había desarrollado una *insatisfacción inspiradora*. Sabía que triunfaría y no se conformaba con seguir siendo un fracasado: había puesto un orgullo extremo en ser campeón.

Después de reflexionar, se dio cuenta de que tenía que cambiar su actitud mental y trabajar mucho a fin de compensar el tiempo perdido. Y trabajó mucho, estudió. Hizo caso a los entrenadores.

Siguió los consejos del ex-campeón Joe Louis que le dijo: "El sistema para vencer a Johanssen es hacerle fallar el golpe. Y después lánzate a fondo". Y Patterson hizo que Ingo fallara un golpe. Se lanzó a fondo. De hecho, desde el primer segundo del combate hasta que lanzó su último gancho con la izquierda contra la mandíbula de Johanssen en el quinto round, Patterson demostró que el poder motor de su *insatisfacción inspiradora* bastó para fomentar en él la (1) *inspiración para actuar*, (2) *modo de actuar*, y (3) *conocimiento de la actividad* necesarios para reconquistar el título de campeón mundial de pesos pesados. Es significativo que, cuando los fotógrafos de la prensa estaban fotografiando a Patterson momentos antes del combate de revancha, dijo: *"No puede sacar ninguna fotografía de lo más importante; porque lo más importante para mí es mi actitud mental"*. Ya vemos, pues, como Floyd había cambiado su actitud negativa por la actitud mental apropiada. Y de este modo su futuro estaba delante de él.

¿Está su futuro detrás de usted?

¿Está su futuro delante o detrás de usted? Su respuesta correcta dependerá de que usted intente o no eliminar cualquiera muralla invisible en que existan hábitos negativos, y pensamientos y acciones indeseables—y fortalecer y edificar hábitos positivos— buenos pensamientos y acciones. Porque el carácter es la piedra de ángulo del verdadero éxito.

La esencia de la perfección no se alcanza nunca, pero mejoramos nuestro carácter al intentar alcanzarla. Buena o mala suerte, según se van convirtiendo los días en semanas—éxito o fracaso según vayan convirtiéndose las semanas en meses o en años: ¿Cuál será su caso? A usted le toca elegir. En sus manos está el timón. Usted puede navegar en el rumbo que elija y en la dirección de aquel lugar en el que desea estar; hoy, mañana o en un tiempo remoto porvenir.

Pero ¿dónde está usted? Ahora es el momento de descubrirlo y ahora es el instante de controlar sus hábitos de pensamiento y de acción, porque son ellos los que le han traído a donde está actualmente. Los pensamientos que usted tiene y las cosas que usted hace *ahora* determinarán su destino futuro. ¿Ha elegido el rumbo adecuado para ir desde donde está usted ahora a donde usted desea realmente estar?

Independientemente de lo que usted sea o haya sido, todavía puede convertirse en lo que desea ser porque, según continúe usted su viaje a través de la vida podrá, como el capitán de un barco, escoger su primera escala y continuar hasta que llegue a la siguiente. Muchos barcos que perdieron el timón y muchas personas que perdieron su carácter se han convertido en cosas abandonadas, perdidas para el mundo. Esto puede ocurrir casi en cualquier punto de un viaje por mar o en la vida, porque *el carácter es el único dominador de todas las cualidades personales que aseguran un auténtico futuro lleno de éxitos.*

Dejó su futuro detrás de él

A mi madre le gustaba el teatro, la música y la ópera, y cuando yo era niño, me llevaba a menudo a ver a alguno de los grandes actores de aquellos tiempos. Para mí era entonces un héroe. Cuando fuí hombre le volví a ver años más tarde—ya no era un héroe venerado. Todavía atraía a numeroso público y todavía le aplaudían—pero ya no era por su arte y su talento. Le aplaudían cuando aparecía en escena al principio de la obra, aunque llegara con retraso, simplemente porque se exhibía. Le aplaudían cada uno de sus errores en el texto, las líneas que se olvidaba o cualquier astuto añadido de su propia cosecha. No era un payaso—pero el público se reía. No era un comediante, simplemente un gran hombre que había dejado su futuro detrás de él porque se había convertido en un detritus alcoholizado. Yo no lo sabía entonces pero su futuro brillante de actor estaba detrás de él cuando le ví siendo niño. Incluso entonces él sabía a la dirección a la que se encaminaba pero se negó a aferrar el timón, girar en redondo y volver al rumbo adecuado: eliminar los actos indeseables y adoptar otros que fueran buenos.

¿Cómo vencerse a sí mismo?

Que gran tragedia es tener todos los ingredientes necesarios salvo uno—el más importante: *el carácter.* Fomentar un buen carácter supone una batalla que usted, yo y cualquiera otra persona debemos combatir por nosotros mismos. Pero la victoria puede ser nuestra.

Aunque la batalla es interior podemos conseguir ayuda desde fuera de buenas personas y libros de autoayuda que impulsan al lector a procurar convertirse en una persona mejor y a buscar las verdaderas riquezas de la vida. Pero recuerde que: *el verdadero valor de un libro de autoayuda no es lo que el escritor ha puesto dentro de él, sino lo que usted, el lector, extrae del libro y aplica a su propia vida.*

Y lo más importante de todo es que usted, puede rezar para pedir ayuda y consejo. Permítame que le recuerde:

Somos producto de nuestra herencia, medio ambiente, cuerpo físico, mente consciente y subconsciente, experiencia, y particular posición y dirección en el tiempo y en el espacio...Y de algo más, incluyendo poderes conocidos y desconocidos. Tenemos el poder de aplicar, utilizar, controlar, o armonizar a todos ellos. Y podemos dirigir nuestros pensamientos, controlar nuestras emociones y ordenar nuestro destino.

Esto es lo que se dice en *Success Through a Positive Mental Attitude* (El éxito a través de una actitud mental positiva).* Y yo creo en eso, usted lo experimentará por sí mismo cuando comprenda y emplee el *sistema que nunca falla para alcanzar el éxito*. Usted estará inspirado y tendrá el *conocimiento* y el *modo de actuar* necesario. Pensará con buenos pensamientos...y hará buenas acciones.

Usted mantendrá sus pensamientos *alejados de las cosas que no debería desear conservando sus pensamientos en aquellas cosas que debe desear*. Y de este modo empezará a *vencerse a sí mismo* al determinar su subconsciente gracias a la *autosugestión*.

Un pensamiento es la forma más poderosa de sugestión,— más poderosa a veces que cualquiera de las tres que recibimos a través de los sentidos de la vista, el oído, el olfato, el gusto y el tacto. Su subconsciente tiene poderes conocidos y desconocidos y usted tiene que controlarlos a fin de vencerse a sí mismo. Según continúe leyendo *El sistema que nunca falla para alcanzar el éxito*, conseguirá el *conocimiento* necesario y logrará el *modo de actuar* para utilizar eficazmente el poder de la sugestión.

Procure hacer la cosa adecuada porque es adecuada

Cada vez que yo le digo: "Procure hacer la cosa adecuada porque es adecuada" se trata de una sugestión mía para usted. Cada vez que usted piensa o se dice a sí mismo, *procura hacer la cosa adecuada porque es adecuada* se trata de una sugestión que usted se hace a sí mismo. Cada vez que su subconsciente lanza

* Edición en español de Herrero Hermanos Sucesores, S. A. México.

a su mente consciente *"Procura hacer la cosa adecuada porque es adecuada"* se trata de autosugestión.

Es importante saber que:

1. La sugestión viene del exterior (su medio ambiente).
2. La sugestión ante uno mismo es automática o controlada deliberadamente desde dentro.
3. La autosugestión actúa por sí misma, inconscientemente, como una máquina que reacciona del mismo modo ante el mismo estímulo.
4. Los pensamientos y las sensaciones de cualquiera de los cinco sentidos son formas de sugestión.
5. *Solamente usted puede pensar por usted mismo.*

A lo largo de este libro me esfuerzo por *motivarle* a usted según explico o describo el arte de la motivación. Y la repetición aumenta la eficacia de cualquier forma de sugestión. Pero *usted* es quien debe entrar deliberadamente en acción si desea adquirir el modo de actuar en el empleo de los automotivadores. Por consciente, le apremio a que se demuestre a sí mismo su eficacia.

Durante la próxima semana todas las mañanas y todas las noches —y varias veces a lo largo del día— repítase: *Procura hacer la cosa adecuada porque es adecuada.* Y entonces, cuando se enfrente con una tentación, este automotivador lanzará una llamada desde su subconsciente hasta su mente consciente. Cuando ésto ocurra—*actúe inmediatamente. Haga la cosa adecuada.*

De este modo, a través de la repetición, creará un hábito —un hábito bueno— que le ayudará a construir su futuro. Porque su futuro depende del carácter y el carácter depende del éxito que se tenga al superar las tentaciones. El mundo se ha convertido en un sitio donde se vive mejor debido a las personas que hicieron un hábito del esfuerzo por hacer la cosa adecuada, *únicamente* porque es adecuada. De este modo superaron las situaciones. Entre esas personas había pecadores que se convirtieron en santos. Se sintieron impulsados a hacerse santos porque habían pecado. Estaban inspirados a hacer acciones deseables porque se sentían motivados por el remordimiento el deseo de redimirse, de reparar...de liberarse de un sentimiento de culpabilidad—y el deseo de ser estimados por sus semejantes...de agradecer a Dios Sus bendiciones, de compensar el tiempo perdido.

Quizá fuera este el caso de William Sidney Porter, cuyo seudónimo literario fue O. Henry. Durante su encarcelamiento en una penitenciaría de Ohio por desfalco, se consagró a estudiar, pensar y hacer planes. Como se entregó a una *investigación espiritual* se sintió inspirado a vencerse a sí mismo. Entonces su futuro estaba *ante* él.

Dedicó su talento a escribir y, poco después de salir de la cárcel tenía varias fuentes de ingresos. Una le venía del *New York World*: cien dólares semanales por cada uno de sus cuentos. Obtuvo una rápida fama. La venta de sus libros era enorme. "La tragedia de su propia vida le dio una caballerosa ternura para con los desgraciados" dice la *Encyclopaedia Britannica*.

Independientemente de lo que usted sea o haya sido, puede usted ser lo que desea ser.

De los harapos a la riqueza

Conozcamos ahora a otro viejo amigo: Horatio Alger, Jr. Le ví por primera vez en Green's (Michigan), lugar de vacaciones y de granjas. Yo tenía entonces doce años y mi madre seguía todavía con el establecimiento de modas de Chicago. Ella pensaba que era muy bueno para un chico de la ciudad pasar el verano en el campo, y tenía razón. En la granja de Green conocí la vida saludable que disfrutan los que son lo bastante afortunados como para vivir en parajes semejantes.

Aprendí a nadar, a remar, y a pescar entre las rocas. Contemplar al viejo molino con su rueda hidráulica —apresar tortugas en el fango cuando el agua bajaba— comer maíz asado de noche en los bosques— el placer de un picnic o de un carnaval— pasar miedo después de una noche, en torno a la chimenea, en la que se habían contado historias de fantasmas— escuchar las respuestas de las mesas movedizas cuando la señora Green, su hijo adolescente Walter, su marido y yo les hacíamos preguntas en las noches de tormenta— dormir en el pajar... todos estos son recuerdos muy queridos.

Pero nunca olvidaré el primer día que subí al ático, porque allí conocí a Horatio Alger. Había por lo menos cincuenta de sus libros polvorientos y desgastados por el tiempo, apilados en un rincón. Cogí uno de ellos y lo bajé a la hamaca del patio delantero de la casa y me puse a leerlo. Leí todos los libros aquel verano. El tema de cada uno de ellos era: De los harapos a la riqueza, y sus principios: El heroe se convertía en un hombre con éxito porque era un hombre de *carácter*—El malo resultaba un fracasado porque engañaba y estafaba. ¿Cuántos libros de Alger se vendieron? Nadie lo sabe. Se cree que de cien a trescientos millones. Sabemos que sus libros inspiraron a miles de muchachos americanos de familia pobre a luchar *para hacer la cosa adecuada porque es adecuada* y adquirir riqueza.

AMP e insatisfacción inspiradora

Usted puede pensar —como yo— que la inmensa mayoría de las personas son fundamentalmente honradas y buenas, pero una persona puede muy bien tener buen carácter, salud excelente y mente inmejorable, y sin embargo dejar su futuro detrás de él.

Porque su actitud puede ser negativa en vez de positiva—la actitud mental impropia en vez de la adecuada. Ahora bien, ¿qué es la actitud mental positiva?

El libro *Success Through a Positive Mental Attitude*, dice: *Se entiende en general por actitud mental positiva la que comprende las características positivas simbolizadas por palabras como: integridad, fe, esperanza, optimismo, valor, iniciativa, generosidad, tolerancia, tacto, amabilidad y sentido común. La actitud mental impropia tiene las características opuestas.* Sobre esto tanto usted como yo podemos estar de acuerdo.

Y sin embargo, la persona más maravillosa del mundo no podrá realizar progresos a no ser que se sienta insatisfecha—sanamente insatisfecha. Porque lo que convierte la magia del deseo en realidad es la *insatisfacción inspiradora*.

Todo organismo en crecimiento llega a la madurez—se degrada y muere a no ser que haya vida nueva—sangre nueva—actividad nueva—ideas nuevas dice Edward R. Dewey.

Todos los progresos del mundo en todos los campos de actividad han sido siempre resultado de una *acción* por hombres y mujeres que sentían *insatisfacción inspiradora*—nunca han sido obra de personas que estuvieran satisfechas porque la insatisfacción es la fuerza motriz del hombre. La *insatisfacción inspiradora* es el resultado de AMP: la actitud mental positiva. Con la actitud mental impropia, la fuerza motriz de la instisfacción puede ser nociva.

Para estar satisfecho es preciso *desear* algo. Y si usted desea algo con toda su alma *hará* algo. *Intentará* conseguirlo.

Donde va el Dr. Joe va Dios

Bob Curran y yo estábamos hablando sobre la fuerza de la insatisfacción inspiradora y de la actitud mental positiva cuando Bob me preguntó: "¿Te he hablado alguna vez de mi cuñado el Dr. Joe?".

"No" —contesté— y él continuó diciendo—El Dr. Joe Hopkins de Texas está casado con mi hermana. Lleva ejerciendo de médico más de 50 años. Hace 33 tuvo un cáncer de laringe. Había que estirparlo por supuesto. La delicada operación salvó la vida del Dr. Joe pero perdió la voz.

"En algún sitio le habían hablado de un viejo doctor rural Cajun al que le habían hecho una operación similar. El viejo Cajun tenía un deseo poderoso de volver a hablar sin recurrir a aparatos artificiales y consiguió perfeccionar una táctica asombrosa. Primero tragaba aire. Después lo llevaba hasta la garganta y la boca. De un modo o de otro, con la lengua apretada contra el interior de los dientes formaba sonidos con la presión del aire. Acabó por hablar muy bien.

"Cuando el Dr. Joe oyó esto se sintió inspirado. Pensó que él también podría hablar sin laringe. Una vez que le curaron la garganta intentó formular sonidos concretos. Al principio resultaba desalentador pero siguió intentándolo y rezando. Le parecía imposible conseguir los sonidos que deseaba pero un día pudo formar vocales concretas y claras. Siguió intentándolo con esta nueva esperanza, cada vez más ardientemente y rezando con más fuerza. Día a día hizo progresos. Primero dominó las vocales, después todo el alfabeto y después los monosílabos. Después de seguir practicando pudo pronunciar palabras de dos y de tres sílabas—y luego, consiguió un éxito completo. Muy pronto pudo hablar ya de corrido.

"Es cierto que su voz resulta chirriante, pero se le entiende fácilmente incluso por teléfono. Al principio, cuando le costaba pronunciar una palabra, hacía una pausa para pensar y empleaba un sinónimo. Ahora ya no tiene este problema y parece hablar con relativa facilidad".

"¿Ha podido ayudar a otras personas que estaban en condiciones similares?" pregunté.

"Sí, ciertamente —contestó Bob— y el Dr. Joe tiene una técnica interesantísima para inspirar confianza. Por ejemplo, cuando otro médico le envía un paciente al que han extirpado la laringe, este paciente podrá encontrar la antesala del Dr. Joe llena de gente. El recién llegado entra y habla con los demás con esa voz chirriante. Se sonríe y se ríe. Parece ser feliz y lo es.

"Luego, cuando el paciente sin voz entra en el despacho del Dr. Joe, este le cuenta la emocionante historia de cómo él se inspiró en el viejo médico rural Cajun, y cómo se enseñó a sí mismo a hablar.

"El paciente se siente excitado al imaginarse hablando como lo hace el Dr. Joe. Le dice que tiene que trabajar mucho y practicar, practicar, practicar.

"En la actualidad el Dr. Joe es uno de los hombres más ocupados que conozco. Pertenece a la junta directiva de tres Hospitales, y con 75 años de edad, trabaja todos los días. Una vez le eligieron Médico del Año de Texas; en otra ocasión le concedieron la condecoración nacional Laetare; y debido a su trabajo misericordioso con los pobres, el Papa Pío XII, le hizo Caballero. Más de una vez he oído decir: *"Donde va el Dr. Joe, va Dios"*.

La bendición del trabajo

Al leer este capítulo, usted lo ha comprendido con claridad. para desarrollar un buen carácter, *trabaje*. Para tener buena salud, *trabaje*. Para vencerse a sí mismo, *trabaje*...Para hacer la cosa adecuada, porque es adecuada, *trabaje*. Para pasar de los harapos a la riqueza, *trabaje*. Para luchar contra los retrocesos, *trabaje*. Para conseguir el modo de actuar, *trabaje*.

Cuando lea el próximo capítulo podrá ver cómo se convierte el trabajo en entretenimiento. Aprenderá la alegría del trabajo cuando se aplican los principios. Y descubrirá que *triunfar supone menos trabajo que fracasar*.

GRANDES PUERTAS GIRAN SOBRE PEQUEÑAS BISAGRAS

El camino hacia el éxito empieza cuando usted se siente *inspirado* para hacer el esfuerzo. La inspiración comienza cuando usted se sienta movido a la *insatisfacción* con las cosas tal como son. Por consiguiente, la *insatisfacción inspiradora* es la más poderosa fuerza aislada en su sistema que nunca falla para alcanzar el éxito.

Lea cuidadosamente este libro, porque casi cada uno de esas páginas vibra con la evidencia de la insatisfacción inspiradora. Se trata de un poder dinámico en acción. *Haga que actúe para usted.*

Segunda Parte

DESCUBRO EL MAPA DEL TESORO

¡Haga lo que le asuste hacer!
¡Crea que lo podrá y lo podrá!
¡Atrévase a aspirar a mucho!

5

Triunfar supone menos trabajo que fracasar

¿Recuerda aquel día memorable? Ansiedad, excitación, asombro, alivio. ¡Explosiones de orgullo y de alegría!

Eso es lo que experimentaron todos los americanos y la mayor parte del mundo libre cuando el Teniente Coronel John H. Glenn, Jr. y su cápsula Mercury, Friendship 7, despegó del suelo gracias a un cohete Atlas D., saltó al espacio, giró en una órbita alrededor de la tierra tres veces a 17.545 millas por hora y aterrizó por último en un punto fijado de antemano.

Durante el viaje, el Coronel Glenn se vió obligado a controlar la cápsula a mano porque los aparatos automáticos que regulaban los vaivenes, oscilaciones y bandazos, fracasaron. Estaba preparado para ello. Y después que hubo aterrizado, resultó obvio para los televidentes de todo el mundo que el Coronel Glenn era un hombre de valor y de carácter, con una personalidad agradable y sentido común.

La liberación repentina de la energía concentrada de un cohete Atlas D., puede lanzar un satélite al espacio que seguirá moviéndose sin el empleo o gasto de una fuerza adicional, todo ello debido a la ley natural de la inercia: *la materia continuará en reposo o seguirá en movimiento uniforme en la línea recta a no ser que actúe sobre ella alguna fuerza externa*. Pero si la cantidad de energía que se emplea para enviar a un satélite al espacio es liberada lentamente, sus fuerzas se disipan y el satélite no puede superar a la fuerza de la gravedad terrestre. El resultado es un fracaso en lugar de un éxito.

Llegados a este punto, ya conoce usted la finalidad que tienen todos los ejemplos de este libro: *motivarle a emplear los principios de estas anécdotas en su propia vida.* La historia del Coronel Glenn y la cápsula Mercury es interesante y excitante—ahora bien, ¿qué principios podemos deducir de ella a fin de asimilarlos y aplicarlos en nuestras propias vidas?

Hay muchos. Entre ellos éste: *Triunfar supone menos trabajo que fracasar.*

Y *alcanzar el éxito lleva menos tiempo cuando concentramos nuestro pensamiento y nuestro esfuerzo en aprender mucho sobre muy poco,* y en convertirse en un experto, que cuando disipamos nuestras energías e intentar aprender un poco sobre muchas cosas. Por consiguiente, fije su atención y su esfuerzo en adquirir el *conocimiento, modo de actuar y motivación* necesarios para convertirse en experto y alcanzar los objetivos concretos deseados.

Mi obra así tiene garantizado el éxito. Pero nunca podrá tener una carrera llena de éxitos, alcanzar los objetivos propuestos o disfrutar de un éxito continuado si desconoce estos principios o si no sabe emplearlos adecuadamente.

Triunfar supone menos trabajo que fracasar

El trabajo consiste en emplear energía. Cuando usted o yo emprendemos una *actividad, cualquiera que ella sea,* empleamos energía. A fin de concentrar esta tarea determinada, concentre en ella su atención y no desperdicie inútilmente sus esfuerzos.

Por muy simple que pueda parecer, éste es el modo de adquirir *conocimiento de la actividad, modo de actuar e inspiración para actuar.* Y así es como yo desarrollé mi sistema que nunca falla para conseguir el éxito. Cuando esté haciendo algo, vuélquese en ello; entregue todo cuanto tiene y después descanse! La atención concentrada y el esfuerzo, seguidos del descanso, se convirtieron en mí en un hábito poco despues de haber comenzado a vender seguros contra accidentes. Lo primero de todo para mí era conseguir una buena noche de sueño. Vender de puerta en puerta en almacenes y oficinas y de despacho en despacho en Bancos y en otras instituciones importantes, agota la energía física. Y a mí me hacían falta horas y horas de sueño porque era joven.

En segundo lugar, me acostumbré a efectuar mi primera visita de negocios a una hora concreta: las 9 de la mañana, pero, antes de hacer esa visita yo acondicionaba mi mente. Me concentraba. Y pedía auxilio y ayuda divinos. No permitía que nada me molestara: Lo *encerraba bajo llave*. A continuación, me desplazaba rápidamente durante todas las horas laborables del día.

A medio día descansaba con una comida ligera y empezaba otra vez inmediatamente después. Si estaba trabajando en el centro, lejos de mi casa, volvía al hotel, comía, hacía una siesta de media hora y después, con la imaginación, empezaba un nuevo día. Cuando acababa de trabajar a las 5 o 5 y media se había terminado el trabajo. Descansaba y echaba fuera de mi cabeza todo lo relacionado con el negocio.

Aprendí mucho sobre muy poco

Al concentrar mis esfuerzos en la venta de simplemente una póliza de seguros contra accidentes, aprendí casi todo lo que se puede saber sobre este tipo de póliza. Y por experiencia aprendí lo que hay que decir y cómo decirlo —lo que hay que hacer y cómo hacerlo— para vender en grandes proporciones. Alcancé el *conocimiento* de la *actividad* y el *modo de actuar*. Aprendí cómo fomentar voluntariamente la *inspiración para actuar*.

En cierto sentido, aprendí como los científicos a través de las pruebas y de los errores—las pruebas y los éxitos, porque creía firmemente que podría elaborar una presentación verbal de mis ventas, aprendida de memoria y un plan organizado de ventas que hiciera posibles las ventas continuadas.

En otro sentido, yo podía —como un actor— poner sentimiento, emoción, y oportunidad de tiempo en mi charla aprendida de memoria. Cuando vamos al teatro y vemos a un gran actor nunca se nos ocurre que haya habido otra persona que escribiera su papel. Es posible que no nos demos cuenta de que tanto sus acciones como sus palabras son idénticas en cada una de las representaciones. Porque el actor vive su papel. Yo no solamente vivía mi papel cuando estaba vendiendo sino que también escribía el guión y, al igual que los buenos dramaturgos, lo perfeccionaba en cualquier oportunidad. A diferencia de los dramaturgos, cambiaba mi presentación verbal de la venta a fin de adaptarme a condiciones diferentes, pero lo que decía resultaba estándar para tales ocasiones. Así por ejemplo, si me interrumpían al principio de la presentación, recurría a uno de mis chistes estereotipados a fin de aliviar la tensión, en lugar de colocar el chiste más adelante en mi charla tal y como en un principio estaba planeado.

¿Trabajo? Sí, era trabajo. Y yo tuve que ganar sobre mí mismo muchas batallas—y también esto era trabajo.

Pero era bueno. Porque busqué técnicas para controlar mis sentimientos y emociones. Hubo veces en las que solía preguntarme si sería capaz de llegar alguna vez a dominar el pánico en el momento de ir a visitar al propietario presidente de un gran Banco o de unos grandes almacenes. Pero descubrí que me ayudaban para ello el hecho de *acondicionar mi mente, de emplear automotivadores*. Y la sencilla técnica de *seguir intentando*. Por fin llegó un día en el que pude visitar al jefe de una gran compañía en Nueva York, Chicago o cualquier otro sitio, sin sentir ningún miedo, porque me había convertido en el producto de un hábito.

Al igual que el científico que acaba por descubrir la fórmula de éxito que está buscando o del actor que vive su papel, descubrí que conseguía resultados coherentes haciendo la misma cosa del mismo modo constantemente. Y, al igual que el científico, descubrí que el tiempo era un ingrediente importante en cualquier fórmula.

No hay nada que permanezca quieto; existe un cambio constante desde dentro y desde fuera. Si concentramos los rayos del sol a través de una lupa sobre un lugar de un tronco de un árbol se prenderá fuego al cabo de algunos minutos. Y sin embargo, el sol podría estar brillando durante decenas de años sobre el mismo pedazo de madera sin que este ardiera a no ser que existiera la lupa. En circunstancias normales, se limitaría a descomponerse a su debido tiempo y se convertiría en tierra. Algo análogo ocurre con usted y conmigo.

Triunfar lleva tiempo—y fracasar lleva tiempo.
Pero triunfar lleva menos tiempo que fracasar.

Podremos entender claramente ésto cuando tengamos en cuenta un éxito constante...toda una carrera comercial...la duración de una vida...Porque, cuando hagamos la cosa apropiada en lugar de la no apropiada, triunfar nos llevará menos tiempo—cuando trabajemos del modo más oportuno, con el *conocimiento*, *técnicas* eficaces e *inspiración para actuar* adecuadas. Porque en ese momento tenemos ya el sistema para el éxito.

Puede ocurrir que, trabajando mal o haciendo cosas no apropiadas, triunfemos temporalmente por casualidad o en virtud de las condiciones existentes. Puede incluso ocurrir que demos un traspiés en relación con el sistema adecuado y sin embargo tengamos un éxito momentáneo, y después perdamos el sistema y fracasemos porque no hemos reducido los principios a una fórmula, esto es, los principios de nuestro éxito temporal.

Exito a corto plazo y fracaso a largo plazo

Es muy corriente que una compañía o una persona tengan éxito durante algún tiempo pero luego fracasen. Tomemos un ejemplo concreto que me es muy conocido.

A partir de 1900, cuando el agente de seguros Harry Gilbert hizo un viaje a Inglaterra y descubrió que en aquél país las Compañías de seguros vendían lo que llamaban *pólizas contraactuales contra accidentes por cupones*, muchas compañías americanas de seguros han vendido pólizas similares. Las llamamos pólizas previas contra accidentes, porque el agente las redacta y entrega en el mismo momento de la venta. Se venden sobre la base de "visitas frías" (como se sabe, las visitas frías —*cold convassing*— consisten en efectuar visitas no anunciadas a personas que no conocemos para venderles algo).

Muchas agencias de esas compañías obtuvieron éxitos sobresalientes durante un cierto período de años. Sin embargo, hoy en día todas las agencias y compañías que no se ocupaban de esas pólizas previas han abandonado este plan de ventas o han desaparecido, con una única excepción. ¿Por qué? Ese negocio no era provechoso. Perdían dinero. O bien no desarrollaron un sistema que tuviera éxito o, si lo hicieron lo perdieron más tarde.

¿Cuál es la única excepción? La compañía que yo dirijo. ¿Por qué, una vez más? Yo monté un sistema de ventas que nunca falla y con él pude vender en una semana más pólizas de las que vendían en meses agentes comerciales carentes de sistema. Para esto había una razón: yo ahorraba tiempo.

Por ello es por lo que triunfé a la larga y fracasaron otros. Mis esfuerzos se concentraban en una póliza, y mi atención estaba fija en su venta. Ahorraba tiempo. Intenté hacer que una hora representara el trabajo de muchas, del mismo modo que un dólar hiciera el trabajo de muchos dólares.

Muy a menudo pensé: "si tengo que trabajar puedo muy bien intentar ganar en un año lo que otros ganan en el curso de toda su vida" pero me dí cuenta de que esto sólo se podía conseguir actuando sobre la base de un *sistema que nunca falla para alcanzar el éxito*. Acabé por conseguir muchos objetivos valiosos, incluyendo el que se refería a los ingresos anuales, y los principios básicos que apliqué para alcanzar mis metas en cada caso fueron:

1. *Inspiración para actuar* alcanzable a discreción.
2. *Modo de actuar* que se obtiene a través de la experiencia.
3. *Conocimiento de la actividad.*

Ahora bien, ¿cómo se adquiere el *conocimiento de la actividad?*

Haga lo que tiene miedo de hacer

Existen muchos modos para adquirir el conocimiento de la actividad. Aprendí todos los que me hacían falta conocer para vender en grandes cantidades seguros personales contra accidentes merced a *la experiencia*. Aprendí actuando.

Aprendí, en particular, este principio: *Haz lo que tienes miedo de hacer... Vé a donde te asuste ir*. Cuando nos echamos a correr porque nos asusta algo importante, desperdiciamos una oportunidad.

Durante los primeros pocos años de mi carrera como agente de ventas, me sentía excesivamente asustado cuando me acercaba a la entrada de un Banco, oficina de ferrocarriles, almacenes comerciales u otras grandes instituciones. Por ello, pasaba de largo. Más tarde, descubrí que había pasado de largo por puertas que llevan oportunidades excepcionales, porque descubrí que resulta más fácil vender en esos lugares que en los pequeños establecimientos en los que había aprendido a neutralizar mis temores iniciales. Y llegué finalmente a la conclusión de que se pueden conseguir éxitos destacados vendiendo en grandes instituciones porque también los demás agentes de ventas les tienen miedo. También ellos pasaron de largo por las puertas de la oportunidad y, al igual que hice yo, ni siquiera lo intentaron.

En realidad, la resistencia a las ventas de los dirigentes y del personal de los grandes establecimientos es menor que la que se da en las tiendas y oficinas, en las que no asusta vender a muchos agentes. Estos sitios más pequeños soportan a menudo, en un solo día, a cinco, diez o quince agentes de ventas lo suficientemente valientes como para entrar a visitarles. Con una experiencia semejante, los propietarios y empleados aprenden muy pronto a resistir a los agentes de ventas y a decirles que no. Por supuesto, el "no" puede convertirse en un "sí" con un sistema oportuno, pero esto con frecuencia requiere bastante tiempo. Además, un hombre importante, un hombre lleno de éxitos, un hombre que se ha formado a sí mismo desde abajo tiene mucho corazón. Nos dará una oportunidad. Procurará ayudar a que otros suban hacia arriba. Yo he aprendido todo ésto. He aquí cómo y por qué resultó que empecé a desarrollar en mí el hábito de vender en las grandes organizaciones.

La puerta que yo temía me abrió la oportunidad

Tenía entonces diecinueve años, y mi madre me envió en una jira a Flint Saginaw y Bay City (Michigan), a fin de renovar el negocio existente y de vender a nuevos posibles clientes. Todo marchó perfectamente en Flint. En Saginaw, yo estaba realmente en forma para vender y mis ventas diarias fueron importantes. Como sólo teníamos dos renovaciones que hacer en Bay City escribí a mi madre pidiéndole que les enviara notificaciones a fin de poder seguir trabajando en Saginaw.

"No te alejes de la buena fortuna o del éxito" me ha parecido siempre una divisa muy sabia. Pero mi madre telefoneó y dijo que me marchara de Saginaw y me fuera a Bay City. Yo no quería hacerlo pero obedecí. Ordenes son órdenes.

Quizá fuera rebeldía —aunque me gusta calificarlo de justa indignación— pero el caso es que cuando llegué a mi hotel de Bay City, cogí las señas de las dos renovaciones y las colgué en el cajón superior de la derecha de la cómoda. A continuación fuí al Banco más importante y me entrevisté con el cajero, un hombre que se llamaba Reed.

Yo entonces no lo sabía, pero le acababan de hacer cajero. Durante nuestra conversación, sacó una placa de identificación de metal y me dijo: "tengo la póliza de ustedes y su placa desde hace quince años. La compré inicialmente cuando trabajaba en un Banco de Ann Arbor. Me han trasladado aquí hace muy poco".

Dí las gracias al señor Reed y la pedí permiso para hablar con los demás. A cada uno de ellos le hice saber que el señor Reed decía haber tenido nuestra póliza durante quince años y que me había dado permiso para hablarles.

Con este ímpetu seguí actuando de tienda en tienda y de oficina en oficina. Visité bancos, agencias de seguros y otras grandes instituciones. Visité a todo el mundo. ¡Literalmente los "corté" como si fueran césped. ¡Durante las dos semanas que estuve en Bay City conseguí una media de cuarenta y ocho pólizas por día.

Y el sábado en que me marché, por lealtad a nuestros clientes y a la compañía abrí el cajón superior de la derecha de la cómoda, cogí las señas de las renovaciones y también a ellos les hice el servicio.

El principio se me apareció claro como el cristal: Haz lo que tengas miedo de hacer... ve a donde te asusta ir... Cuando eches a correr porque tienes miedo de hacer algo difícil, desperdicias una oportunidad.

Mucho después me dí cuenta de que había desperdiciado oportunidades debido a otras muchas razones que no eran las del miedo. Y, aunque es preciso tener experiencia a fin de obtener el *modo de actuar*, se puede adquirir el *conocimiento de la actividad* si se está dispuesto a aprender de aquéllos que están dispuestos a enseñar, de la experiencia de los demás y de los libros.

Yo debería haberme dado cuenta de esto antes de los diecinueve años; ahora me resulta absolutamente evidente. Y sin embargo, existen muchos adolescentes que —al igual que yo en aquella época— abandonan los estudios. Discuten con el maestro, o bien no adquieren los hábitos adecuados de estudio y de trabajo o bien desean ganar dinero, o bien piensan que son ya mayores y quizá soportan mal una autoridad disciplinaria.

Pero, como veremos, afortunadamente yo fomenté en mí mismo el deseo y la disposición de aprender de aquéllos que estaban dispuestos a enseñarme y de los libros. Y el deseo de aprender puede convertir un fracaso en un éxito a largo plazo.

Fracasos temporales, pero éxitos permanentes

La historia de Otto Propach es buen ejemplo de la necesidad de adquirir conocimiento específico de otras fuentes que no sean exclusivamente la de la experiencia.

En cada nueva actividad —aunque se tenga la inspiración, el modo de actuar y el conocimiento técnico para el éxito,— es a menudo necesario alcanzar un conocimiento adicional a fin de enfrentarse con condiciones distintas. América está atrayendo actualmente a gente admirable de Europa y del sur y del centro de nuestro continente. Tienen inspiración, conocimiento y habilidad, pero, al igual que los inmigrantes de otros tiempos, les resulta necesario aceptar empleos bajos y aprender el idioma antes de que se les pueda dar la oportunidad de utilizar sus conocimientos y sus habilidades.

Otto era uno de los directores de Banco más importantes de Alemania, pero cuando los Nazis llegaron al poder, su familia y él sufrieron grandes calamidades y por último, los encarcelaron en un campo de concentración. Les quitaron todos sus bienes terrenales menos la ropa que llevaban.

Después de la guerra la familia Propach vino a los Estados Unidos, el país de las oportunidades, para empezar de nuevo. Otto tenía entonces cincuenta y siete años. Se sentía inspirado para triunfar. Era un experto en contabilidad y en asuntos bancarios; tenía conocimientos y el modo de actuar pero no conseguía un empleo.

Después de varias semanas de intentarlo, obtuvo colocación de escribiente con 32 dólares semanales. Siguió intentando en las agencias de colocación. Y todos los sábados visitaba a los jefes de personal de las compañías que encontraba abiertas en ese día, buscando empleo como contable, que era el trabajo que él mejor conocía. En cada visita le daban una negativa con palabras corteses, porque Otto es la clase de hombre que todo el mundo respeta.

Después de muchas semanas, llegó un momento decisivo cuando Otto Propach se dio cuenta de pronto que si bien sabía contabilidad y asuntos bancarios y hablaba inglés, no sabía el lenguaje de las finanzas y de la contabilidad americana.

Contándome su historia me dijo: "Para conseguir un puesto de contable —o en general cualquier puesto especializado— además de tener conocimientos y la experiencia del trabajo es preciso ser capaz de emplear y de comprender el vocabulario técnico. Los términos técnicos no se incluyen nunca en los cursos de idiomas. Yo estaba preparado para la contabilidad y los asuntos bancarios norteamericanos en todos los aspectos menos en uno: en el de la terminología técnica".

Al sábado siguiente por la mañana, fuí al despacho del decano de la LaSalle Extension University de Chicago. El Decano fue muy comprensivo y servicial. Salí de su despacho con dos cursos consecutivos semestrales sobre contabilidad básica que me regaló para estudiar en casa, sin el privilegio de que mi trabajo fuera corregido o reconocido. Más tarde, conseguí dos *cursos oficiales*, uno de contabilidad superior y otro de contabilidad de los costos. Yo tenía que aprender los términos que empleaban los norteamericanos.

"A partir de entonces trabajé en casa todas las noches hasta la hora de acostarme y todos los sábados y domingos. Lo más difícil no era leer los textos sino aprender de memoria las palabras y las expresiones debido a mi limitado conocimiento general del inglés. Además tenía que entregar todas las semanas trabajo por escrito para dos cursos, lo cual suponía a veces una retahila de largas multiplicaciones y divisiones sin ayuda de una calculadora".

¿Le trajo cuenta a Otto este esfuerzo concentrado en el estudio? Por supuesto que sí. A los pocos meses de iniciar sus estudios encontró empleo como contable subalterno con 200 dólares mensuales. A continuación fue subiendo rápidamente. Así me lo explicó: "Me resultó tan interesante ese trabajo y encontré tantos puntos en los que podía mejorar que no me bastaban las horas de oficina para hacer todo cuanto deseaba hacer. Me preparé muchas horas extras. Además, seguí cursos nocturnos de Derecho Mercantil, Tasas, Intervención de Cuentas y temas similares. Mi tiempo estaba completamente saturado de trabajo pero este trabajo era entretenido. Ensanchaba mis perspectivas y me llevaba hacia adelante como un riachuelo de montaña va hacia el río que muere en el océano —de trabajos subalternos de contabilidad a contable, a tesorero, interventor, vicepresidente y director— en el curso de unos pocos años".

Cómo encontrar lo que andamos buscando

Otto Propach convirtió una derrota temporal en un éxito permanente porque sabía lo que estaba buscando y puso los medios de conseguirlo. Estaba buscando la oportunidad de trabajar en un campo en el que era experto, pero, a fin de obtener esto, tenía que concentrar sus esfuerzos en un estudio intensivo. Y esto era un trabajo real. Pero, una vez que consiguió los conocimientos, llegó al resultado. Podía emplearlos como le apeteciera, y nadie podría arrebatárselos.

Sabía lo que necesitaba—conocimiento de los términos técnicos empleados en Norteamérica en contabilidad y finanzas—y sabía que tenía que aprenderlos de otras personas.

El Coronel John Glenn y los miles de personas que trabajaron para crear la cápsula Mercury también consiguieron el éxito porque cada uno de ellos sabía lo que deseaba y puso los medios para conseguirlo. El esfuerzo individual concentrado produjo el conocimiento necesario para una realización con éxito. Cada uno de ellos aprendió mucho sobre muy poco. Los que lo buscan encuentran el conocimiento, y cuando nos fijamos un objetivo, los modos de alcanzarlo resultan claros.

El conocimiento de la actividad es más importante que los datos y que las cifras. Un amigo mío, por ejemplo, tiene una memoria fotográfica. Es un "lector de una página": una persona que puede leer instantáneamente una página entera con más facilidad que algunas palabras, expresiones o frases a la vez. Puede citar páginas enteras de la Enciclopedia y palabra por palabra. Me quedé impresionado cuando vino a mí y me dijo: "Clem, conoces mis dotes. Quizá puedes decirme qué puedo hacer con ellas: ¿cómo puedo emplear los conocimientos que tengo". He aquí un hombre que tenía conocimientos y habilidad pero que no sabía qué hacer con ellos.

Thomas Edison era un "lector de una página" como mi amigo. También él tenía memoria fotográfica. Pero consiguió *el conocimiento de la actividad*. Sabía lo que estaba buscando y lo encontró, porque sabía lo que necesitaba a fin de alcanzar lo que deseaba. Sabía derivar los principios de los hechos que aprendía y relacionarlos, asimilarlos y emplearlos.

Yo también sabía lo que estaba buscando. Quería crear un sistema de ventas que nunca falle, por consiguiente, procuré identificar los principios presupuestos en cada experiencia de ventas ya sean buenos o malos. Empecé a emplear los que eran útiles y a eliminar los que eran perniciosos.

También usted puede determinar lo que desea. Puede decidir *sus* objetivos principales, metas, aspiraciones y lugar de destino. Al igual que el Coronel Glenn, Otto Propach y Thomas Edison, puede usted concentrar su pensamiento y su esfuerzo en cómo alcanzar lo que desea obteniendo conocimientos de aquéllos que están dispuestos a enseñar y de los libros. También usted puede alcanzar el *conocimiento de la actividad* a través de la experiencia, cuando se siente inspirado a actuar.

Pero en todos los casos, deberá procurar relacionar, asimilar y emplear los principios que le ayuden a alcanzar sus objetivos. Cuando desarrolle ese hábito, descubrirá que triunfar supone menos trabajo y menos triunfo que fracasar.

Así pues, como ya se ha visto, el *conocimiento* es importante. Pero, como se verá en el próximo capítulo, el *modo de actuar* es también imprescindible para el éxito. Por consiguiente, si usted quiere triunfar, aprenda el *modo de actuar*. Lea el próximo capítulo, titulado: "Elija la dirección adecuada".

GRANDES PUERTAS GIRAN SOBRE PEQUEÑAS BISAGRAS

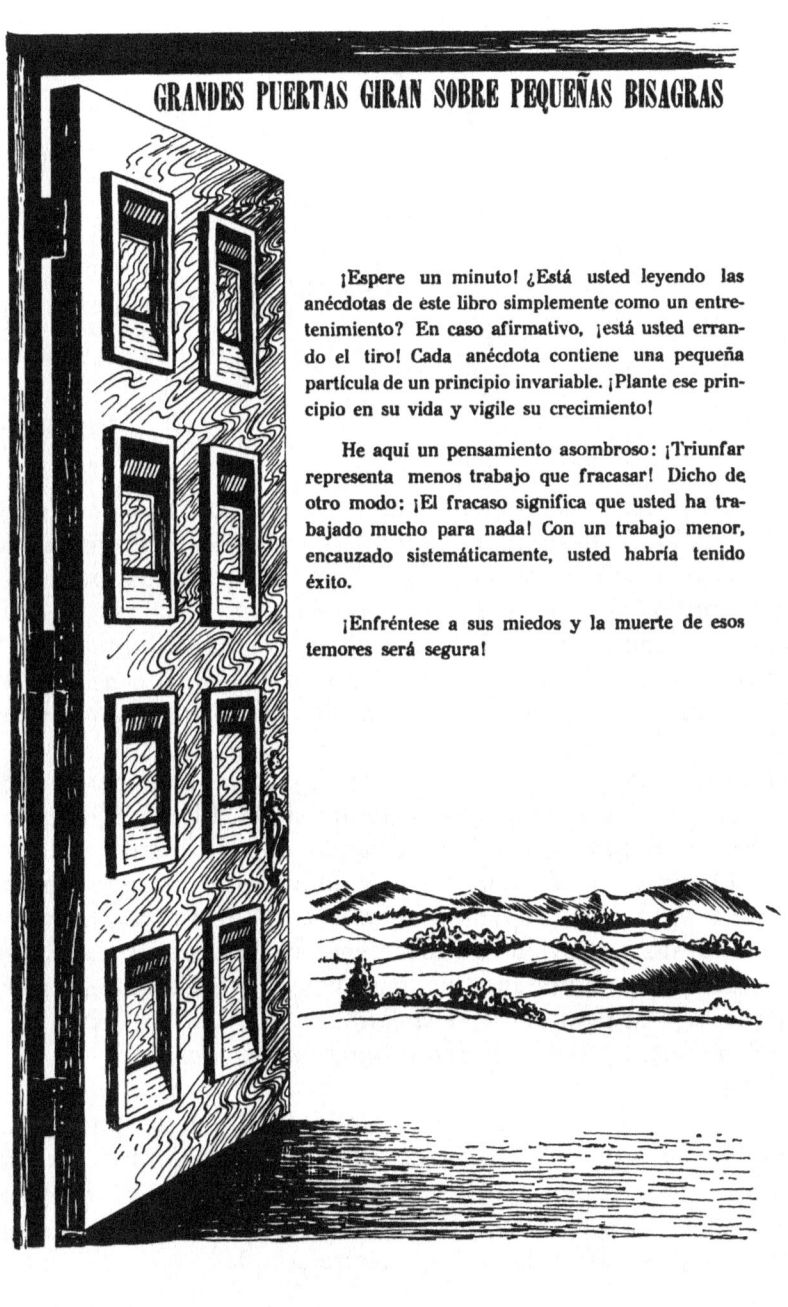

¡Espere un minuto! ¿Está usted leyendo las anécdotas de este libro simplemente como un entretenimiento? En caso afirmativo, ¡está usted errando el tiro! Cada anécdota contiene una pequeña partícula de un principio invariable. ¡Plante ese principio en su vida y vigile su crecimiento!

He aquí un pensamiento asombroso: ¡Triunfar representa menos trabajo que fracasar! Dicho de otro modo: ¡El fracaso significa que usted ha trabajado mucho para nada! Con un trabajo menor, encauzado sistemáticamente, usted habría tenido éxito.

¡Enfréntese a sus miedos y la muerte de esos temores será segura!

6

Elija la dirección adecuada

Usted habrá oído decir: "Mamá es una cocinera prodigiosa, pero no sabe decirme nunca cómo lo hace". Dice: "Cojo un poco de esto y otro poco de aquéllo". Pero sus guisados, pasteles y empanadillas son siempre sensacionales".

Mamá tiene el *modo de actuar*.

¿Cuál es la diferencia entre *conocimiento* y *modo de actuar*? ¡Muy a menudo es precisamente la diferencia entre éxito y fracaso!

La expresión *modo de actuar* no significa saber cómo hacer algo—eso es el conocimiento de la actividad. El *modo de actuar* consiste en hacerlo del modo adecuado, con destreza y eficiencia y con un gesto mínimo de tiempo y de esfuerzo. Cuando tenemos el *modo de actuar*, podemos hacerlo con éxito una y otra vez. Es un hábito y proviene naturalmente de la experiencia. El *modo de actuar* es uno de los tres ingredientes esenciales del *sistema que nunca falla para alcanzar el éxito*.

Ahora bien, ¿cómo se crea el *modo de actuar*?

Unicamente actuando.

De ese modo, conseguí yo el *modo de actuar* que necesitaba para vender seguros contra accidentes. Y de ese modo se convirtió "mamá" en una cocinera maravillosa. De hecho, es de ese modo cómo todo el mundo desarrolla el *modo de actuar*. Es preciso, que la experiencia sea la nuestra propia.

Cuando lo necesite, sepa dónde encontrarlo

En mi primer año de enseñanza secundaria dejé los estudios durante un tiempo—más tarde explicaré el por qué de esto. Poco después de dejar esa enseñanza, ingresé en una escuela nocturna de Derecho. En aquél tiempo se permitía ingresar en el Detroit College of Law en el presupuesto de que antes de conseguir el título de Licenciado se completarían los cuatro años de enseñanza secundaria. Así pues, trabajé por el día y fuí a la escuela por la noche. No me consideraban buen estudiante porque no hacía el trabajo que encargaban para realizarlo en casa. Pero aprendí. Y me acostumbré a aprender principios.

Nuestro profesor— uno de los abogados más destacados de Detroit en Derecho contractual—dijo en su primera lección: "La finalidad de una escuela de Derecho es enseñarles dónde se puede encontrar una Ley cuando la necesiten y la Escuela conseguirá su objetivo si ustedes aprenden eso. Le creí. Seguí su afirmación al pié de la letra. Y dudo mucho que haya estudiantes con un año de derecho que hayan sacado tanto provecho como yo, porque fuí capaz de encontrar una ley cuando la necesitaba y de emplearla ventajosamente.

Casi todas las leyes que necesita conocer un dirigente de ventas o un alto cargo de una compañía de seguros se encuentran en las State Insurance Codes (Códigos del Estado sobre seguros), y ahí es donde yo encontraba la ley cuando me hacía falta. Alcancé el *modo de actuar* para aplicar con sentido común el conocimiento de la ley obtenido en los Códigos y en la Escuela de Derecho. No recuerdo ni un solo caso en el que no se haya decidido favorablemente un problema legal con el que yo me enfrentara. En aquél tiempo, yo dirigía mi propia agencia de seguros y el *modo de actuar* resultó inapreciable para mí y para las compañías de seguros que representaba.

Convirtió la derrota en una victoria

Esta historia me recuerda el caso de un chico que conocí, que fracasó casi en todos los puntos de la escuela primaria. Cuando fue adolescente, tuvo la suficiente suerte como para aprobar la enseñanza secundaria. Siendo novato en la Universidad le suspendieron en el primer semestre.

Era un fracaso—pero esto resultó una buena cosa porque creó en su interior una insatisfacción inspiradora. Sabía que tenía capacidad para triunfar, y, después de reflexionar, se dio cuenta de que tenía que cambiar su actitud y trabajar mucho para compensar el tiempo perdido.

Con esta actitud mental adecuada nueva, ingresó en un colegio para jóvenes que empiezan la carrera y trabajó mucho. Siguió intentando y el día de graduarse, consiguió el honor de obtener el segundo puesto de su clase.

Y no se detuvo ahí. Solicitó el ingreso en una de las mejores Universidades del país en la que el nivel académico es extraordinariamente alto y la admisión muy difícil de obtener. Cuando el decano contestó a su solicitud le preguntó: "¿Qué ha ocurrido? ¿Cómo explica usted su éxito en el colegio después del fracaso durante tantos años?". El muchacho contestó:

"Al principio, me costaba mucho estudiar con regularidad, pero, después de varias semanas de esfuerzo diario, el tiempo dedicado al estudio, se convirtió en un hábito. Me resultó natural estudiar de modo regular. Y hubo veces en las que realmente me apetecía, porque era divertido ser "alguien" en la escuela y que me reconocieran por mi actuación estudiantil.

"Me propuse ser el mejor de mi clase. Quizá lo que me haya despertado haya sido el choque que me produjo que me suspendieran en mi primer año en la Universidad de Illinois. Entonces es cuando empecé a subir. Simplemente tuve que demostrarme a mí mismo que era capaz".

Debido a su actitud mental adecuada y a su expediente académico en el colegio, este joven fue admitido en la Universidad—y también allí tuvo actuación envidiable.

He ahí un caso de muchacho que había trabajado mal en la escuela y que se sintió movido a procurarse la disciplina y el conocimiento necesario para estudiar. Escogió ese colegio concreto porque su medio ambiente favorecería el desarrollo de buenos hábitos para estudio. Pero él sólo fue quien consiguió el *modo de actuar* a través de sus propios esfuerzos continuados, y fue solamente él quien convirtió su derrota en una victoria.

ELIJA LA DIRECCIÓN ADECUADA

La práctica supera los handicaps

Raymond Berry estaba enfermo y físicamente disminuido en su juventud. Siendo adulto, seguía teniendo debilidad en la espina dorsal, una pierna más corta que otra y una vista tan mala que tenía que llevar gafas muy fuertes. Y sin embargo, a pesar de sus handicaps, decidió entrar en el equipo de rugby en la Southern Methodist University. Lo consiguió con un esfuerzo tenaz, trabajando mucho y entrenándose durante todo un año. Más adelante, se propuso ser jugador profesional. Pero después de su temporada del último curso, todos los equipos de la Liga (National Football League) le superaron por 19 rounds. Por último en el vigésimo, Baltimore le escogió.

Pocos esperaban de él que fuera capaz de jugar, y mucho menos de convertirse en una estrella del deporte. Pero Raymond Berry estaba decidido. Equipado con una especie de coraza en la espalda, unos soportes de barro en un zapato para equilibrar su carrera, y lentes de contacto a fin de poder ver bien, siguió ensayando continuamente modelos de pases concebidos de manera ofensiva. Se convirtió en un maestro en bloquear, hacer fintas, y coger pases desde cualquier ángulo.

En los días en que no se entrenaba el equipo de Baltimore, corría a un vecino campo de football y convencía a los estudiantes para que le lanzaran tiros con la pelota. Incluso en los halls de los hoteles llevaba a menudo un balón para que sus manos siguieran "acostumbradas al toque".

¿Qué ocurrió?. Raymond Berry se convirtió en el campeón de los porteros de la National Football League. ¡Cuando los Baltimore Colts ganaron el campeonato de Liga en 1958 y en 1959, Berry era una estrella del deporte!

Es fácil comprender por qué Raymond Berry se convirtió en campeón. Práctica, práctica, práctica. Es *la práctica lo que desarrolla el modo de actuar*. Se suele decir que *la práctica hace a la gente perfecta*, porque la práctica fomenta la destreza a través de la experiencia o del ejercicio.

No hay tres personas, si falta una

Es fácil entender que cuando falta un número en una combinación, ya no existe tal combinación. Un trío no lo es si falta una de sus partes. *El sistema que nunca falla para alcanzar el éxito*, es un trío, y no será un sistema que nunca falle para alcanzar el éxito si falta uno de sus ingredientes: inspiración para actuar, modo de actuar y conocimiento de la actividad.

Por eso es por lo que una persona que triunfa en una actividad puede fracasar en otra. Muchos hombres que fueron extraordinariamente exitosos en un negocio o profesión fracasan en una nueva empresa. Han conseguido destreza gracias a la experiencia, y han llegado a la cumbre en su propio trabajo. Pero al emprender otro negocio, ya no se sienten dispuestos a alcanzar el conocimiento y la experiencia necesarios para triunfar en esa nueva actividad.

En la Escuela de Derecho, yo carecía de uno o más de los componentes del trío, exigidos para ser un buen estudiante, pero me sentí movido a descubrir y emplear los tres ingredientes necesarios cuando me hicieron falta en el mundo de los negocios.

El estudiante suspendido carecía de uno o más de esos ingredientes pero convirtió su derrota en una victoria cuando empleó a los tres juntos en una misma combinación.

Raymond Berry se sintió motivado, buscó el conocimiento y consiguió el modo de actuar. De este modo empleó los tres ingredientes mágicos necesarios para convertirse en campeón.

Del éxito al fracaso

Richard H. Pickering —una de las personas más maravillosas que yo he conocido en toda mi vida— era un caballero en el verdadero sentido de la palabra: era un hombre de carácter. Tuvo un éxito extraordinario como asesor de seguros sobre la vida, porque sus recomendaciones se basaban siempre en la respuesta a la pregunta que se hacía a sí mismo: "¿qué es lo mejor para mi cliente?". Después de cierto número de años consiguió una modesta fortuna basada en la diferencia entre el valor real y el nominal de las pólizas renovadas, porque él dejaba que sus comisiones por estas renovaciones las guardara la compañía.

Cuando tuvo 60 años, decidió trasladarse de Chicago a Florida. Allí se daba un gran momento de auge para el negocio de restaurante y él quería ser propietario de uno aunque no sabía nada del modo de dirigir ese tipo de empresa. La única experiencia que tenía era la de cliente.

Su entusiasmo era tan grande, que no se contentó con tener un restaurante, abrió cinco a la vez, vendió sus beneficios e invirtió cuanto tenía. Al cabo de cinco años, estaba fuera del negocio, estaba arruinado.

La experiencia del señor Pickering difiere muy poco de la de otras personas llenas de éxito durante algún tiempo que no se sienten dispuestas a conseguir el conocimiento y el modo de actuar necesario antes de empezar a dirigir una nueva empresa a gran escala. Si se hubiera limitado a realizar las compras, llevar la contabilidad, o dirigir restaurantes por cuenta de otra persona que fuera experta en ese negocio, muy pronto hubiera conseguido conocimiento y experiencia, y no hubiera fracasado, porque el señor Pickering era inteligente—y lo demostró volviendo al negocio de seguros sobre la vida en el cual tenía conocimientos y sabía el modo de actuar.

La causa de este fracaso fue la falta del conocimiento de la experiencia necesario. He aquí, a continuación, la historia de otro amigo mío que adquirió el conocimiento y el modo de actuar necesario para sus negocios, gracias a la experiencia que obtuvo mientras era todavía estudiante. A usted le intrigará el automotivador que todavía sigue moviéndole a actuar.

"Tienes madera—lo eres!"

"Tienes madera—lo eres! Eso es lo que me inspiró".

Dijo Karl Eller, de 33 años de edad, y presidente de la Eller Outdoor Advertising Company, recientemente, en una entrevista, durante una comida. Yo me entrevisté con Karl y con su mujer aquella mañana porque le había oído decir que había comprado la zona de Arizona de Foster and Kleiser por una cantida cifrada en cinco millones de dólares. La entrevista fue agradable, rica en informaciones e inspiradora.

"Yo era estudiante novato en Tucson High y ocurrió la siguiente —me dijo Karl— Yo no entendía mucho de rugby. En los entrenamientos ni siquiera tenía uniforme. De un modo o de otro, cuando el "corredor" destacado del primer equipo vino hacia mí pude "taclearlo". Tropecé con él con dureza y le derribé.

A la vez siguiente, lo intentó por el otro extremo de la línea pero también estaba yo allí y le contuve. Esto le volvía loco. Cuanto más lo intentaba más se enfurecía. Cuanto más se enfurecía más fácil me resultaba a mi atajarle. Seis veces consecutivas le obligué a pararse.

"Después del ensayo estaba sentado en un banco de los vestidores poniéndome los calcetines cuando sentí una mano en mi hombro. Al volverme y mirar hacia arriba me preguntó el entrenador: "¿Ha jugado alguna vez de "fullback"?"

"No, no he jugado nunca de fullback—le contesté.

"Entonces el entrenador me dijo algo que no he olvidado nunca: "Tienes madera, lo eres!". Y se marchó.

"¿*Lo eres?* Qué quiere decir eso —me pregunté a mí mismo—. Al día siguiente lo descubrí. Me quedé asombrado al oír: Karl Eller—fullback—primer equipo" gritado por el entrenador.

"Y entonces recordé: "¡Tienes madera, lo eres!"

"Lo eres" quería decir que tenía fe en mí y que respaldaba mi fe dándome una posición clave. Yo no podía fallarle. Su fe en mí me dio fe en mí mismo. Desde entonces,—cuando empiezo a dudar de mis habilidades, cuando las cosas se ponen difíciles, cuando se espera de mí que haga algo y no sé exactamente cómo hacerlo—me digo a mí mismo: "Tienes madera, lo eres." Y con ésto restauro la confianza en mí mismo.

"Ronald P. Gridley, entrenador de Tucson High sabía cómo conseguir que un hombre rindiera el máximo. Jugamos 33 partidos de rugby sin una sola derrota y de quince posibles campeonatos de Estado en todos los deportes, ganamos catorce. ¿Por qué? Gridley sabía la manera de desencadenar la inspiración adecuada en todos y cada uno de nosotros.

"¿Se abrió usted camino durante sus años de estudio? le pregunté?".

Karl replico: "Mientras estuve en la Universidad de Arizona no tuve que pagar la habitación. El Juez Pickett me dejaba su cuarto de las herramientas a cambio de cortarle el césped de su jardín. Comer no me costaba nada porque hacía de camarero en la Fraternidad Kappa Alpha Theta. Allí conocí a Sandy, mi mujer".

Entonces me interrumpió Sandy: "Karl ganó más dinero mientras estudiaba que cuando empezó a trabajar en su empleo después de salir de la Universidad. En la Universidad había veinticinco estudiantes que trabajaban para él. Karl controlaba prácticamente todas las concesiones del patio o claustro del colegio: perros calientes, bebidas refrescantes, golosinas, helados.—Nombre cualquier cosa de estas y le diré que Karl se ocupaba de ella. Publicaba y distribuía *Figi Notes*: 600 ventas por semestre a cuatro dólares cada una. El hecho de publicar los programas deportivos y de cobrar su publicidad fue para él el principio de su carrera publicitaria después de licenciarse".

Todo esto era muy comprensible para mí. Pensaba en un hombre joven, sonriente, de agradable personalidad—un héroe del rugby. Todos los hombres de negocios de Tucson estaban encantados de tener la suerte de hablar personalmente con él y cuando les pedía que se anunciaran en el programa deportivo o en cualquiera de las revistas o publicaciones universitarias, esos hombres pagaban la publicidad de buen grado. Además Karl era un buen agente comercial. Conservaba a sus clientes año tras año. A ellos les gustaba verle y él les daba ocasión para ello.

Después de graduarse, Karl, solicitó empleo en una agencia de publicidad importante de la gran ciudad: Chicago. Le ofrecieron 25 dólares semanales.

"Por eso, en lugar de ello, —dijo Karl— conseguí un empleo con Foster and Kleiser Outdoor Advertising Company simplemente aquí en Tucson".

Sus ventas fueron fabulosas—y también lo fue su progreso. Le ascendieron a director de ventas en la Sucursal de Phoenix, se convirtió en director nacional de ventas en la casa central de San Francisco, y llegó a vicepresidente y director de la casa en Chicago a los veintinueve años.

Entonces ocurrió un cambio en la propiedad de la compañía y se decidió, a cara o cruz como quien dice, que fuera Karl o bien un hombre mayor o más experimentado quien ocupara la presidencia. Ese hombre mayor consiguió el cargo. Karl dimitió y entró en otra agencia de publicidad de Chicago. Durante una Asamblea nacional, oyó el rumor de que la zona de Arizona de Foster and Kleiser iba a ser vendida. "Ahí había una oportunidad —me dijo Karl pero no sabía cómo conducirme al respecto. Y además la cantidad de dinero que estaba en juego me parecía enorme. Una vez más". ¡Tienes madera, lo eres! "brilló en mi interior".

Siguió diciéndome: "Tanto a Sandy como a mí nos encanta Arizona. Yo conocía el negocio. La gente me conocía. Sentí un impulso irresistible de aferrarme a esa oportunidad. Sabía lo que quería y sabía que podría triunfar. Pero por encima de todo tenía un tremendo deseo de hacer algo grande por mi propia cuenta. Si podía hacerlo por los demás, también podía hacerlo por mí mismo. Menos dinero, lo tenía todo: conocimientos, modo de actuar, experiencia, una buena reputación, amigos excelentes y contactos comerciales en toda la zona de Tucson".

"¿Y qué ocurrió con el dinero? —le pregunté—.

"Un amigo mío trabajaba en la Sección de préstamos del Banco Harris Trust and Savings Bank de Chicago —contestó Karl—. Me presentó a los empleados superiores adecuados. Se llegó a un trato entre el Harris Trust y el Banco Valley National Bank de Phoenix para un préstamo conjunto pagadero a lo largo de cinco años. Además, hubo nueve amigos míos que intervinieron en la compra. Mi contrato con ellos especifica que tengo opción para comprar sus intereses en cualquier momento dentro de cinco años por el mismo precio que pagaron. Ellos tienen muchas ventajas fiscales y de otro tipo debido a la índole del negocio de publicidad en espacios libres. Por lo tanto, incluso si me aprovecho de mi derecho de opción, el negocio es mutuamente beneficioso".

La historia de Karl Eller, indica claramente que para resolver un problema o para triunfar en los negocios no es necesario conocer de antemano todas las respuestas—a condición de estar en la buena dirección. Porque entonces, nos enfrentamos con cada problema según vayan presentándose.

No es necesario conocer todas las respuestas

Al igual que Karl Eller, usted no tiene por qué saber de antemano todas las respuestas a fin de resolver un problema o de llegar a la meta. Pero es preciso que tenga una idea clara del problema o de la meta que desea alcanzar.

Por lo tanto, empiece por decidir qué es lo que realmente desea para un futuro remoto, intermedio y próximo. Si no está preparado para fijarse objetivos remotos, e intermedios, concretos y específicos, anímese a ello. En este momento puede ser más beneficioso decidir cuáles deban ser sus objetivos generales o abstractos: tener buena salud física, mental o moral, conseguir riquezas; ser persona de carácter; ser un buen ciudadano, padre o madre, hijo o hija, marido o mujer. Cualesquiera que sean estas metas generales, tienen necesariamente que ser al mismo tiempo objetivos inmediatos. Todo el mundo tiene aspiraciones u objetivos concretos o inmediatos. Usted sabe, por ejemplo, lo que se propone hacer mañana, o lo que le gustaría hacer la semana próxima o quizá el mes próximo. Y le resultaría fácil redactar y escribir unos objetivos concretos inmediatos que, una vez conseguidos, le acerquen a la buena salud, riquezas, felicidad o carácter que usted espera adquirir en un futuro intermedio y remoto. Pero es preciso que usted lo desee.

El ingrediente más importante para el éxito

Hay personas que tienen conocimientos y modo de actuar pero no tienen éxito. Porque aunque saben lo que hay que hacer y cómo hacerlo, no les apetece. No se sienten inspirados a actuar.

La inspiración para actuar es el ingrediente más importante para el éxito en cualquier actividad humana. Y la inspiración para actuar se puede desarrollar a discreción.

El hombre que se siente inspirado puede superar todos los obstáculos porque dispone de *la energía para actuar. Usted engendrará energía para actuar* si sigue las directrices que le expondré en el próximo capítulo.

GRANDES PUERTAS GIRAN SOBRE PEQUEÑAS BISAGRAS

El *modo de actuar* es una de las tres partes esenciales del sistema que nunca falla para alcanzar el éxito. Pero ¿de qué se trata exactamente? ¿y cómo conseguirlo?

El *modo de actuar* es la cualidad que nos permite hacer algo a discreción, con habilidad, eficacia y un gasto mínimo de tiempo y de esfuerzo. El *modo de actuar* siempre realiza lo que se ha propuesto realizar. El *modo de actuar* consigue hacer cosas cuando los demás siguen todavía preguntándose si esas cosas son factibles. El *modo de actuar* construyó las pirámides de Egipto y las grandes Catedrales de Europa; surcó el Atlántico y desintegró el átomo; dominó la fuerza de la electricidad; y algún día colocará a un hombre en la luna. Y puede traerle a usted el éxito.

¿Cómo se consigue? No se consigue, se *acumula*. Al actuar... con la experiencia... con la acción viene a nosotros. Cuando usted lo tenga, lo conocerá —y conocerá su poder.

7

La energía para actuar

"¡Adelante! ¡Adelante! ¡Adelante! ¡Adelante!": Estos gritos procedían del Banco del equipo de Chicago White Sox. ¡ Y el "bateador" *fue adelante!* Saltó con seguridad hasta la tercera, adelantándose al tiro del contrario.

"¡Adelante! ¡Adelante! ¡Adelante! ¡Adelante! ¡White Sox!" fue la canción de sus forofos en 1959—y esto motivó que el equipo White Sox fuera adelante... adelante... adelante... partido tras partido, hasta ganar el campeonato de la Liga Americana.

"¡Adelante! ¡Adelante! ¡Adelante! ¡Adelante! ¡White Sox!" fue lo que motivó que cada uno de los miembros del equipo se esforzara más de lo que se había esforzado hasta ahora. Ahora bien, ¿qué es la motivación?.

La motivación es lo que induce a la acción o determina una elección. Es lo que proporciona un motivo. Un motivo es el "impulso interior" —como por ejemplo, una idea, una emoción, un deseo o una incitación— dentro del individuo y que le impulsa a la acción. Es la esperanza u otra fuerza que se inicia al intentar producir resultados concretos[1].

Las emociones mezcladas intensifican la
ENERGIA PARA ACTUAR

Cuando emociones poderosas como el amor, la fe, la ira y el odio están mezcladas—como ocurre en el caso del patriotismo

---

[1] *Success Through a Positive Mental Attitude* por Hill and Stone. Prentice Hall, Inc. 1960. Versión española de Herrero Hermanos Sucesores, S. A.

apasionado,—*la energía para actuar* que engendran es una fuerza motriz intensiva que durará a lo largo de toda la vida. Tal ocurre con los actuales pueblos amantes de la libertad que están bajo el yugo del comunismo. Y lo mismo sucedió con los patriotas de épocas pasadas. He aquí la historia de uno de ellos:

Llegaron los cosacos. El niño vio cómo golpeaban brutalmente y mataban a su padre y a su madre. Salió corriendo de la casa, pero un jinete llegó a su altura y él sintió el latigazo que le derribó sangrando en tierra. Y cuando recobró el conocimiento pudo ver los restos humeantes de la casa de sus padres. Entonces, en aquél momento, hizo una promesa: la promesa de liberar a Polonia de los rusos.

La libertad para Polonia se convirtió para él en una obsesión. La escena que vio el niño—su horror y su congoja—se grabaron indeleblemente en el alma del hombre. Y ello le impulsó a la acción.

Ese hombre—Ignace Jan Paderewski, gran pianista—fue nombrado Primer Ministro y Ministro de Asuntos Exteriores de la nueva República polaca en enero de 1919, y más tarde fue Presidente del Consejo Nacional de Polonia.

Paderewski vivió bastante como para ver cómo volvían a perder su libertad los polacos, pero su trabajo no fue en vano. Polonia sigue siendo una nación y su pueblo siente ese apasionado patriotismo que volverá a desencadenar la energía para actuar que les permita recuperar su completa libertad.

Paderewski tenía la *energía para actuar* que le espoleó a la acción.

Usted también tiene *energía para actuar*.

Y en este capítulo aprenderá el modo de engendrar, intensificar y dar rienda suelta a su *energía para actuar*. La energía para actuar es el "impulso interior" que incita a los hombres en todas las realizaciones valiosas. Usted podrá emplearlo para conseguir riqueza, salud y felicidad, y para hacer el bien a los demás. Porque la inspiración para actuar—cuando es suficientemente fuerte, nos mueve a actuar.

Y el mayor motivador de todos es el amor.

El mayor motivador de todos

Cuando estaba en sexto curso decidí que quería ser abogado. Por eso es por lo que, al ingresar en la Universidad, me interesaban temas como las matemáticas a fin de que me ayudaran a pensar con lógica; como la historia para poder comprender el pasado y el presente y proyectar el futuro; como las redacciones en inglés, para tener la oportunidad de expresar mis pensamientos y mi filosofía; y como la sicología para poder entender el funcionamiento de la mente humana. Me hice miembro del Club de Debates de Senn High especialmente para convertirme en un experto en argumentación.

Más adelante ingresé en la Escuela de Derecho de Detroit, pero al cabo de un año la dejé porque decidí que quería casarme cuando tenía 21 años. Y sabía que la muchacha con la que me quería casar sería la influencia benéfica más importante de mi vida. Por supuesto, esto es cierto aplicado a cualquier persona. Un marido o una mujer son la mayor influencia ambiental para cualquier mujer u hombre.

Abandoné la Escuela de Derecho porque pensé que no podría obtener ingresos suficientes como abogado hasta que no tuviera por lo menos treinta y cinco años. No es ético que un abogado ande detrás de los clientes, pero, como agente comercial, yo podía ir a ver a todos los posibles clientes que quisiera. Mis ingresos estarían en función de mi capacidad y de su aplicación—y me constaba que yo sabía vender. Además, razoné y ví que si me dedicaba a vender podía ganar y ahorrar dinero suficiente para retirarme a los treinta años, volver a la Escuela, estudiar Derecho y emprender una carrera legal y política. "Por otra parte—me dije a mí mismo—podré entonces ocuparme de los casos jurídicos que me interesen—y no de aquéllos que me vea obligado a aceptar".

Jessie y yo nos habíamos conocido en Senn High. Nuestro noviazgo y mi amor por ella pueden expresarse muy bien con las palabras de la canción de Mary Carolyn Davies "¿Por qué te amo?"[1]

---

[1] Con autorización del titular del Copyright. Copyright 1954, Midway Music Company.

¿Por qué te amo?.
Te amo, no solamente por lo que eres,
Sino por lo que yo soy cuando estoy contigo.
No sólo por lo que has hecho de tí mismo,
Sino por lo que estas haciendo de mí.

Después de dos años en Senn High, me desplacé a Detroit e ingresé en la Northwestern High School. Nos escribíamos a menudo. Jessie y su madre nos visitaban a veces a mi madre y a mí, y yo hice varios viajes a Chicago. Llegué a la conclusión de que sería preferible que estableciera mi propia agencia de seguros en Chicago. Mi madre escribió a Harry Gilbert, que era el alto empleado con el que nos relacionábamos comercialmente en relación con la United States Casualty Company y la New Amsterdam Casualty Company. Como se recordará por el Capítulo 5o. Harry Gilbert fue el padre de las pólizas previas contra accidente en los Estados Unidos.

El Sr. Gilbert contestó que le agradaría qua yo representara a las dos compañías en Illinois, pero que primero tenía que pedir permiso para montar una sucursal al agente general en Chicago, que ya tenía un acuerdo en exclusiva.

Si desea algo, vaya a buscarlo

Concerté una cita con el agente general. Yo *tenía* que conseguir de él esa autorización. Todo mi programa dependía de su permiso. Pero yo era un agente de ventas de vocación, y sabía por experiencia que si se desea algo hay que ir a buscarlo. El agente general fue muy cortés y nunca olvidaré lo que me dijo:

"Le doy mi autorización, pero al cabo de seis meses estará usted en la misma. Vender en Chicago es muy difícil. Si nombra agentes, sólo le traerán quebraderos de cabeza y perderá el dinero".

Siempre le estaré agradecido por no haber interferido con mi oportunidad. Así pues, en noviembre de 1922, monté mi agencia con el nombre de Combined Registry Company. Mi capital ascendía a cien dólares pero estaba libre de deudas y mis gastos extras eran pequeños debido a que había alquilado un local para oficina a Richard H. Pickering, por un precio de veinticinco dólares mensuales. El señor Pickering fue una verdadera fuente de inspira-

LA ENERGÍA PARA ACTUAR

ción para mí y me ayudó mucho con buenos consejos. Por ejemplo, cuando se trató de poner mi nombre en las señas del edificio comercial me preguntó: "Cómo quiere que escribamos su nombre?".

"C. Stone —contesté—. En la escuela y hasta entonces, siempre había firmado así.

"¿De qué se averguenza usted?" —me preguntó—.

"¿Qué quiere usted decir?"

"Bueno, ¿no tiene usted un nombre y un primer apellido?"

"Sí...William Clement Stone".

"¿Se ha parado usted alguna vez a pensar que hay miles de C. Stones? Pero con toda probabilidad en los Estados Unidos no hay más que un W. Clement Stone".

Esto supuso un llamamiento a mi amor propio: "Solamente un W. Clement Stone"—pensé, y desde entonces siempre he escrito así mi nombre.

Fijamos la boda para junio. Yo quería conseguir para entonces el máximo de dinero contante y sonante y por lo tanto no perdí tiempo. El primer día, trabajé la calle North Clark Street en Rogers Park, a una manzana de distancia de donde vivía. Aquel día hice 54 ventas. Entonces supe que Chicago sería un sitio fácil para vender, y que yo duraría en los negocios más de seis meses.

Me sentí impulsado a trabajar mucho a fin de establecer mi negocio y conseguir el dinero que me hacía falta para casarme con la muchacha a la que amaba. Esto es comprensible porque si bien podemos recurrir a la razón para motivarnos a nosotros mismos y para motivar a otras personas, lo que nos da la *energía para actuar* y nos impele a la acción es el *impulso interior* de nuestros sentimientos, emociones, instintos y hábitos arraigados.

Para motivar, recurra a los resortes del corazón. Una de las mejores maneras para inspirar a otra persona una acción deseable, es contarle una historia auténtica que conmueva sus emociones. En una reunión de ventas, la lectura del siguiente extracto de una carta de Jean Clary impulsó a la acción a los vendedores:

> *Hace seis semanas mi hija Pamela de seis años de edad se me acercó y me dijo: "Papá, ¿cuándo vas a ganar tu rubí?" (Se trata de una recompensa que se concede cuando se consiguen ventas y*

ganancias elevadas dentro de un período de tiempo fijado) "¿Cuándo vas a conseguir cien pólizas por semana? Papá, todas las noches pido a Dios que te ayude a obtener el rubí. Hace muchas noches que vengo pidiéndoselo y no me parece, papá, que Él te esté ayudando". La fe de un niño en Dios, la fe de un niño en su padre, tan inocente, tan honrada, tan sincera. Contesté a mi hija después de pensarlo y considerarlo mucho, porque me dí cuenta de que se confundía al pensar en por qué Dios no había ayudado a papá, pero no creo que papá esté ayudando a Dios". De hecho, ni siquiera me estaba ayudando a mí mismo. Estaba pagando el precio del fracaso. ¿Por qué? Porque no estaba intentando. Me formulaba a mí mismo excusas y coartadas. Hacía reproches a todos menos a mí mismo. ¡Qué ciego puede estar un hombre! Entonces decidí...

El el resto de la carta enumeraba Jean las muchas realizaciones causadas por el profundo sentimiento para con su hija que le inspiró *la energía para actuar.*

La fe es un motivador sublime

Jean consiguió su Rubí, y las oraciones de Pamela fueron contestadas. Jean tuvo constantemente *energía para actuar.* Todo el mundo tiene *energía para actuar.* Pero fue la sugestión de la oración de Pamela la que produjo la autosugestión de insatisfacción inspiradora que expresó Jean en sus pensamientos: Ni siquiera me estaba ayudando a mí mismo. Estaba pagando el precio del fracaso. ¿Por qué? Porque no estaba intentando. Me formulaba a mí mismo excusas y coartadas. Hacía reproches a todo el mundo menos a mí mismo. ¡Qué ciego puede llegar a estar un hombre...!

Esta *inspiración para actuar* hizo realidad la *energía* para actuar. La fe es un motivador sublime, y la oración —expresión de fe— acentúa el desencadenamiento de la fuerza impulsora de nuestras emociones. Un ejemplo a este respecto: Ocurrió en San Juan de Puerto Rico no hace mucho tiempo cuando Napoleón Hill y yo llevábamos un seminario de tres noches sobre la "Ciencia del Exito". A la noche siguiente, se instó a todos los asistentes a aplicar al día siguiente los principios y cada uno de ellos tenía que informar sobre los resultados que obtuviera.

Había, entre los voluntarios de la tercera noche, un contable y he aquí lo que nos dijo:

"Esta mañana cuando llegué a la oficina, mi director general —que también asiste a este seminario me llamó a su despacho. "Veamos si funciona la actitud mental positiva"—me dijo. "Ya sabe usted que tenemos esos tres mil dólares que nos deben desde hace meses. ¿Por qué no se encarga de cobrarlos? Vaya a ver al director de la empresa y recurra a la AMP: la actitud mental positiva. Empecemos por lo que el señor Stone llama "autoarranque": *¡Hazlo ahora mismo!*

"Me impresionó tanto lo que usted nos dijo la noche pasada sobre cómo todo el mundo puede hacer que su subconsciente trabaje para él que, cuando mi jefe me envió a efectuar ese cobro, decidí también hacer una venta aparte.

"Cuando me fuí de la oficina regresé a mi casa. En la tranquilidad de mi hogar decidí exactamente lo que iba a hacer. Recé sinceramente y con esperanza pidiendo ayuda para poder efectuar el cobro y también una gran venta. "Creí que conseguiría resultados concretos. Y los conseguí. Porque cobré los tres mil dólares y además hice una venta de más de cuatro mil. Al marcharme mi cliente me dijo: " Me sorprende usted desde luego. Cuando llegó no tenía yo intención de comprarle nada. No sabía que fuera usted un agente de ventas. Pensé que era usted el contable jefe". Esta fue la primera venta que he hecho en toda mi vida dedicada a los negocios".

Este contable fue el mismo hombre que la noche anterior tuvo el valor de preguntar: ¿Cómo puedo hacer que mi subconsciente trabaje para mí?" Y se le habló de fijar metas, de la insatisfacción inspiradora, de los automotivadores y del autoarranque *¡Hágalo ahora!*. También aprendió que se debe escoger un objetivo concreto e inmediato y lanzarse hacia él. Y aprendió asimismo estas cosas:

1. Con la repetición verbal se llega a impresionar al subconsciente. Al subconsciente se le impresiona en particular con autosugestiones proporcionadas por una tensión emocional o por una emoción.
2. El mayor poder que posee el hombre es el poder de la oración.

Escuchó lo que se le decía. Pidió tiempo para reflexionar. Relacionó y asimiló los principios. Rezó sinceramente, reverentemente y humildemente pidiendo el auxilio divino. Creyó que lo recibiría y lo recibió porque creyó en ello. Y al recibirlo no olvidó hacer una sincera acción de gracias.

La inspiración produce el conocimiento y el modo de actuar

Cierta noche, en una clase de "Ciencia del Exito" un profesor de música que también trabajaba durante parte del día "seleccionando discos" en una importante emisora metropolitana de radio, se puso en pie y preguntó:

"¿Cómo puede ayudarme a mí la AMP? Nunca podré, mientras viva, esperar ganar una media superior a los cien dólares semanales como profesor de música. Eso es cierto por lo que se refiere a cualquier profesor medio de música".

Le contesté inmediatamente: "¡Tiene usted toda la razón! Nunca podrá ganar más de cien dólares semanales como término medio—*si, eso es lo que usted cree*. Pero si usted decide creer que puede ganar doscientos cincuenta, trescientos, trescientos cincuenta dólares o cualquier otra suma concreta, esto le resultará tan difícil como ganar cien dólares semanales. Recuerde el célebre automotivador de Napoleón Hill: *Lo que la mente puede concebir y creer lo puede realizar la mente*. Repítalo muchas veces a diario. Dígalo con *emoción y sentimiento*, por lo menos cincuenta veces esta noche. Después fíjese unos objetivos. ¡Que sean muy elevados! ¡Y láncese a la acción! Y luego, ¡cuénteme lo que ha ocurrido!".

Tres meses y medio después, este maestro me escribió:

"He salido del embrollo en que estaba desde el momento en que inicié mi curso de AMP. Mi salud es mejor que nunca. Mis ingresos medios durante las últimas diez semanas han ascendido aproximadamente a trescientos setenta, trescientos ochenta dólares semanales. A pesar de las muchas horas de trabajo mi actitud es muy alegre y positiva constantemente.

La noche en la que el profesor de música preguntó: "¿Cómo puede ayudarme a mí la AMP?" no se limitó a *oír* la respuesta que se lo dio: ¡la *escuchó*. ¡*Oír* no implica necesariamente atención o aplicación. Pero *escuchar* sí que lo implica. Y escuchó los mensajes que le eran aplicables. Empezó a identificar y a comprender la fuerza constructiva de la actitud mental adecuada que tiene la palabra *creer*. Y empezó a emplear esa fuerza.

Cuando escribió aquella carta, seguía enseñando música y seleccionando discos en la misma emisora de radio. Era el mismo hombre. ¿Qué le había ocurrido pues? ¿Quién hizo que aquéllo ocurriera? Reaccionó ante una sugerencia. Recurrió a la autosugestión como si fuera dirigida. Cambió su creencia de "No es posible hacer esto" por esta otra: "¡Es posible hacerlo!". Se atrevió a apuntar más alto.

Cierta tarde, en que un célebre actor intervenía en la emisora como artista invitado, el profesor de música decidió entrar en acción. Reaccionó ante el autoarranque": *¡Házlo ahora!*

Se manifestó con tanto entusiasmo al explicar la felicidad que le invade a uno cuando aprende a amar la música tocando un instrumento musical con habilidad que el actor pidió al profesor que le instruyera. Este actor podía permitirse el lujo de pagar los gastos que requería tener un experto dispuesto a ajustar su tiempo a las preferencias del estudiante.

Debido a esta nueva actitud mental, el profesor reconoció los principios y creó, a partir de esta experiencia, un modo de actuar. Cuando otras celebridades o artistas invitados intervinieron en la emisora, les vendió la alegría de aprender a amar la música. Les explicó qué fácil resulta aprender cuando se enseña adecuadamente. Se limitó a repetir el sistema que le había resultado útil al influir en el actor. Y esto es precisamente el *modo de actuar*.

De este modo adquirió el profesor de música *el conocimiento* necesario para aumentar sus ingresos. Aparte de enseñar música buscó otros medios de aumentar sus ganancias—y, porque lo buscó, encontró lo que estaba persiguiendo.

Proporciónese un autoarranque

"Buscad y hallaréis" es una verdad universal. Se aplica a la búsqueda de la autoinspiración para actuar. A la búsqueda del modo de actuar y a la búsqueda del conocimiento.

En todos los ejemplos presentados en este capítulo, las sugerencias externas desencadenaron los pensamientos individuales. Los pensamientos que usted tiene...las cosas que usted hace—todos estos son autosugestiones. Usted puede autosugestionarse por los pensamientos que tiene, y cuando repita sus pensamientos reaccione ante ellos con acciones una y otra vez, establecerá un hábito. Al dirigir sus pensamientos, podrá construir y controlar los hábitos que desee adquirir, y podrá sustituir a los viejos hábitos por otros nuevos.

Si, por ejemplo, usted piensa en hacer una buena acción concreta, y si *reacciona conscientemente realzando* la acción concreta cada vez que usted tiene ese pensamiento, muy pronto desarrollará en usted mismo el hábito de hacer esa buena acción y de ese modo fomentará usted conscientemente el impulso interior que le mueve a actuar. Lo que le ayuda a usted es la *energía para actuar*. Usted puede producirlo y emplearlo para sentirse impulsado a valiosas realizaciones.

Si usted sigue leyendo, comprobará que puede emplearlo intencionadamente para adquirir riquezas, salud y felicidad, y para hacer de este mundo un mundo en el que se pueda vivir mejor.

Los poderosos impulsos de las emociones, pasiones, instintos y otras tendencias hereditarias de nuestro pasado evolucionista, serán estudiados más adelante. Estos impulsos crean incitaciones internas que los mueven a actuar—a hacer las cosas que debiéramos hacer y a menudo las cosas que no debiéramos hacer.

Habrá ocasiones en las que se dará un conflicto entre los conflictos interiores que desarrollamos conscientemente de aquellos otros que son hereditarios. Ahora bien, es posible neutralizar esos conflictos seleccionando los pensamientos adecuados, acometiendo actividades adecuadas y escogiendo el medio ambiente adecuado. De este modo, podemos cumplir el propósito de estos poderosos impulsos interiores y sin embargo sentirnos movidos a emplearlos de modo que llevemos unas vidas sanas y felices sin quebrantar los más elevados cánones morales.

La energía para actuar es el impulso interior que da rienda suelta a la fuerza ilimitada del subconsciente del individuo. Pero todos nosotros necesitamos la ayuda de los demás. Y el próximo capítulo señalará cómo se puede alcanzar esto merced a la inspiración, el modo de ayudar y el conocimiento.

GRANDES PUERTAS GIRAN SOBRE PEQUEÑAS BISAGRAS

La *energía para actuar* es el místico motor de nuestro espíritu. Es el impulso interior que puede conducirnos al éxito. Su combustible es la emoción y el deseo o el impulso.

A fin de desarrollar la *energía para actuar* repita 50 veces todas las noches durante diez días: *Lo que la mente puede concebir y creer, la mente lo puede conseguir.*

Cuando la energía para actuar le impulse hacia alguna buena acción, reaccione conscientemente realizándola. Cada vez que lo haga, añadirá usted algo a su capacidad para desencadenar a discreción la *energía para actuar.*

Tercera Parte

UN VIAJE MEMORABLE

*Resuelva cada problema cuando se lo encuentre.
¡El éxito lo alcanzan los que lo intentan!
No tema a lo desconocido.
La dificultad es la oportunidad vestida con traje de faena.
La autosugestión le hará dueño de sí mismo.
Cuando el trabajo se vuelve duro...el hombre duro sigue trabajando.*

8

Escogí una buena tripulación

El *Tuntsa*, un carguero de treinta pies zarpó apaciblemente del puerto de Helsinski rumbo a Norteamérica. Estaban a bordo seis hombres y tres mujeres. Solamente uno de ellos había pisado anteriormente la cubierta de un barco de vela. Todos estaban dispuestos a arriesgar la propia vida por la libertad—libertad de la fuerza envolvente de la Rusia comunista.

"Zarandeados y desgarrados por mares montañosos y vientos de galerna, en la calma chicha del burbujeante Mar de los Sargazos, o enfrentándose con la muerte por inanición, la tripulación del Tuntsa fue siempre capaz de reunir el ingenio y los recursos para sobrevivir" Teppo Turen que fue una de los dirigentes de la expedición describe la aventura en su libro *The Tuntsa*, historia a la vez real y simbólica—no solamente del mar sino también del alma humana.

He hablado muchas veces con Teppo acerca del Tuntsa mucho antes de que escribiera su libro, porque Teppo Turen está asociado conmigo en los negocios. Y cuando Teppo me contaba su historia yo pensaba: "He aquí otro ejemplo en el que la fuerza de un impulso interior creó la inspiración suficiente para actuar, que demuestra una vez más que lo improbable es posible".

Teppo y su tripulación demostraron la posibilidad de lo improbable porque se sintieron inspirados a arriesgar la propia vida por la libertad. Pero, al igual que otros muchos que emprenden una nueva aventura, carecía de *conocimiento* y del *modo de actuar*. Porque el conocimiento debe ser aprendido, y el *modo de actuar* adquirido merced a la experiencia.

Pero cuando usted sienta un ardiente deseo que le mueva a la acción a fin de conseguir un objetivo, encontrará los medios de alcanzar el *conocimiento* y la experiencia que le proporcionen el *modo de actuar*. Antes de zarpar de Helsinski, Teppo Turen consiguió el conocimiento teórico del arte de navegar a vela gracias a los libros y a charlas con marineros experimentados. Y al navegar en su barco aprendió el modo de actuar para pilotar una pequeña embarcación. De este modo es como usted alcanzará el conocimiento; usted puede conseguirlo. También usted podrá encontrarlo en los libros o hablando con otras personas. Pero del mismo modo que la tripulación del Tuntsa, conseguirá el auténtico modo de actuar, actuando.

Cuando la tripulación zarpó de Helsinski en el carguero de patatas de 30 pies, reacondicionado, sabía que habría de enfrentarse con muchos problemas pero afortunadamente no sabían hasta que punto iba a ser azarosa la travesía, como tampoco sabe usted qué problemas encontrará antes de alcanzar sus objetivos remotos. El hambre, la sed, las tormentas, el Mar de los Sargazos, incluso el naufragio en un arrecife de coral, no pudieron detener a Teppo Turen y a los demás finlandeses inspirados que querían llegar a su destino. Porque ellos, del mismo modo que todo el mundo que llega al éxito en la gran aventura—resolvieron sus problemas según se los iban encontrando. Se ayudaban a sí mismos. Y les ayudaron poderes conocidos y desconocidos para ellos en el momento en que emprendieron su viaje. *Siguieron adelante,* a pesar de los obstáculos con los que se enfrentaron.

Tenga el valor de enfrentarse con lo desconocido

Por esto es por lo que muchas personas llegan al éxito—porque emprenden caminos hacia un destino concreto y siguen adelante hasta que lo alcanzan. Es difícil detenerlos y por esto es por lo que muchos fracasan—porque no emprenden el camino, no siguen adelante. No saben superar las fuerzas de la inercia. No saben empezar.

Se trata de una ley universal: *superar las fuerzas de la inercia, al empezar desde un punto muerto, requiere más energía que con-*

tinuar el movimiento de un cuerpo que se desplaza una vez que ha empezado a moverse.

Lo que impide que una persona inicie un camino es el miedo a lo desconocido, incluso aunque tenga un poderoso deseo. Es posible que otras personas también sientan ese miedo, pero emprenden el camino—y después no permiten que nada les detenga.

Anteriormente, le he hablado a usted del automotivador: *¡Hágalo ahora!* Esto es lo que yo llamo mi "autoarranque". Me lanza a la acción. He aquí cómo también usted podrá emplearlo:

1. Repítase *¡Házlo ahora! ¡Házlo ahora!* cincuenta o más veces por la mañana o por la noche y siempre que se le ocurra durante el día en los próximos días. De este modo se imprimirá indeleblemente en su subconsciente.

2. Siempre que sea deseable para usted hacer algo que quizá no le apetezca hacer, y siempre que el autoarranque: *¡Házlo ahora!* lance una llamada desde su subconsciente—*actúe* inmediatamente.

Cuando se enfrente con el miedo a lo desconocido y tenga un deseo de realizar la cosa adecuada porque es adecuada dígase a sí mismo: *¡Házlo ahora!* E inmediatamente después láncese a la acción. Así es como yo procedo. Mi empleo del autoarranque: *¡házlo ahora!* es un hábito adquirido. Se trata de una técnica que empleo con éxito a fin de neutralizar las emociones hereditarias y el miedo merced a la autosugestión.

Y sin embargo, pasaron varios años desde que empecé a montar una organización de ventas hasta que inicié la enseñanza a mis representantes de las técnicas que yo había aprendido para encauzar mis pensamientos y controlar mis emociones.

Ponga los cimientos adecuados

Todos los miembros de la tripulación del *Tuntsa* eran voluntarios—y también lo era el primer agente de ventas que yo contraté. Fue del siguiente modo:

Un lunes por la mañana poco después de haber montado mi agencia me encontraba yo vendiendo de puerta a puerta en un edificio comercial de Chicago. Vendí una póliza a un hombre de edad madura dedicado al negocio de bienes inmuebles que me preguntó: "¿Dónde tiene usted la oficina?".

"En el 29 S. de LaSalle Street—le contesté.

Cuando volví a la oficina a mediodía a ver mi correo, estaba allí esperándome mi cliente, el agente de bienes inmuebles. Al descubrir que yo, un agente de ventas de veinte años, era el jefe, se sintió tan sorprendido como me sentí yo al ver que él, un cliente, solicitaba empleo.

Yo había decidido no contratar agentes de ventas durante el primer año. Sabía que podría ganar grandes ingresos consagrando todos mis esfuerzos a las ventas personales. También sabía que montar una organización de ventas requiere esfuerzo, dinero y valioso tiempo, y no me atrevía a desperdiciar nada de esto. Como recibía toda la comisión en mis ventas personales, pero solamente un tercio de la comisión bruta en las ventas de los agentes me harían falta muchos agentes para producir comisiones netas equivalentes a las que podría ganar por mí mismo. Y sin embargo, acepté como agente de ventas a aquel hombre dedicado al negocio de bienes inmuebles porque tenía experiencia vendiendo y porque era un hombre de carácter—y el carácter es lo primero que un director de ventas debe buscar cuando se entrevista con un candidato al puesto de agente comercial. Además, pensé que tenía mucho que ganar y nada que perder y tuve razón porque este agente de ventas siguió a mi servicio y actuó satisfactoriamente durante muchos años.

Ahora bien, la lección que se desprende de esta experiencia no la aprendí hasta muchos años después: usted puede montar una organización contratando a sus clientes para que trabajen para usted. Pero me dí cuenta entonces—como me doy cuenta ahora—de algo que es más importante: *es preciso poner los cimientos adecuados en el negocio antes de ampliarlo.*

Puede darse el caso de que un buen agente comercial se sienta inspirado a emprender negocios por su propia cuenta, convirtiéndose así en propietarios. Pero puede ocurrir, sin embargo, que carezca del *modo de actuar* y de los *conocimientos* necesarios para dirigir el negocio. Se sentirá tentado a seguir uno de estos dos rumbos—el que lleva a la insolvencia y al fracaso, y el que conduce a la mediocridad—en lugar de escoger el tercer camino hacia el éxito:

Rumbo Nº 1: Carece de capitales disponibles y sin embargo, procura ganarse la vida a base de los nuevos agentes de ventas que contrata. Su negocio y sus gastos personales exceden con mucho a los ingresos. Contrae grandes deudas. Quiebra. Todo ello debido a que ha disipado su *tiempo personal* de ventas y su esfuerzo. Este es el camino hacia la insolvencia y el fracaso.

Rumbo Nº 2: Dispone de capital. Y sin embargo, es un agente de ventas tan excepcional que se consagra por entero a las ventas personales. No invertirá el tiempo, el esfuerzo y el dinero necesario para montar una organización de ventas, y por ello no llega a ser más que un agente de ventas con la comisión de un director de ventas. No quiebra pero resulta un fracaso en tanto que director de ventas. Para el dueño de un negocio, éste es el camino hacia la mediocridad.

Rumbo Nº 3: Carece también de capital. Pero garantiza una ganancia y una solvencia merced a ventas personales, y sólo contrata a un nuevo agente cada vez, esto es, únicamente cuando puede absorberle. De este modo, monta una organización y, cuando esta organización es suficientemente grande, consagra sus esfuerzos exclusivamente a la dirección.

Un perro caliente y un vaso de leche

Un buen agente de ventas tiene confianza en sí mismo. Sabe lo que puede hacer, y a menudo la necesidad le obliga a hacerlo.

Cuando me dedicaba a ventas personales, mis ganancias ascendieron a una cantidad que muchos consideraban extraordinariamente elevada, y sin embargo, parecía que hubiera siempre necesidad de dinero. Los plazos del coche... los plazos de los muebles... las cuotas del seguro sobre la vida. Quizá fuera porque yo compraba lo que deseaba, y luego tenía que trabajar muchísimo para poder pagarlo.

Todas las mañanas salía de casa con muy poco dinero en el bolsillo porque sabía que al caer la noche tendría en mi poder sumas importantes. Por ejemplo, la primera vez que trabajé Joliet (Illinois) llegué allí a las ocho y media de la mañana con diez centavos en el bolsillo. Esto no me importaba; antes por el contrario, me inspiró. Entré en Woodruff Inn, después crucé la calle y desayuné un perro caliente y un vaso de leche. (Desde entonces ha habido inflación). Joliet estaba solamente a 40 millas de mi casa, y sin embargo, tomé el tren en vez de ir en coche y paré en un hotel en vez de volver a casa todas las noches. En el tren descansaba porque me había desarrollado la capacidad de dormir en cualquier sitio, en cualquier momento y en cualquiera circunstancia. Así, en un coche de ferrocarril, apoyaba mi codo contra la ventanilla, inclinaba la cabeza sobre una mano y caía dormido.

Pero siempre hacía algo más antes de dormirme: acondicionaba mi mente; rezaba pidiendo auxilio y consejo.

El hecho de parar en hotel en vez de volver a casa todas las noches me permitía un mínimo de diez horas de sueño, por ahorrarme el tiempo del viaje. Con ese sueño extra me encontraba perfectamente en forma. Cuando vendía, deliberadamente descartaba todas mis preocupaciones y me volcaba en mi presentación de la venta.

Concéntrese

Muchos vendedores realizan escasas ventas diarias porque están cansados. Sus baterías necesitan que se las vuelva a cargar. Necesitan descanso. Pero yo, cuando visitaba al imposible cliente, me encontraba descansado. Además antes de visitarle, acondicionaba mi mente.

Y al hacer mi presentación de la venta, mis energías se concentraban exclusivamente en una sola cosa, en el asunto en cuestión: realizar la venta en el espacio de tiempo más breve posible y de un modo que proporcionara al comprador una idea clara de lo que estaba comprando y que sembrara en él semilla de pensamientos a fin de que renovara su póliza año tras año en la fecha en que caducara, sin ofrecer una resistencia. Porque me percaté de que: *un modo de hacer fortuna consiste en vender una necesidad que tiene bajo precio y que se repite. En los negocios basados en la repetición se hacen grandes fortunas.*

Decidí multiplicarme a mí mismo

En Joliet marqué mi mayor record de ventas hasta entonces: una media de 72 pólizas diarias durante nueve días laborables. Y fue precisamente la mañana siguiente a aquél día histórico en que vendí 122 pólizas cuando decidí empezar a multiplicarme a mí mismo, esto es, a iniciar el montaje de una organización.

Al acabar ese día me sentía feliz pero cansado. Me fuí a la cama antes que de costumbre y aquella noche vendí pólizas en sueños. A la mañana siguiente me dí cuenta de que había llegado al tope en ventas personales.

Mientras desayunaba razoné lo siguiente: "si hago 122 ventas todos los días y después sigo vendiendo pólizas mientras duermo, todo esto no me proporcionará una buena salud mental. Ha llegado el momento de montar una organización. Ha llegado el momento de multiplicarme a mí mismo". Y al concluir mi misión en Joliet, cumplí la promesa que me había hecho a mí mismo de empezar inmediatamente a contratar agentes de ventas.

Al hacerlo me ocurrió una cosa sorprendente: descubrí poderes que me eran desconocidos. Elevé mis horizontes porque descubrí un principio que podría usar, y cuando lo usé ví la oportunidad y no la dejé escapar. Lo que ví y lo que hice marcó el comienzo de un imperio financiero. Fue muy sencillo: puse un anuncio de cuatro líneas pidiendo agentes de ventas en la sección de anuncios por palabra del Chicago Sunday *Tribune*.

Me sentía inspirado para actuar, pero no tenía conocimientos ni modo de actuar en el arte de contratar. A pesar de ello y después de pensarlo mucho elaboré un anuncio de 4 líneas que no he tenido que cambiar gran cosa durante un período de muchos años. Dio resultado—y a veces, resultados fantásticos.

No desperdicie una oportunidad

"Oportunidad excepcional para ganar dinero..." era el título. El número de visitas personales a mi oficina como resultado del anuncio fue más que satisfactorio. Pero lo asombroso fue el número de cartas que recibí de candidatos de fuera de Chicago: del propio Estado de Illinois, de Indiana, de Wisconsin, de Michigan y de otros sitios. No me había dado cuenta del poder que tiene un anuncio en un periódico metropolitano dominical de desbordar los límites de la ciudad, pero enseguida decidí no desaprovechar la oportunidad que veía en todo ello: la posibilidad de expansión más allá de Chicago y del Estado de Illinois.

Así pues, escribí inmediatamente a Harry Gilbert indicándole que tenía un posible agente de ventas en Wisconsin y otro en Indiana. "¿Haría bien en contratarlos?" le pregunté. Me pareció poco prudente referirme a más de dos antes de encontrarme ya más asentado. Las candidaturas de Michigan se las envié a mi madre que vivía en Detroit.

Los cinco días llenos de ansiedad en que esperé la respuesta me resultaron extraordinariamente largos. Antes de que me llegara esa respuesta, contraté a dos hombres para Chicago, escribí a los candidatos del resto del Estado y me dediqué a hacer ventas personales durante 4 ó 5 días. Me hacía falta dinero con urgencia.

Cierto sábado llegó la carta del señor Gilbert. Era muy amable y llena de ánimos, y me concedía permiso para contratar a los candidatos de Wisconsin y de Indiana. En ninguno de los dos Estados tenía representantes el señor Gilbert en su Departamento de Pólizas Especiales. Por lo tanto escribí a esos candidatos (nunca se me ocurrió sugerir una entrevista personal) y aceptaron mi oferta. Acto seguido pensé lo siguiente: "Si el señor Gilbert me permite contratar un candidato en cada Estado, me permitirá contratar a más candidatos".

Se trataba de una oportunidad excepcional para mí, y decidí aprovecharme de ella. Además de seguir anunciándome en el Chicago *Tribune*, puse más anuncios en los periódicos dominicales de Milwaukee y de Indianapolis. Resultado: más cartas, más agentes de ventas en esos Estados, así como cartas de otros Estados solicitando información.

Volví a escribir al señor Gilbert, y sólo fue cuestión de tiempo el que pudiera contratar agentes en todos los Estados en los que él no tenía una agencia de su Departamento. Porque me dí cuenta que había dado con una fórmula de éxito, y traía cuenta extraer de ella el mayor beneficio posible.

Pida consejo al hombre que pueda ayudarlo

Prosperé rápidamente al montar una organización de ventas a través del correo. Sin embargo, seguí vendiendo personalmente porque necesitaba ingresos. Mi sistema consistía en contestar las cartas por la mañana temprano, hacer ventas hasta las cinco de la tarde, y regresar luego a la oficina durante una hora o más para cualquier trabajo de oficina adicional que hiciera falta. Prefería trabajar en el extra radio de Chicago porque así tenía tiempo sobrante para la oficina.

Naturalmente, con la expansión del negocio se hizo necesario aumentar la oficina. Por ello renuncié al local del señor Pickering y monté mi propia oficina. También al principio alquilé parte de mi local a otras personas a fin de reducir los gastos generales. De acuerdo con mi contrato con las Compañías de seguros que representaba, el negocio era mío y pagaba todos los gastos menos la impresión de las pólizas y las indemnizaciones.

Muy pronto extendí mis anuncios a las revistas nacionales, y me llegaron cartas de Estados en los que el señor Gilbert tenía ya montadas agencias exclusivas. Por ello le escribí refiriéndome a esas cartas y solicitudes y pidiéndole consejo.

Harry Gilbert era un hombre generoso y le agradaba ver el volumen de negocios que yo estaba produciendo. Sentía deseos de ayudarme, y me sugirió que escribiera a E. C. Mehrhoff de la Comercial Casualty Insurance Company de Newark (New Jersey) incluyendo su recomendación.

También aquí aprendí una lección importante: cuando tenga un problema delicado debido a la posibilidad de que ciertos sentimientos puedan sentirse heridos, recurra directamente a la persona en cuestión y pídale consejo para resolver el problema. Esa persona es la que puede ayudarle. Al continuar leyendo este libro, podrá ver cómo empleé este principio. Mi automotivador en esa situación fue: *pide consejo al hombre que pueda ayudarte.*

Mi carta al señor Mehrhoff obtuvo la respuesta que yo deseaba. Concedió derechos exclusivos en todo el territorio de los Estados Unidos a mi Agencia —Combined Registry Company— para vender una póliza especial contra accidentes de mi propia elaboración. La llamé "El pequeño gigante" para simbolizar mucha protección por poco dinero, y desde entonces he empleado ese nombre para pólizas similares. Seguí trabajando con el Sr. Gilbert y en algunos Estados tenía dos organizaciones de ventas.

Más anuncios, más agentes de ventas, más negocio: tuve de nuevo que multiplicarme a mí mismo. Esta vez hacían falta Directores de ventas en todos los Estados. A hombres para esos cargos los elegí entre mi propio personal, y aumenté sus comisiones por lo que mi porcentaje de beneficio en cada venta se vio reducido—pero ganaba unos ingresos netos mucho mayores por el total de las ventas. Mi organización acabó vendiendo varios cientos de miles de pólizas al año.

Los directores de ventas se sentían motivados para poner de su parte todo lo que podían. Cuanto más pólizas vendían los agentes a sus órdenes, más dinero ganaban ellos. Sus comisiones extraordinarias eran lo suficientemente elevadas como para garantizar la inversión de su tiempo, de su esfuerzo y de su dinero en el montaje de la organización en los Estados que supervisaban. De este modo, yo ahorraba mi tiempo, mi esfuerzo y mi dinero.

Nunca es tarde para aprender

Decidí invertir mi tiempo y mi esfuerzo en completar mi educación secundaria y en prepararme para la Universidad. Para ingresar en la Escuela de Derecho de Harvard era necesario tener un "College degree", y esto es lo que me propuse conseguir.

No hace falta tener mucha experiencia en los negocios para darse cuenta de que seguir adquiriendo conocimientos es una cosa de sentido común. Sabía que me era posible hacer una fortuna sin tener una educación superior: muchos norteamericanos ilustres lo han conseguido. Pero al estudiar sus biografías descubrí que continuaron estudiando después de abandonar la escuela. Además, *en la vida hay algo más que hacer dinero.*

Ya he contado que dejé la enseñanza secundaria en Detroit. Mi madre estaba entonces haciendo un viaje de negocios, y yo tuve una discusión con uno de mis profesores relacionada con su capacidad para valorar mis ideas. Por una razón u otra, se quejó ante el Director que lo llamó a su despacho. Se esforzó en demostrarle que el tiempo que dedicaba a hablar conmigo costaba mucho dinero a la ciudad de Detroit, varios cientos de dólares por minuto.

"¿Dinero? —Pensé— ¡Pero cómo, mi capacidad de ganar dinero como agente de ventas es mucho mayor que la de mi profesor!" Así pues, en lugar de moverme a hacer lo que él deseaba —no volver a discutir con los profesores—su lógica produjo una reacción adversa. Me fuí de la escuela. Y si su razonamiento era correcto, Detroit se ahorró miles de dólares porque no volví nunca a hablar con el Director.

Es posible que en aquel tiempo yo experimentara resentimiento ante la autoridad impuesta, como le ocurre a muchos estudiantes. Es posible que hubiera otras razones; normalmente las hay. Pero poco tiempo después ingresé en la escuela nocturna —el Detroit College of Law— y trabajé de día. Porque nunca, en ningún momento, renuncié a la idea: ¡Sigue estudiando!

La economía de la Nación crecía rápidamente según crecía mi organización nacional de ventas. Mis negocios aumentaban rápidamente. Estaba ahora en condiciones de volver a la escuela: primero, escuela nocturna y después, escuela de día en la YMCA. Después de graduarme en la YMCA, ingresé en la Northwestern University de Evanston, en donde vivía.

Mi programa era: un curso completo de dieciocho horas con clases por la mañana; natación, baño turco, siesta de media hora y almuerzo en el Hamilton Club poco después de medio día; algunas horas en la oficina y luego a casa.

Todo funcionaba perfectamente. ¡Era una vida espléndida!. Porque estábamos entonces en los "boom days" (días de euforia).

Pero después de esto vino la bancarrota y la gran depresión. La gente pasaba hambre, sufría, no trabajaba, no tenía hogar; el miedo agarrotaba a la nación; los ricos se volvieron pobres casi de la noche a la mañana.

Y sin embargo, de ese desastre surgió una fuerza individual y nacional, a medida que las actitudes negativas de la gente se convirtieron en positivas: entendimiento claro, valor, apreciación de las oportunidades, voluntad de trabajar. Y por encima de todo, la gente volvió a la iglesia para pedir consejo.

Estas ideas o conceptos demostrarán su poder inspirador leyendo el siguiente capítulo: "Capeamos el temporal".

GRANDES PUERTAS GIRAN SOBRE PEQUEÑAS BISAGRAS

El *conocimiento* consiste en saber algo. El *modo de actuar* consiste en saber cómo hacer ese algo. El *conocimiento* es una información; el *modo de actuar* es una técnica. Ambos son necesarios para el sistema que nunca falla para alcanzar el éxito.

El *conocimiento* se alcanza en cualquier parte y en todas partes. Se le adquiere gracias a los libros, a la gente, a las cosas, a los acontecimientos, a la historia y a la observación de los casos. Pero a fin de ser útil ha de estar organizado. Debemos *conocer* aquello que *conocemos*.

Hay dos auto-motivadores que le ayudarán a algún conocimiento: *Pida consejo al hombre que puede ayudarle*, y: Nunca *es demasiado tarde para estudiar*.

9

Capeamos el temporal

Hubo una calma antes de la tormenta... Una tormenta producida por las actitudes y las acciones negativas de los hombres. Una tormenta más destructiva y duradera que cualquier catástrofe natural conocida; una tormenta llamada con razón la *Gran Depresión*. Porque simbolizaba tanto la actitud del pueblo como el estado de la economía.

Su primer golpe fue en octubre de 1929. En día 24, el Jueves Negro, fue seguido de un momento de calma alarmante, y a continuación cayó el rayo por doquier. El día 29, el Martes Negro, fue el día en que quebró la Bolsa. Después hubo otra vez mar gruesa antes de que soplara el huracán económico con toda su fuerza hasta llegar a su punto culminante: el día del Bank Holiday, 6 de marzo de 1933. Y entonces:

Lo único que hay que temer es el propio miedo

Esta afirmación del Presidente de los Estados Unidos, simbolizó el cambio —de negativa a positiva— por parte de los dirigentes del Gobierno, de los directores de periódicos, comentadores de radio, sacerdotes, hombres de negocios prominentes y del propio pueblo. Y con esta nueva actitud mental positiva empezó una nueva vida... una nueva fuerza... un nuevo progreso. Los principios que se desprenden de esta experiencia pueden ser empleados por usted y por mí a fin de evitar entrar innecesariamente en una zona de tormentas y a fin de prepararnos nosotros mismos con éxito para capear cualquier tormenta que pueda surgir, desarrollando una actitud mental adecuada.

Prepárese a enfrentarse con las catástrofes de la vida

Para mí, en un primer momento, el Sábado Negro y el Martes Negro, resultaban catástrofes remotas que leía en los periódicos. Yo había estado montando un negocio y construyendo una casa a crédito y no tenía dinero para invertirlo en valores de Bolsa. Jugaba con mi propia capacidad de realizar cosas, pero no comprando valores y especulando con ellos. Por eso, hasta 1931 y 1932 no sentí el impacto de la bancarrota del mercado sobre mí y sobre mi negocio.

Es cierto que los periódicos estaban llenos a diario con historias trágicas. En 1928, yo había conocido a un joven corredor de bolsa extraordinariamente inteligente y lleno de éxitos, que era miembro de uno de mis clubs. Cuando leí en los periódicos el relato de su suicidio, sentí piedad y compasión por él y por los demás que, como él, reaccionaban ante esta crisis con la autodestrucción. Piedad, porque no se habían preparado previamente a sí mismos para enfrentarse a las catástrofes de la vida con la actitud mental adecuada, y compasión por sus flaquezas mentales, su miedo, su falta de esperanza y su derrota.

El joven corredor no se había preparado a sí mismo al principio de su vida con la fuerza que proviene de una sólida filosofía moral y religiosa. La creencia de que *Dios es siempre bueno* no debió ser parte de su fe. Y sin duda desconoció el poder de la oración. Se puede juzgar la fe de un individuo por cómo se conduce en el momento de su mayor necesidad, cuando tiene que seguir adelante, rendirse o luchar.

El fin de la vida es la propia vida

"Cuando un hombre comprende que el fin de la vida no es la ganancia material sino la propia vida, deja de concentrar exclusivamente su atención en el mundo exterior". Dijo Alexis Carrel[1] gran sabio francés que vivió aquellos tiempos de prueba.

[1] Reflections on Life, Hawthorn Books, Inc. 1953.

Yo creo que es deseable que cada uno de nosotros decida en su juventud lo que haría si resultara que la vida no vale la pena de ser vivida. Yo sé que lo hice. Mi decisión fue: aunque mi vida no valiera nada para mí, por lo menos valdría mucho para los demás.

Porque cualquier dolor o sufrimiento físico o mental—independientemente de lo duro que pueda resultar—puede neutralizarse en gran parte con la satisfacción y la alegría de intentar ayudar a los demás. Y por esto sí que vale la pena vivir.

Quizá aprenda usted esto leyendo *Before I Sleep: The Last Days of Dr. Tom Dooley*, escrito por James Monahan—ya sea en su versión completa o en la resumida en *The Readers Digest* o en artículos de una cadena de periódicos.

Tom Dooley, joven doctor, tenía una terrible enfermedad que le torturaba con grandes sufrimientos. Sabía que sus días estaban contados pero se sentía impulsado por una magnífica obsesión a cuidar de cientos de miles de enfermos que vivían en chozas de barro en Asia y en Africa. Creía que *el fin de la vida, es la propia vida*, y procuraba mantener en vida a los demás del mismo modo que luchaba por vivir a fin de poder ayudarles.

Procuraba hacer que contaran todas las horas porque luchaba contra el tiempo. Al sentirse movido por un esfuerzo de voluntad casi sobrehumano, pudo multiplicar los beneficios de su obra a través de escritos, conferencias y charlas en la Televisión a fin de reunir dinero para "Médico"—organización que montó para proporcionar cuidados médicos a los pueblos subdesarrollados del mundo. Todavía se siguen recibiendo grandes sumas de dinero para continuar la labor de Tom Dooley.

Tom Dooley, al revés que el corredor de Bolsa, se preparó a sí mismo muy pronto con una buena filosofía religiosa y moral. Su vida lo demuestra. Creía que *Dios es siempre bueno*. Y no desconocía el poder de la oración. Porque fue este poder el que le dio fortaleza para seguir viviendo.

El joven corredor renunció por desesperación. En lugar de ello, pudo haber iniciado una nueva vida consagrada al servicio de los demás y haber vivido hasta convertirse en un heroe.

Como este es un libro de autoayuda, permítame que le sugiera que piense en su propia filosofía religiosa. Decida ahora mismo lo que haría si alguna vez la vida le pareciera desprovista de valor.

Un libro de autoayuda puede, en efecto, salvar literalmente su vida. Una madre escribía recientemente:

"Soy un ama de casa con tres hijos maravillosos y un excelente marido, pero, debido a una AMN (actitud mental negativa), estaba convencida de que el mundo estaría mejor sin mí, especialmente mi marido y mis hijos. Estaba convencida de que no podía controlar mis emociones y mi pensamiento.
Pensaba en suicidarme. Recé pidiendo ayuda pero no parecía que me llegara esta ayuda hasta que una tarde cogí el libro *Success Through A Positive Mental Attitude* (El éxito a través de una actitud mental positiva).*
Desde entonces lo he estudiado siempre que he tenido un momento libre. He adoptado AMP (Actitud mental positiva) como modo de vida, y los cambios en mí misma, en mi hogar y en las relaciones con mi marido han resultado casi milagrosas. He leído otros libros inspiradores, pero el de usted me enseñó —como no lo han enseñado nunca en ningún otro— *cómo* ayudarme efectivamente a mí misma, y eso es lo que necesitaba más que cualquier medicina o doctor del mundo.
Doy las gracias al Sr. Hill y a usted Sr. Stone, por haber escrito este libro. Doy gracias a Dios por haberlo puesto en mis manos a tiempo de salvar literalmente mi vida.
Success Trhough A Positive Mental Attitude me ha movido tan profundamente a cambiarme en algo mejor, que estoy segura de que nunca volveré a mi anterior estado. También me ha ayudado la asistencia regular a la iglesia, y esto fue consecuencia directa de su libro".

Prepárese para luchar

Un libro como *You and Psychiatry* (Tú y la Siquiatría) puede ayudarle a adoptar la decisión adecuada. En él, el Doctor William C. Menninger dice:

La mayoría de nosotros ha presenciado las diferencias que existen en las reacciones de Personalidades ante los embates de Medio Ambiente. Algunos pueden encajar la pérdida total de sus hogares y de sus fortunas; se adaptan a la muerte de seres queridos o a contrariedades que mutilan. Otros no lo pueden. No hay muchas Personalidades que puedan mantenerse ajustadas después de un encontronazo brutal a toda velocidad con ur fragmento de Medio Ambiente, tan sólido como un camión de diez toneladas.
Nuestros fracasos se expresan en uno de estos dos tipos de reacción: Huída o Ataque. Si nos enfrentamos con una situación que es demasiado fuerte para que la superemos, aceptemos o manejemos (y no nos golpea tan brutalmente como lo haría el camión), la esquivamos o huímos de ella o intentamos vaciarla de su contenido de un modo o de otro.

* Edición en español de Herrero Hermanos Sucesores, S. A. México, D. F.

Aprenda con la experiencia de los demás

En el capítulo siguiente, podrá leer historias de dificultades que sirvieron para hacer fuertes a los hombres — *a hombres que supieron volver del revés la adversidad, de un modo o de otro.* Pero por el momento permítame que le relate simplemente un ejemplo de cómo yo aprendí a prepararme a mí mismo para el futuro gracias a la experiencia de otras personas, porque como usted puede ya darse cuenta ahora, una persona que triunfa en la vida desarrolla el hábito de relacionar, asimilar y emplear los principios que aprende de la experiencia—de la suya propia o de los demás.

Como mencioné anteriormente, yo no me dí cuenta en un primer momento del impacto que tendría la bancarrota del mercado y sus subsiguientes cataclismos. Pero ví ciertas señales de peligro que me movieron a actuar.

En 1930, en LaSalle Street, me encontraba a menudo con un amigo—se trataba de un hombre que yo había admirado por sus éxitos en los negocios en los últimos años de la década de los "veintes". Después de amistosa charla, y antes de darnos la mano para despedirnos, solía preguntarme: "Por cierto Clem, ¿no tendrías diez dólares para prestarme hasta el martes?" Le prestaba los diez dólares, pero ese martes de que me hablaba no llegaba nunca.

Estas experiencias me hicieron reflexionar. Porque, si bien yo tenía un sistema de ventas que nunca me fallaba y confiaba plenamente en mi capacidad para enfrentarme con cualquier situación que pudiera surgir, razoné del siguiente modo: "Hasta las mentes más lúcidas del país han perdido fortunas cuando el mercado se declaró en bancarrota. ¿Quién soy yo para no reconocer esto? Es hora de que monte unas reservas en metálico para cualquier emergencia, y que esté preparado para aprovecharme de una gran oportunidad en el caso de que aparezca".

Yo no era lo que se suele llamar "un tipo ahorrativo". Compraba lo que me hacía falta y luego trabajaba para pagarlo. Aumentaba mis ganancias al aumentar las ventas, y aumentaba las ventas personales aumentando mis conocimientos y mi habilidad como vendedor.

Siempre que entraba en el Roanoke Building en el que estaba

mi oficina, me atraía una frase escrita en la ventana de un Banco del primer piso, frase que parecía corroborar esa filosofía. Decía:

Un joven puede adquirir una fortuna si se compromete a sí mismo porque, si es honrado, pagará todas sus deudas.

Yo me había comprometido a mí mismo al comprar a plazos una casa, dos coches y otras cosas que calificaba de necesarias —y que otras personas podrían calificar de lujos. Además, estaba siempre intentando incrementar mis negocios, y cada una de las compañías de seguros que representaba me habían dado un gran margen de crédito. Así pues, me ogligué a mí mismo a ahorrar por el hecho de comprar una póliza dotal de veinte años, esto es, la clase de seguro sobre la vida que tiene el mayor valor en dinero efectivo. Compré una póliza grande —lo bastante grande como para permitir un préstamo de veinte mil dólares nueve años después, cuando se presentaron a la vez una emergencia y una oportunidad. Y la compré a pesar de que tenía deudas. Sabía que las podría pagar completamente. Porque desde muy temprano mi experiencia me había hecho crear el automotivador:

¡Un trato es un trato y una promesa es una promesa!

Para mí esto implicaba que —ocurriera lo que ocurriera y cualquiera que fuera el sacrificio necesario— había que cumplir el trato o la promesa, ya fueran escritos o verbales. Hacia el final de 1931 empecé a sentir los efectos de la Depresión porque por aquél entonces empecé a darme cuenta de que tenía un grave problema: el dinero.

Me enfrenté con mi problema

Todavía iba a la escuela y dirigía mis negocios. Mis acreedores me acosaban. Parecía como si todos quisieran su dinero al mismo tiempo. Yo sabía que les pagaría a todos completamente. Sabía que también ellos lo sabían. Pero en aquellos días todo el mundo tenía sus propios problemas económicos. Los míos se debían al hecho de que, si bien tenía más de mil agentes autorizados, no producían un volumen satisfactorio de negocios, y mis ingresos se veían gravemente afectados por ello. Tenía deudas por un valor superior a 28.000 dólares. Cuando dejé de reflexionar al respecto me di cuenta de que lo que importaba era, no cuántos agentes tenía, sino cuánto vendían. Esto es, cuánto dinero ganaba yo.

"Una educación superior es una cosa maravillosa —pensé— pero más importante todavía es que yo me gané mi vida para mi familia y para mí mismo—y que pagué todas mis deudas". Así pues, una vez más pasé a ser un hombre que abandona sus estudios.

Me enfrenté inmediatamente con mi problema. Para empezar eché un vistazo a mis posibilidades. En aquél tiempo, había llegado a un acuerdo para que mi agencia representara a otras tres compañías, además de las dos que ya representaba. De este modo pude nombrar agentes de venta adicionales en una zona en la que resultaba deseable contar con más de una organización de ventas.

Afortunadamente, disponía de un negocio de renovaciones sólido y bien asentado. Estábamos perdiendo titulares de pólizas, pero no sabía el número exacto. No me dí cuenta de hasta qué punto era grave la situación hasta que empecé a tener verdaderos problemas económicos personales.

Pero no sabía que las oportunidades eran ilimitadas. *Porque las ventas dependen de la actitud —del vendedor— y no de la actitud del cliente posible.* El vendedor que se siente inspirado y que dispone de *conocimiento y modo de actuar* adecuado puede influir en el cliente y hacerle que compre. La experiencia me había enseñado eso.

Lo había demostrado durante mis vacaciones escolares cuando me consagré a ventas personales. Un verano, por ejemplo, pasé diez semanas haciendo ventas personales en el Estado de Nueva York. Yo tenía que demostrar de modo concluyente que las *ventas dependen de la actitud mental del vendedor* porque había llegado a un acuerdo con la Commercial Casualty Company para lanzar una nueva póliza a un costo neto, de comisión, ligeramente superior. Mis directores de venta me dijeron que no podría venderse, y nuestros agentes de venta no la vendían. Porque también ellos conocían la Depresión y creían que lo que veían y oían se aplicaba a ellos. Al igual que millones de personas en aquellos tiempos, tenían para consigo mismo actitudes mentales negativas.

Aquel verano, en Buffalo, Niagara Falls, Rochester y otras ciudades del Oeste de Nueva York, vendí en proporciones mayores que nunca hasta entonces, empleé mi sistema de ventas que nunca falla independientemente del territorio, de la euforia o de la Depresión. Es un sistema tan eficaz en condiciones económicas adversas como en condiciones favorables. Yo sabía esto entonces como lo sé ahora.

Así pues, cuando regresé a Chicago escribí a cada uno de mis representantes de ventas y les insté a que vendieran la nueva póliza. Como tenían confianza en mí, se sintieron motivados a intentarlo y como lo intentaron descubrieron que la nueva póliza era tan fácil de vender como la antigua. Yo les había inspirado.

Lo que yo no sabía

Aunque tenía un sistema de ventas que nunca falla, mis vendedores no lo aplicaban plenamente. No lo habían aprendido. No se les había enseñado. Empecé a darme cuenta que, en tanto qué director de ventas carecía de todos los ingredientes del *sistema que nunca falla para alcanzar el éxito*—por lo que se refería a su aplicación en la formación, supervisión y conservación de representantes de ventas. Estos ingredientes eran el *modo de actuar* y el *conocimiento* de la actividad.

Cuando vuelvo a mirar hacia el pasado, me asombro al ver qué poco sabía entonces sobre comunicaciones adecuadas, formación profesional y administración de los negocios. Quizá fuera debido a que en aquellos días de euforia cualquier persona podía vender cualquier cosa. Lo único que hacía falta hacer consistía en ver a la gente y decirles lo que tenía para venderles.

Si yo hubiera sabido entonces lo que sé ahora, los datos de producción de ventas hubieran indicado exactamente en qué punto estaba el negocio en cualquier momento determinado, esto es, hacia dónde apuntaba mi organización de ventas. Los agentes de venta y los directores habrían estado formados adecuadamente. Yo hubiera tenido un *sistema que nunca falla para alcanzar el éxito* en lo que se refiere a la dirección de ventas. Pero no lo tuve. Porque en aquellos días de euforia:

* Yo ni siquiera me molestaba en ver a mis agentes o a mis directores de ventas. Ni siquiera se me ocurría pensar en eso.
* Los representantes recibían únicamente instrucciones impresas para las ventas en forma de folleto de cuatro páginas, que consistía fundamentalmente en una charla realizada sobre la venta, algunas sugerencias de ventas y algunos automotivadores. Se les instaba a aprender de memoria la charla de ventas, palabra por palabra.

* No se celebraban reuniones o asambleas de ventas. Esto nunca se me ocurrió.
* No se daban a los directores de ventas instrucciones concretas sobre la dirección. Sabían el modo de vender pólizas nuevas, pues los directores y cada uno de ellos provenían de mi personal.
* Los únicos archivos que yo tenía consistían en los nombres de los titulares de pólizas, un sistema amplificado de contabilidad y una lista de los nombres y direcciones de los agentes: no existían registros de ningún otro tipo de producción de ventas.

Como muchos hombres que inician un negocio unipersonal, yo aprendí por la experiencia. Pero si entonces hubiera sabido lo que sé ahora, hubiera empleado técnicas modernas en la formación de ventas, comunicación y administración del negocio. Estos conocimientos pueden adquirirse en una escuela o en los libros.

La necesidad me motivó a actuar

Cuando dejé la escuela entré en acción: primero mental y luego física.

Todas las realizaciones personales se inician dentro de la mente del individuo.

Yo sabía cuáles eran mis problemas. Y el *conocimiento de los problemas es el primer paso para encontrar la solución.* Lo único que tenía que hacer para resolver mis problemas era:

1. Conseguir a través de las ventas personales los mayores ingresos posibles.
2. Seguir contratando agentes de venta adicionales.
3. *Formar* a los agentes nuevos, y a los que ya tenía, para que fueran tan buenos o mejores que yo.
4. Desarrollar un sistema de registro de la producción de ventas que me permitiera saber exactamente cuánto negocio funcionaba en cada ciudad, pueblo y aldea del país.

Pero, antes de describir la acción que emprendí, permítame que le esboce la necesidad que me movió a actuar. Yo había ido pagando lentamente mis facturas y mis acreedores me acosaban pero había una obligación que siempre satisfacía a su debido tiempo: el pago de los salarios todos los sábados.

¿Ha empeñado usted alguna vez un reloj?. Yo lo hice en dos ocasiones simplemente para conseguir dinero suplementario que me permitiera pagar totalmente la nómina de salarios. ¿Y lo que se refiere a pagar el alquiler de la oficina?

Cuando se apagaban las luces en mi oficina yo sabía la razón. Telefoneaba al administrador del edificio que me preguntaba: "¿Cuándo va usted a pagar el alquiler que debe?" Cinco minutos después de haberle contestado volvían a encenderse las luces. Esto me ocurrió en muchas ocasiones.

Recuerde que yo dedicaba todos los dólares posibles a pagar las deudas. Resulta duro pagar las deudas corrientes cuando al mismo tiempo hay que pagar las antiguas y ahorrar algunos dólares para el futuro. (Pero vienen muy bien).

Así pues, la necesidad me movió a hacer que cada hora de trabajo contara más—y lo conseguí. Las horas que anteriormente dedicaba a asistir a clase las consagraba ahora al trabajo de vender. Más adelante describiré alguna de mis experiencias porque demuestran el poder de la inspiración para actuar. Y estos principios pueden ser aplicados por cualquiera.

Contratar agentes de venta adicionales no resultaba ningún problema porque yo los había estado contratando satisfactoriamente, empleando ese mismo anuncio de cuatro líneas que tan buen resultado daba.

El intento y el éxito

También aquí descubrí un sistema que nunca falla para contratar agentes de venta por correo. A través de *intentos y de éxitos* elaboré una carta formulario de dos páginas con dos circulares anexas que obtuvo resultados tan fantásticos que nunca han sido modificados posteriormente, a no ser en algunos detalles de menor importancia.

La carta y las circulares hicieron que las promesas de nuestro anuncio fueran creíbles, deseables y alcanzables,—los tres ingredientes necesarios para la motivación. Impulsaban al lector a actuar.

Contenían automotivadores tan poderosos como los siguientes:

El éxito lo alcanzan los que lo intentan.

Si no se pierde nada intentándolo y se puede ganar mucho en el caso de tener éxito, ¡inténtalo por encima de todo!

¡Hágalo ahora!
La carta señalaba las ventajas y las desventajas. Indicaba, por ejemplo, la necesidad de que el candidato hiciera un depósito por adelantado para pagar los gastos de su permiso estatal y del material que se le enviaría. Si menciono estos detalles es porque:

* Quizá se haya usted preguntado cómo pude montar una organización nacional sin consagrar una gran parte de mi esfuerzo personal a este esfuerzo. Empleé el sistema de la carta formulario.
* Ahora podrá usted comprender cómo pude montarla con un capital relativamente pequeño. Al hacer que los representantes hicieran un depósito por adelantado para material y los gastos de su licencia, pude emplear sus depósitos como capital de explotación. Les garantizaba la devolución en el caso de que así lo solicitaran.
* Además, comprenderá cómo esta carta y los prospectos me resultaban útiles al contratar agentes con una entrevista personal, porque ahorraban mi tiempo dedicado a las entrevistas al proporcionarme los datos completos.

Carácter–actitud–voluntad de aprender

Muy a menudo durante los años de la Depresión, venían a mi oficina los lunes por la mañana hasta doscientos candidatos para una entrevista personal en respuesta a mi anuncio en el Chigago Sunday *Tribune*. De la puerta de mi oficina en el Roanoke Building salía una cola que se extendía a lo largo de los pasillos de todo el séptimo piso.

Es posible que los expertos se rieran, pero el hecho es que yo sabía entonces —como lo sé ahora— que era capaz de valorar adecuadamente a un individuo en el espacio de unos minutos. Porque mi experiencia de vendedor me hizo muy sensible ante las reacciones de otra persona y me capacitó para interpretarlas correctamente.

Elaboré una técnica que me permitía actuar rápidamente: seleccionar a aquéllos que deseaba contratar y eliminar a los que no me parecían aptos sin hacerlos quedar mal. He aquí cómo procedía:

1. Se daba a todo el mundo los mismos prospectos que se enviaban a los candidatos que solicitaban el puesto por correo. No me molestaba en tomar el nombre y la dirección de los candidatos en la primera entrevista.

2. "¿Se trata de un hombre de carácter? ¿Su actitud es positiva o negativa? ¿Tiene voluntad de aprender?" Tales eran las preguntas que me hacía a mí mismo.

3. Si un candidato me parecía apto, procuraba ser con él lo más cortés y considerado con sus sentimientos que me era posible. Le decía: "Honradamente me propongo intervincular a todo el mundo. Estos son los prospectos que explican el plan completo. Si le interesan, vuelva para tener una segunda entrevista". Sabía que muy pocos volverían debido a la exigencia del depósito en metálico, pero de este modo el candidato no quedaba mal.

4. Conseguí a los hombres que deseaba. Mi sistema era exactamente el mismo que el empleado con los candidatos que quería eliminar con esta única excepción: "Les decía" Lea estos prospectos y tenga presente que le demostraré con pruebas reales hasta qué punto resulta fácil ganar unos ingresos importantes. Si mi plan le interesa, le daré la licencia inmediatamente. Durante todo un día yo haré todas las ventas y le entregaré a usted las comisiones". A continuación dedicaba un minuto o dos a explicarle las grandes comisiones que yo había conseguido la semana anterior en tanto que agente de ventas.

Cuando un candidato estaba arruinado y un director de ventas le ofrecía hacer el trabajo en su lugar y entregarle las comisiones, estaba dispuesto a ver de cerca de qué se trataba. Después, cuando recibía de 30 a 50 dólares al contado al final del primer día, las oportunidades le resultaban evidentes. (¡En aquellos días un dólar era mucho dinero!).

Su actitud les convirtió en "pasados"

Yo sentía lástima y compasión por los *"pasados"*, esto es, por aquellos hombres que habían ganado de 15.000 a 30.000 dólares anuales en los días de euforia, pero se convirtieron en *pasados*, o bien porque no estuvieron dispuestos a volver a empezar el trabajo y a subir de nuevo, o bien porque sus actitudes eran tan negativas que cualquier empleo que pudieran tomar se convertía en un fracaso. Su futuro estaba detrás de ellos, a no ser que sus patronos conocieran el arte de inspirarlos para actuar.

Cuento esta experiencia porque hice un gran descubrimiento. Me dí cuenta de que podía formar a los agentes de ventas que contrataba llevándolos conmigo a vender y demostrándoles prácticamente mi sistema de ventas. Al actuar así, empecé a conseguir los conocimientos para elaborar un modo de actuar que perfeccionara un *sistema que nunca falla para alcanzar el éxito* en lo que se refiere a la formación de agentes de ventas—y esto era algo que nunca había hecho anteriormente. Las historias que se relatan en el capítulo siguiente explicarán cómo llegó a perfeccionarse este sistema.

Al percatarme de que mis representantes de ventas necesitaban recibir una formación, empecé a producir un boletín de ventas diario de una página. Cada uno de ellos contenía una refutación, llena de éxito, sobre las ventas o una sugerencia que yo personalmente había descubierto que era eficaz. Así pues, yo estaba vendiendo—y vendiendo con eficacia.

En los boletines explicaba a los vendedores lo que hay que decir y cómo hay que decirlo. Por ejemplo, se le instruía al agente a fin de que pudiera realizar la venta en el caso del posible cliente que dijera: "No tengo dinero", aunque fuera necesario que pidiera prestado el dinero a su jefe o a un vecino.

Además de esto, cada ejemplar contenía una idea o automotivador para inspirar a actuar a los agentes de venta, como por ejemplo: *en cada desventaja existe siempre una ventaja mayor*. El hecho de escribir esas cosas me ayudó a concretar mi pensamiento sobre el papel. Fue un paso hacia adelante en el descubrimiento de mi *sistema que nunca falla para alcanzar el éxito* por lo que se refiere a la formación de otras personas.

Mis problemas fueron mínimos en comparación con los de aquellos, que durante la Depresión conservaron una actitud mental negativa. Pero tenía problemas: llamadas telefónicas, cartas, y visitas de mis acreedores que resultaban extremadamente irritantes. Por ello, cierto día hice saber a mis acreedores que percibirían 100 centavos por dólar más el 6 por ciento de interés a partir de la fecha de la deuda. Cobrarían en proporción a mis ganancias. Aunque se trataba de una afirmación de mi firme decisión más bien que de una petición de permiso, nadie se opuso. A todos se les pagó, a su debido tiempo.

En el capítulo siguiente, leerá usted historia tras historia, describiendo cómo las dificultades hacen grandes a los hombres... cómo se puede edificar algo cuando todos alrededor nuestro están fracasando... cómo se pueden convertir los inconvenientes en ventajas.

GRANDES PUERTAS GIRAN SOBRE PEQUEÑAS BISAGRAS

Toda realización o proeza personal empieza en la mente del individuo. *Sus* realizaciones personales empiezan en su mente. El primer paso es saber exactamente cuál es su problema, su objetivo y su deseo. Si usted no lo vé claro, póngalo por escrito y vuélvalo a escribir una y otra vez hasta que las palabras expresen exactamente lo que usted busca.

Todas las desventajas tienen una ventaja equivalente si nos molestamos en descubrirla. Aprenda cómo descubrirla y *sabrá usted siempre expulsar de cada adversidad sus partes malas.*

10

Resulta fácil si se conoce el modo de actuar

La Depresión resultó una bendición disfrazada para aquéllos que desarrollaron la actitud mental adecuada, porque la necesidad hace o deshace a un hombre.

La necesidad hizo a Leo Fox. Puedo recordar la primera vez que lo conocí. Me hizo una impresión indeleble. Leo había contestado a mi anuncio. Tenía entonces una sonrisa triunfante y tiene ahora una sonrisa triunfante. Era tan entusiasta que le contraté en el acto.

Leo tenía un empleo pero no estaba ganando dinero. Aunque sus problemas eran graves, reflejaba salud, felicidad, entusiasmo y las apariencias del éxito. Y sin embargo, cuando empezó a trabajar para mí, estaba tan arruinado que su mujer, él y sus dos hijos vivían en un hotel barato en la parte norte de Chicago. No podía permitirse el lujo de tener muebles ni de pagar un alquiler por adelantado en un piso amueblado. De hecho, estaba atrasado en el pago del hotel. La Señora Fox no se atrevía a salir de la habitación del hotel con los niños cuando se marchaba Leo, porque cuando la familia abandonaba el cuarto, el dueño les dejaba afuera hasta que pagaran algunos dólares del alquiler atrasado. Y sin embargo, Leo podía sonreír con entusiasmo cuando le hice la entrevista aquella mañana. Yo iba todavía a la Northwester Universitiy y no había empezado con la costumbre de trabajar personalmente con los agentes de ventas en su primer día, pero a Leo le formé más adelante.

Después de algunos meses, Leo Fox me informó que las ganancias que hizo el primer día fueron dedicadas a la cuenta del hotel y que tuvo que madrugar a la mañana siguiente para ganar en comisiones lo suficiente para llevar comida para el desayuno de su familia.

Leo tenía la voluntad de trabajar, y no pasó mucho tiempo antes de que pagara todas sus deudas urgentes. Después de cuatro meses, estuvo en condiciones de pagar un primer plazo de un coche. Al cabo de dos años, sus éxitos permitieron darle oportunidad de convertirse en nuestro Director de Ventas en Pennsylvania.

El entusiasmo atrae

Leo llevaba trabajando para mí sólo unas semanas cuando ocurrió algo muy sorprendente. Un agente de ventas de su anterior organización vino a verme. Dijo que se había encontrado con Leo en la calle, y que Leo parecía tan feliz y tan próspero que se preguntó si no tendría yo para él una oportunidad. La tenía, por supuesto.

En un período de dos meses, contraté a cinco agentes de ventas suplementarios de la antigua organización de Leo. También ellos se lo habían encontrado en la calle y le habían preguntado dónde trabajaba, y también ellos se presentaron como candidatos.

Leo Fox es un hombre por el que siento una gran estima. Tenía un problema personal que ha arruinado a mucha gente: era alcohólico. Por eso es por lo que —como me contó Leo— fue "expulsado de casa" por su padre Jonh Fox, propietario y presidente de la First National Casualty Company de Fond du Lac (Wisconsin). Aproximadamente un año después de haberse convertido en mi socio, Leo me contó su problema y me dijo: "Voy a ir al Keeley Institute de Dwight (Illinois) y voy a ganar esta batalla contra mí mismo". Fue a Dwight y ganó su batalla.

En una reunión social o en una asamblea si alguien pregunta: ¿Quién quiere beber un trago conmigo?" Leo asiente entusiásticamente "Yo, con mucho gusto" contesta y cuando viene el camarero no se excusa en modo alguno: está orgulloso de decir: "Para mí una taza de café caliente" No ha probado una bebida alcohólica desde el día en que ingresó en el Keeley Institute.

Leo Fox y su familia fueron a Font du Lac para ver a sus padres antes de que él saliera para Pennsylvania a incorporarse a su puesto de director de ventas a mis órdenes. Cuando su padre vio lo que Leo había hecho para mejorarse a sí mismo, le dijo: "Si eres tan bueno como para ser director de ventas del señor Stone en Pennsylvania, eres el hombre adecuado para ser presidente de la First National".

Leo aceptó un empleo en la empresa de su padre y acabo siendo Presidente. Más adelante fue gracias a Leo Fox como tuve ocasión de comprar la First National Casualty Company. Hoy en día Leo es un hombre rico y lleno de éxito en el trabajo que había elegido. Su historia ha sido una fuente de inspiración para los muchos hombres a los que yo se la he contado.

Yo tenía un problema

Pero ahora explicaré cómo progresé al desarrollar mi sistema que nunca falla en la formulación de agentes de venta. También revelaré cómo fue empleado el automotivador: *Convierta todas las desventajas en ventajas mayores.*

Después que dejé la Northwestern, empecé a consagrar la mayor parte de mi tiempo a las ventas personales y a la formación de agentes de venta *sobre la marcha*. La expresión "sobre la marcha" quiere decir en realidad visitar a los clientes o a personas que pueden llegar a serlo. Se trata de "hacerlo" en contraste con la simple teoría. Cuando yo vendía acompañado de un agente de ventas, este podía comprobar que si vendía exactamente como yo lo hacía, también él podría realizar grandes ingresos. Pero pronto descubrí que con eso no bastaba.

El alumno se dejaba llevar a menudo por la excitación del juego y no se fijaba en los principios concretos que necesitaba aplicar. Pasa lo mismo que con la lectura de las historias en un libro de autoayuda: algunos individuos se interesan tanto con la narración que pierden completamente de vista los principios que deben aplicarse. Por todo ello llegué a la conclusión de que los vendedores se sienten inclinados a actuar por necesidad. Pero no aprenden si no se les enseña. Y nadie les ha enseñado a adquirir conocimientos a través de la observación. Al darme cuenta de esto, empecé a elaborar un método eficaz de enseñanza. En primer lugar, los agentes de venta se sentían motivados a estudiar la charla de ventas y los argumentos de refutación palabra por palabra. Les hablé de los grandes ingresos diarios que podrían ganar si sabían qué hay que decir y cómo hay que decirlo; el por qué serían felices en sus trabajos si conocieran la teoría; y cómo podrían ahorrar tiempo empleando una presentación, de la venta, organizada. Entonces, cuando el agente ya ha aprendido lo que debe saber, le llevaba a actuar conmigo durante todo un día. Podía entonces comprender con más claridad lo que yo decía y hacía.

Un plano para el éxito

Cuando un agente de ventas trabajaba conmigo, yo mejoraba mis conocimientos y mi modo de actuar en la formación. Y no pasó mucho tietmpo antes de que elaborara un plano para el éxito en lo que se refiere a la formación de los representantes nuevos o experimentados. Hélo aquí:

1. Me sentía en forma, actuaba de prisa y trabajaba durante todo el día. Mi objetivo era hacer que ese día fuera el mejor que había tenido hasta entonces. El alumno no debía molestarme en la conversación ni interrumpir la venta. Debía estar al lado mío, demostrar interés en lo que yo hacía y moverse tan deprisa como yo.
2. Hacíamos nuestra primera visita a las nueve de la mañana y yo vendía hasta las once y media.
3. El representante vendía durante media hora.
4. En todas las entrevistas que él hacía yo tomaba nota de cualquier error concreto.
5. A mediodía, daba instrucciones al agente de lo que debía escribir concretamente en relación con mi crítica del trabajo de la mañana. Primero le hablaba de alguna de las buenas cosas que había hecho. Después le daba sugerencias concretas que podían ayudarle. Ponía especial hincapié en los puntos que hacen o deshacen una venta, y mencionaba de paso los puntos de importancia menor.
6. Después de comer seguía vendiendo de nuevo hasta las cuatro y media.
7. El agente de ventas vendía a continuación hasta la hora de despedirnos.
8. También ahora tomaba yo nota durante cada una de sus presentaciones de la venta.
9. Repetíamos entonces el procedimiento del párrafo 5.
10. Por la noche después de cenar, el agente daba una charla de ventas en una reunión de vendedores en el caso de que algunos de nosotros estuviéramos vendiendo en la misma zona general fuera de Chicago (si estábamos vendiendo en Chicago, no se celebraba esa reunión).

11. Se daban instrucciones a todos los asistentes a la reunión en el sentido de que buscaran los puntos buenos y todo aquello que pudiera hacer o deshacer una venta. Todo agente que no fuera capaz de descubrir las imperfecciones tendría probablemente los mismos defectos que el agente que hacía la presentación.

12. Después de que el representante daba su charla sobre la venta, se procedía como sigue:

* Se le daba una primera oportunidad para comentar sobre cómo podría haber realizado una charla más provechosa.
* Se invitaba por turno a todos los demás a que manifestaran su opinión. Pero el alumno solamente copiaba aquellas sugestiones que yo le indicaba.
* Por último, yo pasaba revista a los principios que se habían enumerado y destacaba cualquier otro principio adicional que no hubiera sido mencionado.
* Como la inspiración para actuar es el ingrediente más importante del éxito, yo procuraba inspirar a cada uno de los representantes en particular al alumno con el que había trabajado aquel día.

Después de haber trabajado durante todo un día con un agente y de haber seguido el método citado, se daban los pasos siguientes:

* El alumno trabajaba por sí mismo durante todo el día siguiente.
* Daba una presentación de ventas aquella noche en una reunión de ventas, si es que se celebraba.
* Repetíamos el sistema de la noche anterior, tal y como queda esbozado en el párrafo 12. Se trataba de comprobar lo que había aprendido la noche anterior. Indicaba qué hábitos, o modo de actuar había adquirido.
* A la mañana siguiente yo salía con el agente. El vendía durante media hora. Si parecía aconsejable, yo hacía una visita o dos y le enseñaba cómo se maneja una situación particular, y después la hacía intentar otra venta o ventas. Mientras él estaba vendiendo yo volvía a tomar notas.
* Yo le daba entonces algunas sugerencias y le dejaba que actuara por cuenta propia hasta la noche.
* Si el representante no seguía las sugerencias que se le habían dado previamente y necesitaba estudiar la teoría, se le animaba a dedicar todo el día al estudio. Esto ocurriría muy rara vez, porque durante la Depresión los hombres se sentían motivados por la necesidad del dinero a procurar aprender todo aquello que podría ayudarles.
* En cuanto yo volvía a la oficina, dictaba una carta para cada uno de los agentes con los que había trabajado. En esta carta procuraba:

    Destacar algo bueno en relación con los progresos que había hecho;

Inspirarle con otros comentarios;
Hacer una lista de todas y cada una de las sugerencias importantes y concretas que le había pedido que copiara él mismo.

Este programa resultó un auténtico plano para el éxito en la formación de mis representantes de ventas. Los principios —en tanto en cuanto son aplicables— pueden ser relacionados, asimilados y empleados por cualquiera a fin de desarrollar un sistema lleno de éxito para la formación de otras personas.

Vuelvo a repetir: en aquél tiempo a mí me hacía falta dinero y lo necesitaba con urgencia porque intentaba desesperadamente salir de deudas. El programa no exigía mucho tiempo para formar a un representante, pero era muy completo. Y estos hombres, se sentían movidos por su necesidad de dinero a procurar hasta el máximo; no me necesitaban a mí como si fuera una muleta permanente en la qué apoyarse. Porque cuando adquirieran los conocimientos del modo de actuar, podrían andar por su propio impulso. No pasó mucho tiempo antes de que yo tuviera un número suficiente de agentes bien formados en el Estado de Illinois. Algunos de ellos los animé a trasladarse a otros Estados.

Me enfrenté con otro problema grave—un problema que para mí era mucho más importante que el de ganar dinero. Se trataba de la salud de mi hijo.

Si quieres triunfar selecciona tu medio ambiente

Nuestro hijo, Clem Jr, nació el 12 de junio de 1929. Durante los dos primeros años de vida, padeció constantemente resfriados, fiebre del heno y asma. Estuvo constantemente enfermo durante los meses de invierno. No parecía que los doctores pudieran hacer mucho por él.

Ahora bien, uno de los principios básicos de la autoayuda—que se convirtió en una parte de mi filosofía cuando empecé a explorar el funcionamiento de la mente humana en Senn High— es el siguiente:

Dado que el hombre es producto de su medio ambiente, debe elegir deliberadamente lo que mejor lleve a sus objetivos...

Y yo me esforcé en esta dirección.

Casi todo se encuentra en los libros. Cuando yo todavía iba

a la Northwestern, leí que ciertas zonas de los Estados Unidos quedaban fuera del campo del polen de la ambrosía—Estados como Oregon, Washington, Colorado y el norte de Michigan. Por lo tanto, me hice miembro del North Woods Club de Ishpeming, Michigan. Tenía 43.000 acres de terreno, lagos privados y comodidades veraniegas. No me proponía ir allí antes de que Clem fuera bastante mayor como para disfrutar con ello. Estaba simplemente preparando su futuro.

Clem Jr. siempre parecía tener buena salud los veranos excepto cuando empieza a aumentar el polen de la ambrosía en el mes de septiembre. En octubre de 1931 recibí una carta de casa diciéndome que Clem estaba enfermo, nunca lo olvidaré. Estaba en Pontiac (Illinois) en una jira de negocios. Inmediatamente decidí entrar en acción: escoger un medio ambiente que construyera rápidamente su salud. Me dije a mí mismo: "Si Clem se siente mejor en el verano ¿por qué no llevarle a un clima cálido? ¿Por qué no sacarle de la zona del polen cuando aumenta su proporción? ¿Por qué no seguir el camino del sol? Y entonces, cuando se ponga bien, podremos volver a casa".

Así, a partir de noviembre de 1931, la señora Stone, Clem y yo empezamos a viajar de Estado en Estado. Seguimos al sol durante año y medio: al sur durante el invierno, y el norte durante el verano. Clem ganó peso y creció fuerte y sano. Residimos en los mejores hoteles de veraneo. Y como a mí me hacía falta dinero, vendí a la dirección de esos hoteles que me proporcionaron sus mejores tarifas comerciales.

Convierta una desventaja en una ventaja

Yo conseguía una licencia en cada Estado a fin de poder vender personalmente en él. Pensé que el trabajo de renovación podría encomendarlo a un agente que tuviera o que podía nombrar. Entrené personalmente a todos los agentes que seguían en mi organización. Mi programa de formación era exactamente igual al que he esbozado en "Un plan para el éxito".

En aquel tiempo, los molinos de Nueva Inglaterra habían cerrado, estaban cerradas las minas en Pennsylvania, Arizona y en cualquier otro sitio. El precio del algodón y de los cacahuates en Virginia y en otros Estados del Sur eran tan bajos que las cosechas se dejaban para enriquecer la tierra como abono; no traía cuenta transportarlas hasta el mercado. El petróleo se vendía en Texas a 60 centavos el barril. Sin embargo, los agentes que yo formaba podían ganar inmediatamente de 20 a 50 dólares diarios. Porque la necesidad les dio *inspiración para actuar*... La experiencia les dio el *modo de actuar*... y yo les enseñé los *conocimientos* necesarios. Estos son los ingredientes en cualquier *sistema que nunca falla para alcanzar el éxito*. Durante el año y medio de viaje, mi personal se redujo a 135 representantes bien formados, porque había perdido a muchos de ellos antes de tener oportunidad de formarlos personalmente. Pero esos 135 agentes produjeron en los años de la Depresión un volumen de negocios mucho mayor que los mil y pico de representantes no formados que habían trabajado para mí durante los años de euforia.

Así pues, al buscar y encontrar la salud para mi hijo seleccionando el ambiente que más favorecía a su buena condición, varias desventajas se convirtieron en ventajas: edifiqué bases sólidas para la expansión continuada de mis negocios y conseguí los conocimientos y el modo de actuar que me faltaban para formar con éxito a los agentes de venta. Y realicé un descubrimiento de lo más sorprendente.

El descubrimiento asombroso

Cuando revisé finalmente las cartas que había enviado a cada uno de los representantes, esbozando los principios que necesitaban para triunfar, quedé sorprendido. Porque descubrí que el número de las correcciones necesarias era relativamente pequeño. Lo que se aplicaba a uno se aplicaba a varios.

Basándome en ese descubrimiento, escribí una serie de manuales de formación en los cuales un representante podía aprender los principios que nosotros teníamos que enseñarle. Después de ello, con una formación adecuada sobre el terreno, podría empezar a obtener grandes ingresos.

Cuando empezara a leer la primera página del manual número 1, comenzaría allí donde se puede encontrar la inspiración para actuar; en los pensamientos sobre Dios; porque esto es lo que leería:

El éxito en todos los campos del esfuerzo viene ayudado por el empleo de la oración. Independientemente de cuáles sean las creencias de cada uno, la oración es benéfica desde un punto de vista sicológico al hacer se concreten las ideas de cada uno dirigidas hacia el objetivo y al desarrollar una fuerza interior estimulante. Dar las gracias al Poder Divino al final de un buen día no ha perjudicado nunca a nadie—Pedir al Poder Divino que nos ayude a alcanzar el éxito ha sido muy útil para muchas personas...

...Si desea alcanzar resultados, recurra a la oración!

El cuaderno de bitácora de las ventas

Cuando la gran conmoción de la Depresión, yo no disponía de ningún indicador sobre lo que estaba ocurriendo exactamente en mi empresa. Pero cuando me dí cuenta de esto, hice que Rand McNally instalara sistemas especiales Kardex. Estaban especialmente planeados para proporcionar información mensual y anual sobre la producción de ventas, por Estados, ciudades, dirigentes de venta y agentes. Estaban confeccionados por expertos que tenían los *conocimientos* y *modo de actuar* necesarios derivados de la experiencia. Había marcas de color que señalaban la última fecha en que habíamos tenido noticias de un representante y el día en que debíamos escribirle.

Con este sistema, elaboramos finalmente un "cuaderno bitácora de las ventas". Usado adecuadamente, nos señalaba las realizaciones pasadas, la situación inmediata, la dirección que seguíamos y las zonas de peligro. Pero a mí no me hacía falta un sistema para descubrir que las dificultades hacen fuertes a los hombres, o por qué la Depresión era una bendición disfrazada para aquéllos que supieron enfrentarse a ella con la actitud mental adecuada. En el próximo capítulo veremos cómo los que tienen una actitud mental negativa aprenden a motivarse así mismos para desarrollar la actitud mental adecuada.

GRANDES PUERTAS GIRAN SOBRE PEQUEÑAS BISAGRAS

Usted es producto de su ambiente. Así pues, escoja el medio ambiente que mejor le encauce hacia su objetivo. Analice su vida en términos de medio ambiente. ¿Las cosas que le rodean le ayudan a usted en el camino hacia el éxito, o son un lastre que no le permite avanzar?

11

Fuentes misteriosas de poder

"¡Por favor, Dios mío, sálvame! ¡Por favor, Dios mío, sálvame!" Una y otra vez Bill Toles repetía con humildad, sinceridad y esperanza. *"¡Por favor Dios mío, sálvame! ¡Por favor Dios mío, sálvame!"*.

William Toles, marinero de la Armada, había sido lanzado al agua por una ola desde la cubierta de su transporte a las cuatro de la mañana. Al encontrarse en el agua siguió las instrucciones navales: se quitó sus "dungarees" e hizo con ellos un chaleco salvavidas improvisado, tal y como lo había hecho a menudo durante los ejercicios prácticos.

Pasaron horas y horas; aparentemente nadie le había visto caer del barco. A las tres de la tarde, le descubrieron unos marineros del barco carguero americano *Executor* y cuando le subieron a bordo lo primero que hizo fue una oración de gracias.

Esta historia la cuenta el gran libro de autoayuda, *TNT*, *"The Power Within You"*. Lo he empleado muchas veces en mis discursos y he enviado el libro a representantes de ventas a mis órdenes para inspirarles. ¿Por qué? Porque el Capitán del Executor cambió su rumbo y recogió a Bill Toles a 200 millas de distancia de su ruta habitual—y hasta la fecha no sabe por qué cambió el rumbo.

Sus oraciones obtuvieron respuesta

Hace poco, el Doctor Joseph Maddy y su mujer Fay estaban invitados a cenar en casa. Les conté la historia de Bill Toles tal y como me la había contado a mí el escritor Harold Sherman poco después de la publicación de *TNT*.

Fay dijo: "Es interesante porque nosotros hemos tenido una experiencia similar. En Interlochen, tenemos un vecino al otro lado del lago al que todo el mundo llama Marinero. Hace algunos inviernos, Joe y yo teníamos nuestro "trailer" en Marathon (Florida) y Joe se encontró al Marinero un día mientras hacía compras en la ciudad. Marinero contó a Joe la buena suerte que había tenido pescando.

"A la mañana siguiente Joe y Marinero salieron a pescar cada uno en un bote de motor. Los dos decidieron hacer caso omiso de las banderolas que señalaban peligro y por la tarde se desencadenó un temporal.

"Marinero volvió a las 4. A esa misma hora volvieron los pesqueros regulares. Como Joe no volvía empecé a preocuparme y me puse a rezar".

"¿Qué ocurrió? le pregunté a Joe.

Me contestó: "Bueno, la tormenta llegó muy deprisa. Las olas eran tan altas y el barco tan pequeño que una de ellas me lanzó fuera de la borda. Me hundí una vez, volví a hundirme. Pero esta vez, cuando subí a la superficie extendí los brazos y mi mano se aferró al costado del bote y subí a él.

"El bote había hecho un círculo completo, porque cuando la primera vez miré para buscarlo e intentar subir a él, ni siquiera pude verlo".

Entonces dijo Fay: "Tal como Joe y yo podemos calcularlo, esto ocurrió poco después de las 4 mientras yo estaba rezando".

Menciono las historias de Bill Toles y del doctor Joseph Maddy porque yo también creo en el poder de la oración, juega un papel muy importante en mi *sistema que nunca falla para alcanzar el éxito*.

El poder de la oración es misterioso. También lo son todos los fenómenos naturales y síquicos, hasta que el hombre sea lo bastante ilustrado como para entenderlos.

Pero, la entendamos o no, la verdad es la verdad. Porque cada efecto tiene una causa, y cuando sabemos que un acto determinado produce un resultado dado podemos emplear el principio que le es aplicable aunque no sepamos cómo funciona.

El hombre de la mente de radar

Muchos hombres que escriben sobre autoayuda buscan la verdad tal como se aplica a poderes conocidos y desconocidos que afectan, o puede ser afectados por la mente humana. Por esto es por lo que me propuse conocer a Peter Hurkos, el hombre de la mente de radar. Visité su hogar y conocí a María, su mujer, y a su encantadora hijita Carolina, y nos hicimos buenos amigos.

Durante nuestra primera visita, Peter Hurkos pidió a la señora Stone que escribiera un nombre en un pedazo de papel y que se lo entregara. Así lo hizo ella. Sin mirar lo que estaba escrito, Peter arrugó el papel en su mano derecha. A continuación nos asombró contándonos muchas experiencias que habían sucedido años atrás. Cada una de ellas era exacta en un 100%. Y describió a la persona cuyo nombre estaba escrito en el pedazo de papel y volvió a asombrarnos con su exactitud.

En otra ocasión, estando Peter en mi oficina de Chicago, llamé por conferencia a un amigo relacionado con la industria cinematográfica de Hollywood. Peter se contentó con asir el cable telefónico, y cuando la conversación terminó, describió el aspecto físico del hombre con el que había estado hablando y alguna de sus características. En otra ocasión, dio la mano a Lou Fink, de mi departamento de relaciones públicas, y le contó cosas que solamente Lou podía saber. Cuando visitó el Robert R. McCormick Chicago Boys Club, volvió a asombrarme, así como a los muchachos, por la precisión con que describía problemas concretos y sucesos de sus vidas.

Antes de conocer a Peter Hurkos, había decidido leer su libro *Psychic, The Story of Peter Hurkos,* así como los artículos de Norma Lee Browning en el Chicago *Tribune* y el informe escalofriante de su primer encuentro con él.

Más tarde, me contó Norma Lee: "Acertó casi el 100% de los tests a que yo le sometí".

Quizá haya usted leído informes sobre su predicción exacta

de los resultados de beisbol y de sus proezas resolviendo crímenes. En Europa, se le conoce como el detective "telepático" porque ha resuelto muchos crímenes —incluyendo veintisiete asesinatos en diecisiete países. Sus poderes sicométricos —esto es, tocar un objeto y describir las experiencias del propietario del objeto— son de lo más asombroso.

El principal objetivo de Peter en la vida es descubrir la extensión de sus poderes síquicos y aprender a usarlos en beneficio de la humanidad.

Ocultos canales de la mente

Quizá el hombre que ha llegado más lejos en el campo de la Parasicología sea el Doctor Joseph Banks Rhine de la Duke University. Ha consagrado más de 34 años de su vida en Duke a explorar los poderes de la percepción extrasensorial científica y a esforzarse por demostrar su validez.

He hablado con el Doctor Rhine en muchas ocasiones, y a lo largo de esas conversaciones me he convencido cada vez más de la posibilidad de que el mundo esté a punto de descubrir fenómenos síquicos más impresionantes que los descubrimientos tecnológicos de la última década.

Los libros del Doctor Rhine, *New World of the Mind* (El mundo de la mente), *The Reach of the Mind* (El alcance de la mente) y *Parapsychology*, de los que es coautor J. C. Pratt, son una autoridad en la materia. En la actualidad, su mujer Louisa E. Rhine —que ha colaborado con él en la investigación durante muchos años— nos ha dado *Hidden Channels of the Mind*, (Los ocultos canales de la mente), un libro de fácil lectura que describe muchas interesantes historias y experiencias espontáneas: de este tipo de experiencias que quizá no hemos sabido identificar, pensando que se trataba solamente de coincidencias. Puede pertenecer al reino de la telepatía (transmisión del pensamiento) clarividencia (facultad de discernir objetos que no están presentes a los sentidos), posconocimiento (visión del pasado) o preconocimiento (visión del futuro).

La razón por la que cito aquí los fenómenos síquicos es que es conveniente darse cuenta de que existen poderes desconocidos. Porque, cuando usted se dé cuenta de que existe la posibilidad incluso de aquello que parece improbable, estará usted analizando la realidad como un científico. Ensanchará usted sus horizontes.

Predicción

Para llevar una vida sana, feliz y llena de éxitos, no es necesario estudiar los fenómenos síquicos, independientemente de lo apasionante y excitante que puede resultar ese estudio o de las fuerzas desconocidas que pueden crear en nosotros un impacto.

Pero es deseable *leer el futuro del mejor modo posible, con la ayuda del conocimiento científico*. Porque, entonces, podremos tomar decisiones inteligentes —en particular las que afecten a los negocios o a una riqueza tangible. *La comprensión de los ciclos y de las tendencias es muy importante en la ciencia de la predicción.*

Mi primer comprensión de los *ciclos* y de las *tendencias* la obtuve cuando Paul Raymond, Vicepresidente de la Sección de préstamos de la American National Bank and Trust Company of Chicago, me envió el libro *Cycles* del que son coautores Edward R. Dewey y Edwin F. Dakin.

Yo he empleado los principios establecidos en ese libro con tanta eficacia que deseo compartirlos con usted. Por ejemplo, cuando veo que mi negocio decae recurro a un principio aprendido en *Cycles*: Inicio una nueva tendencia con nueva vida, nueva sangre, nuevas ideas y nuevas actividades.

Hoy en día soy presidente del Consejo de Dirección de la Foundation for the Study of Cycles, y Edward R. Dewey —que creó la fundación— es su director ejecutivo.

Como el estudio de los *Ciclos* y de las *tendencias* es tan importante y tan mal comprendido, pedí al Sr. Dewey que escribiera una carta explicándolo con palabras sencillas. (También escribió una carta sobre los *indicadores directores* que podrá usted leer en el capítulo 19.) He aquí lo que tiene que decirnos sobre el fascinante tema de los Ciclos:

Ciclos

Si nos fijamos de cerca, observaremos que muchos acontecimientos tienden a repetirse en ciclos a intervalos de tiempo relativamente regulares.

Existe una tendencia que hace que los módulos de los ciclos, una vez establecidos, se continúen. De este modo, los ciclos pueden ser un instrumento de predicción de valor considerable.

Por ejemplo, conocemos el ciclo de doce meses de las estaciones. Si es ahora verano, sabemos que dentro de seis meses hará frío y viento. Si ahora es invierno, podemos predecir para dentro de medio año los placeres del tenis y de la natación. Cuando hacemos esto, estamos haciendo uso del conocimiento de los ciclos.

Por supuesto, todo el mundo conoce el ciclo de las estaciones. En cambio, no todo el mundo sabe que también existen otros ciclos.

Todos los cazadores saben que algunos años hay mucha caza y que por el contrario escasea otros años. Lo que los cazadores en general *no* saben es que los intervalos entre esos años son a menudo totalmente regulares —y por consiguiente predecibles. Pero la Hudson's Bay Company conoce este hecho y emplea ese conocimiento para predecir con años de antelación la campaña de caza y para prepararse a ella. Todos los pescadores saben que existen variaciones en el número de peces de estación a estación. Este conocimiento puede (y de hecho lo ha sido) refinarse hasta el punto de llegarse a una determinación exacta de las longitudes de onda y de permitir una predicción muy exacta de la abundancia de pescado.

Los vulcanólogos emplean un conocimiento de este tipo para predecir la erupción de los volcanes. Los sismólogos emplean el conocimiento de los ciclos para predecir —de un modo muy general— los terremotos; y así sucesivamente a través de todo el campo de las ciencias.

Incluso los economistas están aprendiendo que alguno de los altibajos de los asuntos humanos aparecen a intervalos tan regulares que no se puede decir que esa regularidad sea un simple resultado de la casualidad. Este hecho lleva a un conocimiento previsor superior.

La determinación de estos ciclos es a menudo muy sencilla. Un sencillo vistazo a un diagrama de las cifras en las que estamos interesados le revelará a menudo la pauta dominante de la duración. Sin embargo, distinguir los ciclos que son "reales" de las fluctuaciones meramente accidentales requiere cierta habilidad.

Una cosa que usted puede hacer por sí mismo es determinar su propio ciclo emocional o el ciclo de su mujer, marido, patrono o empleado.

Dibuje una cuadrícula como la de la página 177. Todas las noches valore su humor durante el día y coloque una marca en el lugar adecuado. Una esas marcas con líneas rectas.

Muy pronto surgirá una pauta. Para los hombres el ciclo será probablemente de dos a nueve semanas. Este es el ritmo natural y continuará así en la mayoría de los casos. Emplee su conocimiento para predecir su humor y protéjase así contra cualquier optimismo o pesimismo injustificados.

La mayoría de las mujeres tiene un ciclo amoroso de 14 días, que puede descubrirse y calcularse del mismo modo. (una ondulación sí, y otra no, tenderá a ser más intensa). Las emociones femeninas parecen también adaptarse a un ciclo de 29 días y medio, que varía con las fases de la luna (con su cúspide en el cuarto menguante).

		Mes										
		1	2	3	4	5	6	7	8	9	10	
Exultante	+3											
Feliz	+2											Gráfico para 30 días
Agradable	+1											
Indiferente	0											
A disgusto	−1											
Enojado - triste	−2											
Preocupado - deprimido	−3											

El conocimiento de los ciclos puede ser muy beneficioso para la humanidad. Nos ayudará a predecir. Nos ayudará a cambiar lo que debe cambiarse y a adaptarnos a lo que no puede variarse.

Tendencias del crecimiento

El dato esencial que debemos conocer en relación con el crecimiento es el siguiente: a la larga en el universo todo crece en una *proporción* más lenta según va envejeciendo.

Un bebé duplica su peso aproximadamente en seis meses. Si siguiera a ese ritmo pesaría enseguida varias toneladas. Los árboles, al igual que los seres humanos, crecen cada vez más despacio y finalmente dejan de crecer. Los árboles *no* crecen hasta tocar el cielo, *ni* tampoco los negocios ni las naciones, a *no ser que se añada algo nuevo.*

El *crecimiento* se valora normalmente con números *reales.* Las ventas eran de cien mil dólares hace dos años, de doscientos mil el año pasado (crecimiento de cien mil dólares), de trescientos mil este año, (crecimiento de otros cien mil dólares), y así sucesivamente. Esto parece un buen sistema.

La cifra de *crecimiento* se evalúa en *porcentajes.* Si las ventas ascendieron a cien mil dólares hace dos años y a doscientos mil el año pasado, la *tasa de crecimiento* es de 100%. Si las ventas suman trescientos mil dólares este año, la *tasa* de crecimiento ha bajado al 50%. ¡Que caída! Si la *tasa* de crecimiento sigue bajando a ese ritmo, nos esperan dificultades.

¡Cifre *siempre* el crecimiento en *tantos por ciento!*

Este asunto es tan importante para aquellos que son responsables del crecimiento de una empresa que quiero insistir en este punto. Del mismo modo que una madre lleva una gráfica de pesos para su bebé, construyamos una gráfica de ventas para una empresa imaginaria.

		Venta anual	Crecimiento quinquenal
1920.	Se funda la Compañía	20.000	—
1925.	Cinco años después de fundada	38.000	18.000
1930.	Diez años id id	68.000	30.000
1935.	Quince años id id	116.000	48.000
1940.	Veinte años id id	186.000	70.000
1945.	Veinticinco años id id	279.000	93.000
1950.	Treinta años id id	391.000	112.000
1955.	Treinta y cinco años id id	508.000	117.000
1960.	Cuarenta años id id	609.000	101.000

Estas cifras están marcadas en la figura 1 con la línea de trazo grueso.

Digamos de paso, que parece que este negocio está en expansión, con un salto adelante satisfactorio cada cinco años.

Proyectemos la tendencia de crecimiento como podría hacerlo una persona no documentada (línea de puntos de la figura 1).

Figura 1

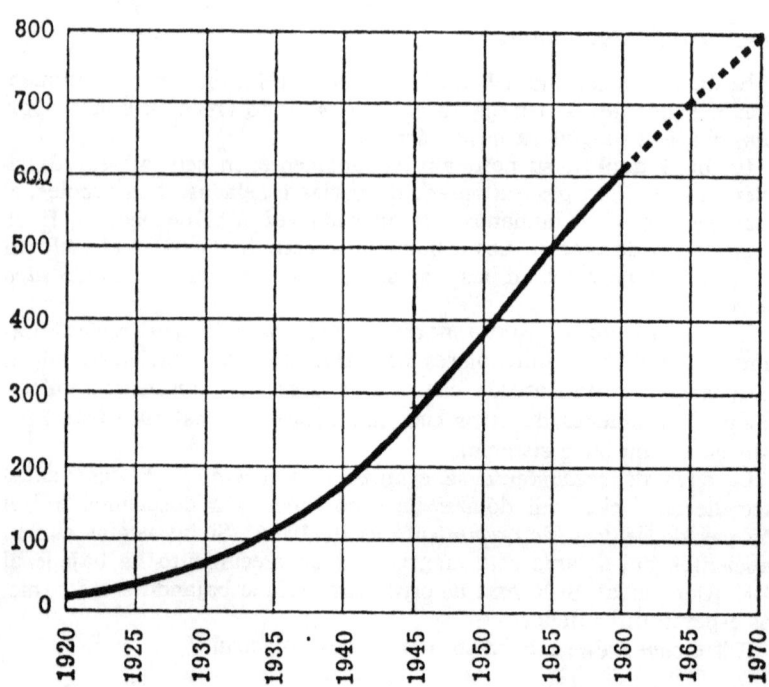

Miremos ahora esa cifra desde el punto de vista de *la tasa* de crecimiento. Veremos que ha habido una caida firme en la *tasa* de crecimiento como lo demuestra la tabla siguiente:

Tasa de crecimiento.

1920-1925, 90% de las ventas reales en 1920
1925-1930, 80% de las ventas reales en 1925
1930-1935, 70% de las ventas reales en 1930
1925-1940, 60% de las ventas reales en 1935
1940-1945, 50% de las ventas reales en 1940
1945-1950, 40% de las ventas reales en 1945
1950-1955, 30% de las ventas reales en 1950
1955-1960, 20% de las ventas reales en 1955

De esta tabla se deduce evidentemente que durante cada período de cinco años la tasa de crecimiento de este negocio hipotético ha decrecido en un 10% y que, si esta tendencia continúa la tasa de crecimiento para el futuro será:

1960-1965, 10% de las ventas reales en 1960
1965-1970, 0% id id id   1965

Conociendo estos datos sobre la tasa de crecimiento, las cifras de venta probables para 1965 y 1970 se pueden proyectar con más exactitud. Hemos supuesto que las ventas en 1965 serían un 10% mayores que en 1960. La tabla nos enseña que las ventas en 1960 fueron de 609.000 dólares. Añadiendo un 10% obtenemos la cifra de 669.900 dólares de ventas proyectadas para 1965. Suponiendo que las ventas en 1970 no experimenten ningún crecimiento con respecto a 1965, obtendremos para ese año un total de ventas que importará; también 669.900 dólares. Las cifras proyectadas son las representadas por una línea de puntos en la figura 2.

Dicho en otras palabras, vemos que en 1970 el ímpetu cesará por completo. Para entonces la organización se habrá convertido en una más de esas que siguen una rutina de un modo maduro y conservador iniciándose probablemente un descenso moderado hasta que una competencia agresiva la deje definitivamente en la cuneta o hasta que una "sangre nueva" aparezca en el horizonte para dar un nuevo arranque a la envejecida institución.

Proyecciones de este tipo, basadas en el módulo de la tasa de crecimiento y demostrando el modo de analizar lo que pudiéramos llamar "madurez", son instrumentos importantes para todos los estudiantes de la economía práctica.

En nuestro cuadro hipotético, se trataba de una tasa de crecimiento que descendía con mucha regularidad —regularidad que no es nada característica de las instituciones de la vida real. Pero resulta útil

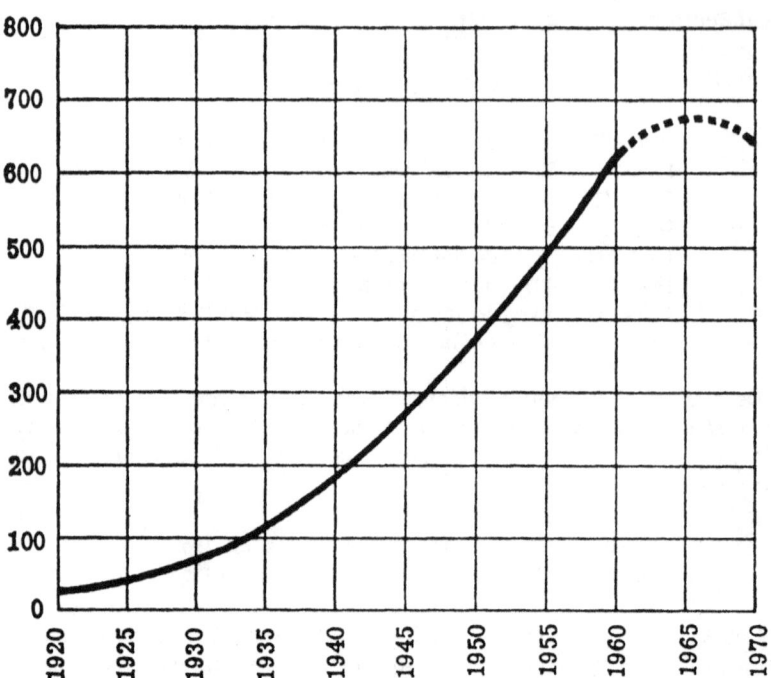

Figura 2

para ilustrar un hecho, que tanto los hombres de negocios como los inversionistas dan normalmente de lado: la tasa de crecimiento de un organismo es un buen índice de su vitalidad.

Lo que he dicho hasta ahora es negativo. Dando por supuesto que éste sea el estado natural de los negocios, el punto de vista positivo se niega a aceptar esas tendencias naturales. Interviene de algún modo en relación con la situación.

La esencia de cambiar las tendencias naturales de crecimiento consiste en introducir algún factor nuevo que cause un nuevo "nacimiento" de la tendencia de crecimiento.

Hace 70 años, por ejemplo, la industria de los vehículos de transporte estaba llegando a un estado de madurez. A alguien se le ocurrió la idea de la propulsión mecánica, ¡y todos sabemos en qué se ha convertido hoy la industria de los vehículos de transporte! Podrían aportarse docenas de ejemplos semejantes.

En resumen: es natural que la tasa de crecimiento de cualquier cosa decline, pero con la suficiente imaginación y diligencia, se pueden reemplazar las viejas tendencias de crecimiento por otras nuevas.

Libérese de la esclavitud

Si es usted la clase de persona que consiente que las condiciones exteriores controlen su destino, ¡libérese de la esclavitud!

Porque la esclavitud consiste en estar sometido a un estado de sujeción completa a la voluntad de otra persona; o, del modo como la empleamos aquí, *sujeción a influencias exteriores y a pensamientos y actitudes externas negativas.*

Cuanto más investigo para descubrir los poderes de la mente humana y el modo de emplearlos, más me convenzo del que *el éxito o el fracaso son en primer término el resultado de la actitud del individuo.*

La actitud del individuo es el resultado de un motivo, y un *motivo* es el *impulso interior* que le incita a actuar. El término "inspiración", cuando se le emplea en la expresión *inspiración para actuar*, es el impulso interior que le incita a realizar acciones que son buenas. Y esto crea una actitud mental positiva.

Ahora bien, un motivo puede ser malo, y cuando es malo, ese impulso interior crea una actitud mental negativa.

Cuando se da un conflicto entre un impulso interior a vivir de acuerdo con la ley moral —que es buena—, y emociones, instintos y sentimientos poderosos y heredados (que también son buenos, si se los dirige y controla adecuadamente) nos encontramos con un problema.

Ahora bien ¿qué es bueno y qué es malo?

¿Y qué debemos hacer cuando una virtud entra en confilcto con otra?

¿Cómo podemos desarrollar una actitud mental positiva?

El título de la novela de Samuel Butler's, *The Way of All Flesh* (El destino de toda carne) es tan terrenal y simbólico que lo he empleado para el capítulo siguiente. En él leerá usted historias de muchos individuos que se enfrentaron con la necesidad de contestar a esas preguntas con las que todo el mundo se tropieza. Algunos experimentaron el éxito en esa lucha interna, y otros fracasaron... Todos ellos, debido a que sus actitudes eran positivas o negativas —buenas o malas. El propósito del capítulo 12 es ayudarle a ayudarse a sí mismo a enfrentarse inteligente y exitosamente con esas luchas internas.

GRANDES PUERTAS GIRAN SOBRE PEQUEÑAS BISAGRAS

El misterioso poder de la mente humana en oración —y los asombrosos poderes síquicos del hombre— operan según leyes universales. Estas leyes actúan independientemente de que exista o no el entendimiento, la falta de creencias, o la ignorancia.

La ley universal sigue siempre una pauta. Todo lo que se mueve o crece tiene un ciclo y una tendencia. Es la ley de la naturaleza que todo organismo natural —o hecho por el hombre— en crecimiento progresa, decae y muere- a no ser que se dé un nuevo nacimiento debido a una nueva vida nueva sangre, nuevas ideas o nueva actividad.

El conocimiento y el modo de actuar, a fin de leer en el futuro y de crear nuevos ciclos y nuevas tendencias, son posibles.

12

El destino de toda carne

Contémplelo en sus mejores momentos, contémplelo en sus peores momentos y podrá ver al hombre y el destino de toda carne: en parte santo, en parte pecador; en parte divino, en parte animal. En mi búsqueda de un sistema que nunca falle para alcanzar el éxito, muy pronto me dí cuenta de que también la moral juega un papel en todas las realizaciones continuadas y llenas de éxito. Si el hombre no aprende a controlar al pecado, al animal que lleva dentro de sí mismo, nunca podrá disponer de todo su poder para llegar a la plenitud.

A su debido tiempo, conseguí identificar cuatro causas básicas del fracaso de los agentes de ventas; por supuesto, también se aplican a la búsqueda del éxito en cualquier otra línea de esfuerzos. Son los siguientes: relaciones sexuales ilícitas, alcohol, engaño y robo. A través de intentos y de errores —de intentos y de éxitos— alcancé el modo de actuar necesario para combatir a estos destructores de los hombres en el seno de mi personal de agentes. Cuando se relacionan, asimilan y emplean los principios contenidos en este capítulo, resulta más fácil extraer la parte buena —diré más, incluso la santidad— de la propia naturaleza de cada uno. Cuando usted proceda así, descubrirá que la bondad le da un poder tal como nunca pudo soñarlo.

El bien que quisiera hacer ... no lo hago
El mal que no quisiera hacer ... lo hago

La razón por la cual no hacemos la cosa adecuada cuando deberíamos hacerla, es que todavía no hemos elaborado los hábitos adecuados. Por ello hablemos de los hábitos y de cómo establecer hábitos adecuados.

Cuando hacemos una cosa mala, sabiendo que es mala, la hacemos porque todavía no hemos desarrollado en nosotros mismos el hábito de controlar o de neutralizar eficazmente los poderosos impulsos internos que nos tientan, o porque hemos elaborado hábitos malos y no sabemos cómo eliminarlos eficazmente. Es importante reconocer la verdad: *siempre hacemos lo que queremos hacer.*

Esto es cierto aplicado a todos los actos. Podemos decir que teníamos que hacer algo, o que nos vimos forzados a ello, pero la realidad es que hagamos lo que hagamos lo hacemos libremente. Solamente nosotros tenemos el poder de elegir por nosotros mismos. Así pues, uno de los secretos que hay que aprender es el de saber desarrollar el "¡lo quiero!" a discreción.

"Pero, ¿y las tendencias hereditarias? —podrá preguntar alguno. He aquí una historia que ilustra cómo un joven se protegió eficazmente contra un gran daño posible.

No hace mucho tiempo, durante un cocktail que precedía a una reunión del Chicago Sales Executive Club, un amigo preguntó a Bob: "¿Quiéres whisky escocés o americano?" Sonrió al contestar: "Ninguna de las dos cosas. No bebo." Después de unos segundos de vacilación, Bob preguntó: "¿Te interesaría saber por qué?" El amigo contestó afirmativamente, y Bob continuó diciendo: "Ya conoces a mi padre, todo el mundo le conoce por su reputación. Se ha dicho de él que es un genio en su esfera de trabajo. Es uno de los hombres más extraordinarios que ha existido nunca y sin embargo, mi madre, que le adora, ha sufrido una agonía increíble porque papá es alcohólico."

"Los ingresos de papá han llegado algunos años a los 50.000 dólares. Y a pesar de ello nuestra familia ha pasado a veces apuros económicos. Pero todavía hay algo peor ... mi madre se sentía torturada por la humillación, la agonía y el miedo". Dudó durante un momento y continuó diciendo: "Quiero a mi madre, también quiero a mi padre. No le censuro. Pero cuando era niño decidí que si una persona tan excelente y admirable como mi padre podía traer a su familia tanta desgracia debido a su costumbre de beber, yo no bebería nunca. ¿Por qué iba a arriesgarme yo, su hijo pensando que quizá también había heredado la tendencia a ser alcohólico? Si yo he heredado esa tendencia no podrá perjudicarme si nunca tomo *mi primera copa*. Y nunca la he tomado".

¿Se puede hacer algo sobre las taras hereditarias?

Sí, se pueden controlar las tendencias hereditarias. Podemos fomentar las que sean deseables y neutralizar las indeseables. Porque tenemos poder para elegir. No dé el primer paso en la mala dirección. No inicie deliberadamente un hábito si la tendencia hacia ese hábito ha resultado perniciosa en su familia. Al igual que Bob, no se arriesgue. Aprenda a decir: "No".

El gran sicólogo americano William James escribió: "Del mismo modo que nos convertimos en borrachos debido a muchas bebidas tomadas poco a poco, también podemos convertirnos en santos y en autoridades y en expertos haciendo muchos actos y trabajando muchas horas". Y ponía especial hincapié en un principio importante para acabar con cualquier hábito:

Rompa bruscamente, haga que todo el mundo se entere de ello y no permita nunca *que surja una excepción*.

Cuando le tienten sus amigos a cometer un acto malo por primera vez, o a reincidir en actos malos o nocivos, tenga el valor de contestar: "No". He aquí una historia que ilustra esta afirmación.

Yo iba en un taxi desde el aeropuerto de Idlewild a Nueva York. El taxista parecía tener ideas muy concretas sobre todas las cosas del mundo. Yo no dije nada hasta que él observó:

"Este es el barrio en el que he nacido y me he educado. Nunca olvidaré la noche en que me llamaron *"niña"* porque me negué a salir con la pandilla y a robar aquella tienda de allí, que era la de un tal Tony.

"Aquella noche cuando me escapé de mi casa, supe que había estado viviendo con mala gente. Es curioso que muchos muchachos no tengan coraje para decir que no cuando sus compañeros le tientan."

"No es curioso —dije— es una tragedia. Pero de ese modo es como se estropean la mayoría de los muchachos. Se juntan con la gente que no les conviene. No tienen valor para negarse cuando les tientan."

La sugestión tienta... La autosugestión repele el mal

Y continué diciendo: "¿Sabe usted que todos los años ingresan en instituciones penales millón y medio de adolescentes por robo de coches y otros delitos?"

Habíamos llegado a mi hotel, y por ello no pude seguir explicándole cómo se podían evitar, en muchos casos, esas tragedias personales si los padres aprendieran a emplear la sugestión con eficacia. Porque entonces podrían enseñar a sus hijos a emplear el poder de la autosugestión a fin de evitar el mal y hacer el bien.

Habrá usted observado por propia experiencia que siempre que se encuentra en un nuevo ambiente, o antes de hacer algo que no ha hecho nunca en su vida, siente una tensión o un miedo que le hace vacilar. Esto es particularmente cierto cuando nos tientan por primera vez a hacer el mal. Es posible que el miedo sea tan fuerte que nos aparte de la acción indeseable. Es el modo que emplea la naturaleza para protegernos contra los peligros desconocidos.

Por esto es por lo que sabemos con toda certeza que nadie comete una acción verdaderamente mala sin pararse antes a pensar, a no ser que tenga ya arraigado un hábito debido a acciones anteriores de menor cuantía.

Esta es la pura verdad. Ni tampoco actúa una persona como no sea por reacción a la *sugestión*, la *sugestión entre sí mismo* o la *autosugestión*. Esto se entenderá más fácilmente continuando con la lectura de este libro pero he aquí brevemente unas sencillas instrucciones:

La *sugestión* es todo lo que vemos, oímos, palpamos, degustamos u olemos. Proviene del exterior. Por ejemplo, un niño aprende a andar por que vé andar a sus padres. Aprende a hablar porque oye hablar a otras personas. Saca ideas de los libros una vez que ha aprendido a leer.

La *sugestión de uno mismo* es la sugestión que deliberadamente nos hacemos a nosotros mismos. Puede revestir la forma de pensamientos, miradas, sensaciones de tacto, de gusto, de oído y de olfato, merced al poder de nuestra imaginación. Podemos fabricar palabras simbólicas, o podemos decirnos esas palabras a nosotros mismos en voz alta o podemos escribirlas. Eso es lo que hacemos cuando intentamos aprender automotivadores. De este modo, cuando deliberadamente formulamos para nosotros mismos una afirmación o tenemos un pensamiento que afecta a nuestro subconsciente, estamos haciendo sugestión ante nosotros mismos.

Las afirmaciones siguientes pueden convertirse en automotivadores si les atribuimos un significado y nos fomentamos el hábito de reaccionar ante ellos:

Tenga valor para decir: "¡No!"
Tenga valor para enfrentarse con la verdad.
Haga la cosa adecuada porque es adecuada.
¡Hágalo ahora!

La autosugestión, como su nombre indica, es automática. Se trata de una sugestión que envía como una llamada al subconsciente a la mente consciente en forma de una imagen de vista, oído, tacto, gusto, olfato o palabras simbólicas. También puede tratarse de un pensamiento. He aquí cómo actúa:

John ingresa de novato en el Instituto. Quiere hacer amigos y lo consigue. Alguno de los muchachos, propone medio en broma medio en serio bajar aquella noche al patio de la basura y coger tapacubos. Esto es una sugestión. La conciencia de John le remuerde, a no ser que ya haya desarrollado el hábito de robar. Ahora bien, si los padres de John le enseñaron el empleo de la sugestión ante sí mismo recurriendo a automotivadores tales como: *no robarás o ten valor para decir que no*, entonces las palabras simbólicas o los pensamientos como "no robarás" y "ten valor para decir que no" saltarán de su subconsciente a su mente consciente. Esto es autosugestión.

Durante el proceso de educarle, los padres pueden sugerir a John que repita *no robarás* y *ten valor para decir que no* varias veces todas las mañanas y todas las noches, durante todos los días de una semana. Si John se repite voluntariamente estas cosas a sí mismo con el deseo de impresionar a su subconsciente para que le ayude en los momentos de necesidad, estará empleando la sugestión ante sí mismo. Su mente subconsciente se ve afectada, y responderá emitiendo esos motivadores cuando se enfrente con una situación difícil con la que estos pensamientos estan asociados. Esto es la autosugestión. Entonces, también él lo mismo que el taxista tendrá valor para decir que no. E incluso, podrá emplear su influencia para mover a sus compañeros a hacer la cosa adecuada simplemente porque es adecuada.

La solidaridad

Supongamos que John tiene una hermana atractiva llamada May. Al igual que las demás muchachas decentes, el sentido inherente del sexo para cumplir su misión en la vida es un impulso interior que siempre está presente pero también aquí la naturaleza la protege con salvaguardias—sentimientos de miedo y de consciencia del peligro que la hacen vacilar y reflexionar. May al igual que su hermano John quiere hacerse amigos y lo consigue. Pero se junta con malas compañías. Y algún muchacho, primero en broma y luego en serio, le hace sugestiones—sugestiones malas. Cuanto más persistentes y reiteradas sean estas sugestiones, tanto más impacto tendrán sobre el subconsciente de la muchacha, pero si sus padres le han enseñado a recurrir a la sugestión ante uno mismo a fin de hacer la cosa adecuada en el momento adecuado, May se enfrentará inteligentemente con sus problemas y hará la cosa adecuada.

Si John y May tuvieron padres que comprendían el uso del poder de la sugestión, de la sugestión ante uno mismo y de la autosugestión, May no se hubiera convertido en un principio en miembro de esa pandilla. Porque el adolescente que está debidamente formado sabe que el medio ambiente puede afectarle. Las sugestiones provienen del medio ambiente. Y en este ejemplo, los amigos íntimos y los compañeros son una de las influencias ambientales más poderosas.

Quizá conozca usted esta poesía tan citada:

> *El vicio es un monstruo de tan terrible apariencia*
> *Que basta con verle para odiarle;*
> *Y sin embargo, como le vemos tan a menudo y nos*
> *   acostumbramos a su cara*
> *Le soportamos primero, le compadecemos después y por*
> *   último nos abrazamos a él.*

También aquí, si los padres de John y de May fueran la clase de personas que se preocupan de cumplir su misión en la vida en tanto que padres, hablando a sus hijos de los problemas importantes de la vida, John y May aprenderían a desarrollar por sí mismos normas de conducta elevadas e inviolables. Uno y otro aprenderían a elegir amigos de carácter... a saber discriminar en el momento, elegir vínculos permanentes... a ayudar a sus amigos a enfrentarse valerosamente con la vida.

Nos es lícito suponer que si los padres se tomaran regularmente la molestia de examinar esas cuestiones, el sentimiento de empatía entre John, May y sus padres, sería tal que John y May desearían aceptar y actuar según el consejo de sus padres.

Cuando los padres no se molestan en desarrollar diariamente la solidaridad ("togetherness") con sus hijos, las sugestiones que les hacen—cuando se las hacen—producen a menudo una reacción adversa. En estos casos el muchacho o la muchacha harán consciente o inconscientemente lo contrario de lo que desean sus padres. Y en lugar de neutralizar, resistir y rechazar las influencias externas indeseables en el momento de la tentación, cederán y se abrazarán a la tentación, —simplemente para molestar a sus padres.

Si le interesa aprender a desarrollar la *solidaridad*, a fin de comprenderse a sí mismo, de comprender a sus hijos y de comprender los problemas importantes de la vida, lea el libro *You and Psychiatry*.[1]

Los principios que yo empleaba al tratar de los problemas de mis agentes de ventas pueden ser empleados con la misma eficacia por usted porque, como todos los principios universales, son relativamente sencillos.

* Empleé la sugestión para formar en el interior del individuo el deseo de hacer la cosa adecuada porque es adecuada.
* Le enseñé cómo podría recurrir a las sugestiones de sí mismo para fortalecer el deseo de hacer la cosa adecuada porque es adecuada.
* Cambié el medio ambiente del individuo tan frecuentemente como fue necesario para obligarle a dar los pasos oportunos en la dirección de sus objetivos deseados.
* Le dí los conocimientos necesarios para que pudiera seleccionar el medio ambiente que le resultara saludable y bueno para él.

---

[1] *You and Psychiatry.* Menninger and Leaf, Scribner's. Nueva York. 1948.

Las historias que acaba de leer indican el empleo de algunos de estos principios. Y las experiencias que tendrá ocasión de conocer leyendo los capítulos siguientes le enseñarán cómo en muchos casos se emplean todos estos principios.

Pero, ya en este momento, está usted en condiciones de emplear los principios de la sugestión, de la sugestión ante sí mismo, y de la autosugestión y de comprender la importancia de seleccionar el medio ambiente que le ayudará a alcanzar sus objetivos deseados.

Por ejemplo, puede usted:

* Emplear los automotivadores mencionados en este libro.
* Desarrollar sus propios automotivadores.
* Influir en los demás a través de la sugestión.
* Seguir leyendo este libro y otros libros de autoayuda que en él se recomiendan.

Pero hablemos ahora del engaño...la más corriente de las cuatro causas fundamentales del fracaso: *sexo, alcohol, engaño y robo.*

El engaño convierte a los héroes en traidores. El adulto que no se ha fijado como guía para sí mismo normas elevadas e inviolables de conducta moral, no es tal adulto. También él, al igual que el niño, vive centrado en sí mismo. También a él lo único que le preocupa es eso. Pero, a diferencia del niño, los siquiatras nos dicen que en su caso no existe una mente saludable. Se trata de una persona inmadura. Como no ha crecido no ha aprendido a tener el valor de enfrentarse con la verdad. De este modo, pequeños actos de engaño se convierten en engaños mayores y así sucesivamente hasta llegar a crímenes odiosos.

Porque, del mismo modo que Benedict Arnold en la Guerra Revolucionaria, un héroe puede convertirse en un traidor si no se hace adulto emocionalmente y si no desprecia siempre el engaño.

El traidor

El temerario ataque a Fort Ticonderoga de Benedict Arnold demostró que era uno de los generales más emprendedores y eficaces durante la Revolución. Yo siempre he pensado que Arnold poseía muchas de las características de un director de ventas al que acompaña el éxito pero también tenía muchos de los defectos que hacen fracasar en la vida a muchos hombres bien dotados. Era hombre de muchas facultades, muchos intereses, y de mucha fibra. Tenía iniciativas y una gran cantidad de impulsos pero, al igual que muchos directores de ventas, Benedict Arnold era extraordinariamente egoísta. Y, muy a menudo, cuando estaban en juego sus intereses personales, sus *acciones se basaban en emociones* en vez de estar basadas en la razón. En este respecto no era un hombre adulto.

Como era un general combativo, sus hombres le estimaban. Pero los miembros del Congreso y los Jefes superiores del Ejército que estaban asociados con él les resultaba un problema. Su arrogancia, sus exigencias poco razonables, su impaciencia y su testarudez hacía que resultara tan difícil convivir con él como con un director de ventas de las mismas características.

Exactamente igual que ese tipo emocional de agente de ventas al que se critica y disciplina cambiándole de puesto, Benedict Arnold se sintió profundamente insultado y herido cuando, en 1777, le destituyeron. Sin embargo, cuando los ingleses atacaron el 7 de octubre, Arnold volvió a unirse a las fuerzas revolucionarias sin tener ninguna autoridad o cargo. Sus dotes de jefe, su entusiasmo y su habilidad en el combate trajeron una vez más la victoria, y el Congreso demostró su aprecio de ese hecho nombrándole Comandante general.

Muy a menudo, una mujer es el factor mayor de influencia al determinar el éxito o el fracaso último de un hombre. En 1779, Benedict Arnold se casó con la hija de un Tory, de 18 años de edad. Es significativo hacer notar que en la primavera de aquel año *ofreció por primera vez sus servicios al enemigo*. En mayo de 1780, Arnold pidió el mando de West Point. Lo consiguió. E inmediatamente después informó a los ingleses de que les entregaría el fuerte a cambio de 20.000 libras esterlinas, porque así lo había planeado.

Sus motivos para traicionar eran personales, no políticos—del mismo modo que la lealtad por parte de un director de ventas para con su compañía es personal y no una cuestión de principios. Arnold, del mismo modo que un director de ventas que traiciona a su jefe, racionalizó su acción. Al igual que cualquier persona desleal, actuó según un automotivador negativo: *¿qué puedo sacar de ésto?*

Armese ahora para poder resistir más adelante

Pero usted puede armarse ahora a fin de resistir más tarde a la tentación. Convierta en un hábito el hecho de reaccionar inmediatamente —cuando se sienta tentado— ante estos dos automotivadores positivos:

> *¡Haga un balance de sus dotes!*
> *Haga a los demás lo que le gustaría le hicieran a usted mismo.*

El poder de los automotivadores resultará evidente la próxima vez que se sienta tentado si reacciona ante ellos.

Ahora está usted ya preparado para el próximo capítulo: "Cómo ir desde donde está usted a donde le gustaría estar".

GRANDES PUERTAS GIRAN SOBRE PEQUEÑAS BISAGRAS

Las normas morales y éticas elevadas juegan un papel en las realizaciones que consiguen éxito. Esto es especialmente cierto en la esfera del sexo, del alcohol, del engaño y del robo. No hay ninguna otra causa que haya arruinado más carreras avocadas al éxito que estas cuatro cosas.

Podemos encontrar en la *autosugestión* las claves para el hábito de hacer únicamente lo que es justo. A través de la autosugestión, ponemos en juego los poderes del subconsciente y de la imaginación.

He aquí tres auto-motivadores para el bien. Repítalos un cierto número de veces todos los días:

¡Tenga valor para decir que "no"!

Tenga valor para enfrentarse con la verdad

Haga la cosa adecuada porque es la adecuada.

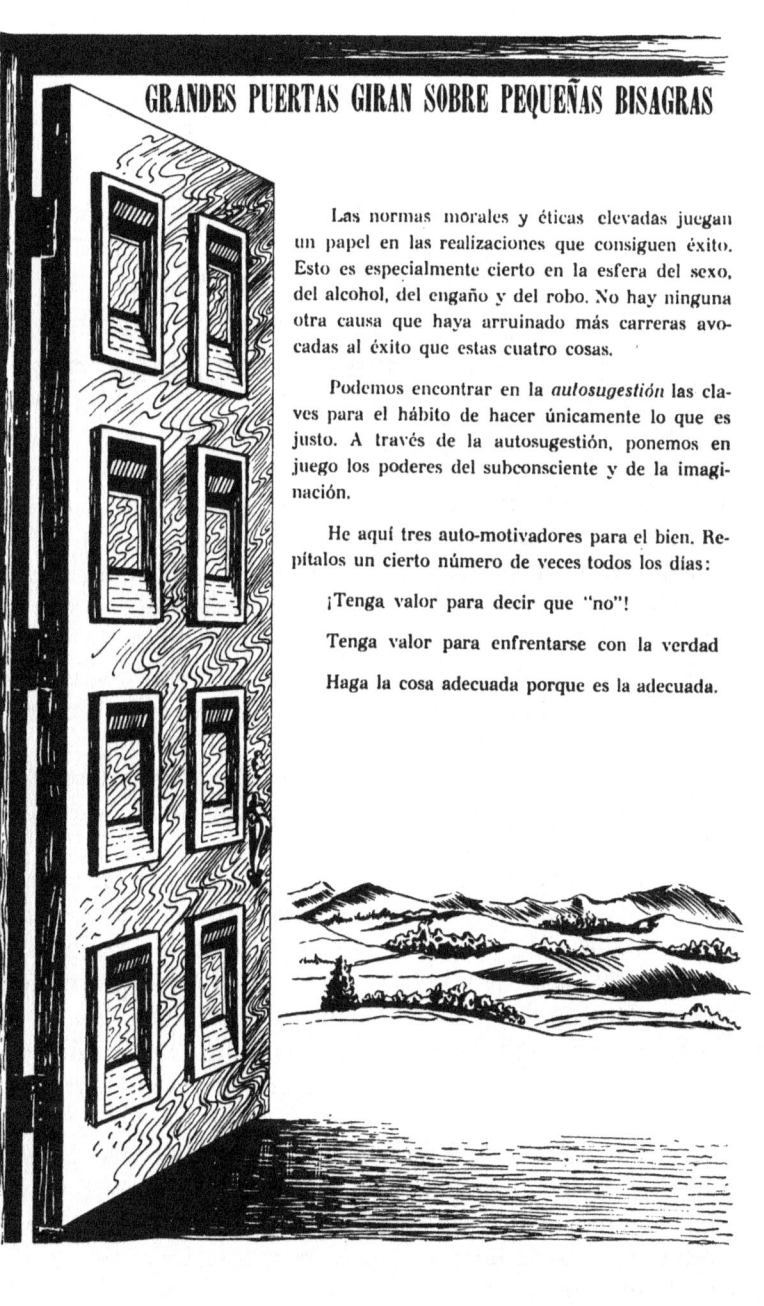

13

Cómo ir desde donde está usted hasta donde le gustaría estar

"Quiero las mejores tarifas comerciales" dije. Miré al director adjunto fíjamente a los ojos.

Vaciló durante unos segundos, miró el formulario que acababa yo de rellenar, sonrió, se inclinó hacia adelante y susurró de modo paternal: "Nos gustan los tipos de Arkansas. A los que embarcamos, es a los de Chicago". Me reí. El creyó que entendía el por qué. Pero no lo entendía porque él no sabía que yo era de Chicago.

"¿Usted y su familia estarán aquí dos semanas? Le daré las mejores habitaciones que tenemos por 5 dólares al día. ¿Le parece bien?"

Esto ocurría en el 32 cuando estábamos siguiendo la ruta del sol. Yo había conseguido una licencia del Estado de Arkansas. Cuando trabajaba allí, mis señas de correo oficiales eran las de Little Rock. Así pues, cuando me inscribí en el mejor hotel de veraneantes de Hot Spring's dí mis señas locales como era mi costumbre. Arkansas, como se verá más adelante, me resultó muy agradable. Muchos de nuestros mejores dirigentes de ventas eran de allí.

Mientras estaba en el Arlington Hotel, me aproveché del medio ambiente. En primer lugar, vendía durante las horas normales de trabajo, con una sola excepción: tomaba una hora de descanso al mediodía. Las casas de baños cerraban oficialmente a mediodía durante dos horas. Pero el director de la casa de baños que más me gustaba a mí, y sus empleados, contrataron pólizas conmigo y, como me querían, hicieron una excepción conmigo por lo que se refiere a la hora de cerrar. Entraba en la casa de baños unos cinco minutos antes de las doce. Era el único cliente. Esto me daba ocasión para descansar y para aprovecharme de los saludables beneficios de las aguas termales de Hot Springs. A continuación, iniciaba con la imaginación una nueva jornada de ventas a partir de las dos de la tarde.

Había convertido en rutina la costumbre de hacer algún ejercicio físico todos los días —como por ejemplo, jugar al tenis en verano y patinar sobre el hielo en invierno— y cuando estaba en un lugar de vacaciones me aprovechaba de sus ventajas. Estaba convencido de que, para tener una mente saludable, se debe procurar desarrollar un cuerpo sano.

Si quiere un empleo vaya en su busca

Todos los años en el mes de marzo volvía a Hot Springs y aumentaba el negocio. En 1935, justo antes de que vencieran las renovaciones de las pólizas que yo había vendido y renovado allí el año anterior, recibí una carta de D. A., Cooke que estaba buscando un empleo de director de ventas. Solicitaba especial información sobre quién dirigía el negocio que ya estaba montado. No resultó difícil que fuera él quien me representara, porque era quien iba en busca del empleo hasta que lo consiguió. Yo no tenía entonces a nadie más, allí.

D. A. Cooke—al igual que tantos otros hombres nacidos en Arkansas,—era un caballero en toda la extensión de la palabra. Debido a mis experiencias con ellos, he pensado a menudo qué debe de haber algo en la tierra de Arkansas que hace surgir a personas espléndidas. W. W. Sutherland, por ejemplo.

Bill es una de las mejores personas de carácter que he conocido en toda mi vida. El fue quien me demostró que yo podía dirigir una compañía a 800 millas de distancia de mi hogar si tenía a un hombre adecuado protegiendo mis intereses. A él se debe realmente el mérito de haber montado la Combined American Insurance Company de Dallas. Siempre que Bill tomaba una decisión se trataba de una decisión justa porque es un hombre honrado con mucho sentido común.

El día que trabajé con D. A. Cooke, fuimos de Hot Springs a

Malvern pero, por mucho que lo intenté, solamente hice unas pocas ventas. Toda mi experiencia de trabajo con representantes dudo mucho que haya tenido más de 14 días malos, pero aquél era uno de ellos. Siempre que tenía un día malo reacondicionaba a continuación mi mente y al día siguiente conseguía destacados records, excepto la vez en que induje una nueva póliza en Seattle (Washington). En aquella ocasión me llevó tres días empezar a vender bien, pero, con los agentes de venta que había formados, conseguí records muy notables. Hubo ventas continuadas día tras día.

Según mi costumbre, cuando tengo un día malo no censuro las condiciones, las personas o el servicio. Sabía que la falta estaba en mí mismo. Y así se lo dije al señor Cooke aquella noche. Me contestó: "Lo comprendo. Pero realmente no tiene ninguna importancia porque yo he podido ver cómo funciona su sistema".

Si yo hubiera sabido entonces lo que sé ahora, hubiera trabajado con el señor Cooke al día siguiente, pero no había imaginado que iba a tener un día malo y, por consiguiente, ya había organizado previamente un horario muy cargado de viajes. Como esta experiencia era inesperada no se me ocurrió entonces que debía modificar mi horario. Así pues, me desplacé a ver al siguiente representante al que tenía que formar en otro Estado y, al trabajar con él, me sentí movido por una insatisfacción inspiradora a realizar un trabajo excelente debido a las pocas ventas que había realizado con el señor Cooke.

Aunque yo tengo una empresa nacional, en algunos Estados hay pocos representantes debido a mi costumbre de formar personalmente a todos ellos. Esto llevaba tiempo; yo recorría los Estados del sur y del este todos los años, y los Estados del Oeste un año sí y otro no, en varias jiras rápidas en las que cada día tenía que dar buenos resultados. Recuérdese que mi personal de agentes había sido reducido y, al volver a montarlo, quería que los representantes tuvieran una formación adecuada.

Mi programa consistía en entrevistarme con un agente de ventas por la noche, procurar analizar con él todos los asuntos importantes, trabajar con él al día siguiente hasta las tres de la tarde, y luego continuar en coche hasta mi destino siguiente.

Pero el señor Cooke no se convirtió nunca en un agente de ventas destacado, y en un sentido esto fue una buena cosa porque le obligó a convertirse en director de ventas; y se convirtió en un director de ventas muy destacado, en parte porque supo atraerse a un agente de ventas muy notable: Johnie Simmons. Como se verá, Johnie tenía las dotes de que carecía el señor Cooke y esto me enseñó a mí otro principio:

Si usted carece de experiencia o de un talento o de una habilidad concreta y no quiere pagar el precio que le supondría adquirirlos, contrate a alguien que haga ese trabajo para usted.

El señor Cooke demostró que era un buen director de ventas. Sabía cómo contratar agentes de ventas para que le representaran. Su sistema era muy sencillo: como no sabía nada mejor que contarles, les relataba la historia de W. Clement Stone, tal como él la conocía. Y también ahora aprendí un principio: al entrevistarse con agentes de ventas para contratarlos, llame a sus emociones *contándoles la historia de otras personas* de la organización que han triunfado en el trabajo. Cuando más adelante utilice esta técnica, aprendí a emplearla con gran habilidad.

Trae cuenta estudiar, aprender y emplear un sistema para alcanzar el éxito

D. A. Cooke empleó esta técnica en sus conversaciones con Johnie Simmons, cuya oficina era vecina de la suya. Fue tan eficaz que todavía hoy, Johnie cree que él fue el único candidato a ese empleo. Pero la idea del señor Cooke era que si necesitamos a un hombre hay que ir a buscarle. Y fue en busca de Johnie Simmons y le contrató. Cuando Johnie se retiró era millonario.

Tejió una cadena interminable

En tanto que director de ventas Johnie Simmons empezó a tejer una cadena interminable para atraerse a representantes de calidad. Nunca hizo publicidad—eso cuesta dinero. Pero parecía como si siempre tuviera una lista de clientes y de amigos que quisieran trabajar con él. El se ocupaba de esto. Y formaba a los representantes que contrataba de modo que supieran desarrollar la misma habilidad, por lo que estaba muy contento al ayudarles. Muchos siguieron el ejemplo y los consejos de Johnie cuando les decía: "Si es usted feliz en su trabajo...si está obteniendo éxitos ...si ve un futuro real, comparta su oportunidad con sus parientes y amigos. Déles la misma oportunidad que usted tiene de obtener grandes ingresos y de adquirir algún día riquezas".

Hermanos, hermanas, padres, hijos, parientes políticos,—todos se sentían atraídos por los que seguían los consejos de Johnie. La cadena que Johnie comenzó a tejer llegó finalmente hasta Arkansas, Tennessee, Lousiana, Texas, Mississippi, Alabama, Nuevo México, Arizona y Carolina del norte. Los agentes de ventas que él contrató y formó se convirtieron en directores de ventas míos en otros Estados.

Un buen hombre atrae a otro

Ahora bien, a muy pocos agentes o directores de venta que tienen éxito se les ocurre compartir su buena fortuna con sus parientes consaguíneos o políticos y estimularles a hacer lo que ellos mismos están haciendo. Cuando yo ví el valor de este sistema de la cadena sin fin, animé a nuestros demás representantes a que compartieran su fortuna con sus familiares, y muchos de ellos lo hicieron así. Parece evidente que ese sistema atrae a hombres y mujeres de auténtica calidad—y este es un modo muy barato de contratar gente.

Podrían llenarse varios libros con historias excitantes acerca de los agentes de ventas que me han ayudado a construir mi empresa. Tendrá usted ocasión de leer alguna de esas historias aquí. Pero ahora es mejor que le describa alguna de las partes adicionales que faltan en lo que yo llamo mi "mapa del tesoro".

No pasó mucho tiempo antes de que me diera cuenta de que, según iba creciendo la organización, mi labor de formación sobre el terreno debía dedicarse a los directores de venta, a los agentes destacados que están a punto de ascender y a aquellos representantes que, por una razón u otra no podía llegar a "motivar" los directores. Mientras los directores supieran adiestrar sobre el terreno, yo podía ayudar a más individuos en las reuniones de ventas, en donde podía enseñarles conocimientos e inspirarles a actuar.

Tuve la buena suerte de descubrir métodos que motivan a los directores de ventas a convertirse en constructores de hombres milagrosos y que hacen que sepan ayudar a los individuos a crear una inspiración para actuar. Decidí, que por mucho que me gustara vender, mi deber para con la organización era el de consagrar todo mi tiempo a la dirección de ventas y a la formación.

Y en 1937 alguien me dejó el libro más extraño que se ha escrito nunca.

El libro más extraño que se ha escrito nunca

Morris Pickus, conocido dirigente y consejero de ventas, se dedicaba entonces a vender un libro a las organizaciones de ventas. Cuando se esforzó en que yo comprara ese libro para mi personal de ventas, le contesté negativamente porque lo había ojeado y sabía con toda seguridad que había en él algo que yo no quería. Se trataba de un libro sobre Frenología: esto es, el estudio de las prominencias de la cabeza, de la forma de la nariz, etcétera. Yo no lo quería porque según mi sistema no tiene ninguna importancia el número de prominencias que tenga uno en la cabeza ni la longitud de su nariz—de todas maneras es posible vender. Porque el hecho de vender es función de cómo piensa el vendedor. Si un vendedor piensa que un tipo de nariz muy larga es fácil de convencer le venderá la póliza—no porque tenga la nariz muy larga sino porque el vendedor ha pensado que podía venderle algo.

Cuando Morris Pickus perdió su venta hizo algo que cambió mi vida. Me dió otro libro, *Think and Grow Rich* (Piense y enriquézcase), en el cual había inscrito una nota personal de inspiración. Cuando leí *Think and Grow Rich*, su filosofía coincidía con la mía en tantos puntos que también yo empecé a tener el hábito de ayudar a los demás dándoles libros inspiradores de autoayuda. Un principio que me ayudó particularmente fue el principio maestro de Napoleon Hill, a saber, el de dos o más personas que trabajan juntas en armonía hacia una meta común. Me hizo darme cuenta que podía emplear a unas personas para hacer gran parte del trabajo que yo hacía, y de este modo tendría más tiempo para otras actividades.

Pero siempre me ha repugnado sentirme deudor de algo a nadie. Así que, después de haber leído el libro, telefoneé a Morris, le dí las gracias y compré uno de sus libros. Y, si bien siempre he procurado demostrarles de vez en cuando mi aprecio de otras maneras, nunca seré capaz de devolverle la ayuda que recibí con el libro que me dio.

Piense y enriquézcase

Porque yo pensé y me enriquecí. Y también pensaron y se enriquecieron mis representantes de ventas, que estaban dispuestos a relacionar, asimilar y emplear los principios. A todos y cada uno de ellos, les dí el libro. Empezaron a ocurrir cosas—grandes cosas. Recuérdese que en 1937 estábamos saliendo de la Depresión. El mismo título del libro tenía un significado llamativo. Su contenido electrizaba a los lectores y los movía a aquéllos que estaban buscando riquezas y éxitos en los negocios. Siempre que pronunciaba un discurso, intentaba compartir con mis oyentes este nuevo instrumento de trabajo, dándoles a precios de descuento algunos ejemplares de *Think and Grow Rich*. El hecho de dar libros de autoayuda se convirtió en un hábito. Actualmente es para mí una rutina enviar todos los años tres o cuatro libros inspiradores a todos mis representantes de ventas, personal burocrático y accionistas de las compañías que dirijo. También envío álbumes de discos inspiradores y las Revistas *Guideposts* y *SUCCES unlimited*.

En el *sistema que nunca falla para alcanzar el éxito* está usted leyendo historias que indican cómo este tipo de literatura ha cambiado y mejorado las vidas de muchas personas. Sin embargo, a mí me resulta verdaderamente asombroso cómo, aunque Norteamérica ha tenido la suerte de contar con un grupo de autores que tienen el poder de motivar al lector a través de libros de autoayuda, existen tan pocas personas que se aprovechen de ellos.

Al empezar con la distribución en 1937 de *Think and Grow Rich*, mis directores de ventas empezaron a ser constructores de vendedores milagrosos y nuestros vendedores empezaron a realizar ventas con unos records tan sensacionales que los resultados obtenidos parecían increíbles a aquéllos que no han aprendido el arte de la motivación. Dos años después de haber recibido *Think and Grow Rich*, tuve de nuevo más de mil representantes con licencia. Mis deudas estaban pagadas. Tenía una importante cuenta corriente y otros valores, incluyendo una casa de invierno, un moderno duplex en Surfside (Florida). Compré el duplex porque el alquiler de un departamento pagaba toda la finca.

Aunque no existe ningún modo real de demostrarlo, yo creo que *Think and Grow Rich* ha inspirado al éxito económico y en los negocios a más personas que cualquier otro libro escrito por un escritor aún vivo. He aquí la historia de una de esas personas.

Un montón de carbón... y algo más

Se estaba celebrando una reunión de ventas en el Utha Hotel de Salt Lake City. Estaba fijada para las diez de la mañana. Yo había llegado hacia las ocho por lo que después de desayunar salí a la calle para hacer ejercicio. Al volver al hotel, ví un montón de carbón de unos cuatro pies en un gran escaparate. Delante de ese carbón había dos libros: *Think and Grow Rich* y *The Richest Man in Babylon* (El hombre más rico de Babilonia). No me pareció raro ver allí a *Think and Grow Rich* porque el anuncio de la calle decía *Martin Coal Company*, pero me pareció extraño que estuvieran estos dos libros allí. Como me sobraba algún tiempo antes de la reunión entré en la tienda y pregunté por el dueño. Le conté al señor Martin historias sobre cómo *Think and Grow Rich* había cambiado y mejorado las vidas de mucha gente y a continuación le dije:

"Y ahora la razón de estar aquí es preguntarle por qué ha puesto los dos libros delante de ese montón de carbón".

El señor Martin no vaciló mucho tiempo, pero hablaba profundamente serio al decirme:

"Lo que voy a contarle es algo que nunca le contaría a un desconocido, pero presiento que usted y yo tenemos algo en común. No me siento con respecto a usted como si se tratara de un desconocido".

"Muchas gracias" le contesté.

"Mi socio y yo teníamos dos negocios—un negocio de arena y otro de carbón. Los dos estaban tan mal que deseábamos vender una para salvar al otro. Lo intentamos, y descubrimos que era imposible. Afortunadamente me tropecé con *Think and Grow Rich*".

Vaciló un momento antes de continuar diciendo: "Y ésta es la cosa que nunca contaría a un desconocido: Al cabo de unos pocos años de estudiar *Think and Grow Rich* mi socio y yo conseguimos sacar a flote a ambos negocios. Es una coincidencia que venga usted precisamente hoy. Porque sólo hace unos días hemos acabado de pagar todas nuestras facturas, incluyendo todo el género. Permítame ahora que le enseñe algo..."Y abrió su talonario de cheques y dijo con orgullo mientras me señalaba una cifra:

"Tenemos ahora en metálico, una vez saldadas todas las obligaciones, 186.000 dólares. Yo solía prestar *Think and Grow Rich* a mis amigos. Pero no siempre me lo devolvían. Entonces pensé que podía hacer un favor a mis semejantes anunciando el libro en el escaparate. Y si alguien lo pide se lo doy al precio que a mí me cuesta.

"Y el otro libro, *The Richest Man in Babylon*, es un libro que le recomiendo si no lo ha leído. Porque explica cómo cualquiera, incluso a partir de un simple jornal, puede adquirir riqueza si sigue sus principios".

El mapa del tesoro está completo

Para el año de 1939, ya había encontrado todas las partes del mapa del tesoro:

1. Inspiración para actuar a discreción...
2. Modo de actuar para adquirir riqueza y conseguir el éxito...
3. Conocimiento sobre cómo edificar una empresa con éxito y provechosa...
4. Y algo más...una filosofía viva.

Sabía que había reunido todos los elementos de mi sistema porque me ví sometido a una severa prueba en 1939, y superé con éxito la prueba. Me dí cuenta entonces —como me la doy ahora— de que, para triunfar en la vida, es preciso buscar algo más que un objetivo principal concreto...con un propósito único. Para triunfar: hay que buscar primero la esencia de muchas cosas. Y esas cosas son las mejores que tiene la vida. Ahora bien, la esencia de cualquier cosa es abstracta. Nunca se la encuentra, nunca se la alcanza. Y sin embargo, si buscamos la esencia de la perfección, nos volveremos más perfectos. La búsqueda de la esencia del éxito le dará más éxito. La búsqueda de la esencia de las grandes realizaciones le hará realizar cosas mayores.

Pero, al buscar la esencia de algo, luchamos también por objetivos principales concretos, con un propósito único. Y de este modo, a cada nuevo paso que suponga un éxito hacia adelante, nos acercaremos más y más a la esencia de aquéllo que buscamos. Y cuando usted busque riquezas y éxitos tangibles del mismo modo que buscamos las verdaderas riquezas de la vida, las encontrará si ese es su deseo. La esencia del éxito en la vida de cualquier hombre depende de su filosofía viva.

Una filosofía viva

La esencia de la filosofía viva es que tiene que estar viva. Para estar viva tiene que ser vivida. Para ser *vivida*, ¡es preciso actuar! Lo que determina la validez de la filosofía viva de un hombre son las acciones y no las palabras.

Porque: *la fe sin obras está muerta.*

Se dé cuenta de ello o no, todo el mundo tiene una filosofía. Nos convertimos en aquéllo en lo que pensamos. Mi filosofía viva es la siguiente:

1º *Dios es siempre bueno.*

2º *La verdad será siempre la verdad, independientemente de la falta de comprensión, de la incredulidad o de la ignorancia.*

3º *El hombre es un producto de su herencia, medio ambiente, cuerpo físico, mente consciente y subconsciente, experiencia, y posición y dirección particulares en el tiempo y en el espacio... Y algo más, incluyendo poderes conocidos y desconocidos. Tiene poder para aceptar, usar, controlar, armonizar todos ellos.*

4º *El hombre ha sido creado a semejanza de Dios y tiene la facultad dada por Dios de dirigir sus pensamientos, controlar sus emociones y ordenar su destino.*

5º *El Cristianismo es una experiencia dinámica, viva y en pleno crecimiento. Sus principios universales son sencillos y perdurables. Por ejemplo, la Regla de Oro—Haz a los demás lo que te gustaría te hicieran a ti—es sencilla en su concepto y perdurable y universal en su aplicación. Pero para permanecer viva ha de ser aplicada.*

6º *Creo en la oración y en el poder milagroso de la oración.*
Ahora bien, ¿qué representa esta filosofía para mí? No significaría nada si no la viviera. Y para vivirla tengo que aplicarla. Por consiguiente, expondré un ejemplo de cómo la apliqué en momentos de necesidad; entonces quizá tenga más sentido para usted.

En 1939 era propietario de una agencia de seguros que representaba a una importante compañía del Este, de seguros contra accidentes y sobre la vida. Más de mil agentes con licencia y contratados a pleno empleo actuaban bajo mi supervisión en todos los Estados del país. Mi contrato era verbal, y solamente preveía una distribución exclusiva de una serie concreta de pólizas contra accidentes. Según los términos de este acuerdo de trabajo, la compañía imprimía las pólizas y pagaba las indemnizaciones y todos los demás gastos corrían a mi cargo.

Era en verano. Mi familia y yo estábamos pasando las vacaciones en Florida cuando recibí una carta de uno de los directores principales de la compañía. Decía brevemente que mis servicios concluirían al cabo de dos semanas; mi autorización para representar a la compañía y las de todos mis representantes quedarían canceladas en aquella fecha; no se venderían ni renovarían pólizas después de ese día; y el presidente de la compañía salía de viaje y no se le podría ver durante varios meses.

Me enfrentaba pues, con un grave problema. Ya no se hacía ese tipo de contrato que yo había tenido. Mantener nuevas operaciones para una operación nacional como la mía en el plazo de dos semanas era altamente improbable y las familias de los mil representantes que trabajaban para mí se enfrentarían también con un grave problema si yo no encontraba una solución.

¿Qué hace *usted* cuando tiene un grave problema personal, físico, mental, moral, espiritual, familiar, social o de negocios?

¿Qué hace *usted* cuando los muros se derrumban?

¿Qué hace *usted* cuando no hay a dónde ni a quién recurrir?

En esos momentos se somete a una prueba *su* fe. Porque la fe no es otra cosa que soñar despierto si no se la aplica. La verdadera fe se aplica constantemente, pero se ve sometida a la prueba en los momentos de mayor necesidad.

¿Qué hubiere hecho usted de haberse visto enfrentado con mi problema? He aquí lo que yo hice:

No se lo dije a nadie pero me encerré en mi dormitorio durante 45 minutos. Discurrí así: Dios es siempre bueno; el derecho es el derecho; y en cada desventaja existe una ventaja mayor, si uno sabe buscarla y encontrarla. Me arrodillé entonces y dí gracias a Dios por todas sus bendiciones: un cuerpo sano, una mente sana, una mujer maravillosa y tres hijos maravillosos, el privilegio de vivir en este gran país de la libertad —en este país de oportunidades sin límites y la alegría de estar vivo. Recé pidiendo consejo, recé pidiendo ayuda y *creí* que lo recibiría.

¡Y me lancé a una acción mental positiva!

Al levantarme empecé a pensar y formulé 4 resoluciones:

1. No me despedirían.
2. Organizaría mi propia compañía de seguros de accidentes sobre la vida y en 1956 sería la mayor de los Estados Unidos.
3. Alcanzaría otro objetivo concreto en 1956 (se trata de algo de tanta magnitud y tan personal que reproducirlo aquí resultaría inadecuado).
4. Entraría en contacto con el presidente de la compañía independientemente de en qué parte del mundo pudiera estar ahora.

A continuación me lancé a la acción física. Me fuí de casa y me dirigí al teléfono público más cercano para intentar hablar con el presidente de la compañía, porque no quería que mi familia se enterase de la catástrofe con la que me enfrentaba. Tuve éxito porque lo intenté. El presidente era un hombre de principios, muy amable y comprensivo. Me dio permiso para seguir trabajando en el bien entendido de que yo me retirara del Estado de Texas, como en el que los agentes generales de la compañía tenían algunos problemas de competencia con mis representantes. Quedamos en encontraros en la sede central de la compañía 90 días después.

Nos encontramos a los 90 días. Sigo teniendo la autorización de esa compañía y sigo proporcionándole negocios.

En 1956, la compañía que yo organicé en 1939 no era la mayor compañía de seguros contra accidentes y sobre la vida de los Estados Unidos, pero es la mayor de su clase: la mayor compañía del mundo, de las que se ocupan exclusivamente de pólizas sobre accidentes y de seguros sobre la salud. También había conseguido mi objetivo personal concreto.

¿Qué hace usted cuando tiene un problema personal grave, físico, mental, moral, espiritual, familiar, social o de negocios? Su filosofía determinará la respuesta a esta pregunta.

Recuerde que la esencia de una filosofía viva es que tiene que estar viva. Para estar viva ha de ser vivida. Para ser vivida, ¡usted tiene que actuar! Lo que determina la validez de la filosofía viva de un hombre son las acciones y no las simples palabras.

GRANDES PUERTAS GIRAN SOBRE PEQUEÑAS BISAGRAS

El libro que está usted leyendo es un libro de auto-ayuda. Por su propia virtud, si usted aprende sus lecciones, puede colocarle a usted en el camino hacia una vida mejor. Pero hay en Norteamérica al alcance de su mano cientos de libros de auto-ayuda, libros que han surgido de la experiencia y de la sabiduría de sus autores. Aprovéchelos, porque cuanto más información y técnica consiga usted de ellos, antes y más de prisa le llegará el éxito. Al final de este libro encontrará usted algunas sugerencias a este respecto.

Cuarta Parte

LA RIQUEZA... Y LAS VERDADERAS RIQUEZAS DE LA VIDA

La riqueza de una nación es creada por su pueblo.
¿Tiene usted algún problema? ¡Eso es bueno!
La inteligencia es una manera de actuar.
Piense en primer lugar y el trabajo estará ya medio hecho.
Cuando usted comparte algo, lo que le queda se multiplica y crece.

14

Riqueza y oportunidad

"¿Cómo se adquiere la riqueza?"
Esta pregunta me la hacían muy a menudo en mi última gira de conferencias en Australia y en Nueva Zelanda. Me preguntaban esto porque *Success Through A Positive Mental Attitude* acababa de ser publicado en Australia y en la portada del libro se hablaba de mí como del "...hombre que hizo una fortuna personal de 35.000.000 de dólares a partir de 100 dólares."

El sistema que nunca falla para alcanzar éxito explica cómo adquirí la riqueza económica para mí y para mi familia. Su finalidad es compartir con usted los principios que yo he aprendido. Pero antes de que se decida a hacer un millón de dólares —si es que en verdad usted desea ese millón de dólares— consideremos primero cómo se adquiere la *riqueza moderna.*

Las oportunidades para adquirir riqueza abundan tanto como el aire que respiramos—con tal de que lo respiremos en un país libre. Dado que un libro de autoayuda como *El sistema que nunca falla para alcanzar éxito* se esfuerza en conseguir que usted piense sobre sí mismo y sobre todas las influencias externas que le afectan o que puedan afectarle es conveniente reflexionar acerca del gobierno. ¿En qué medida nos afecta? ¿Cómo podemos afectarle a nuestra vez?

Nuestra gran herencia

Washington, Franklin, Jefferson y todos los fundadores de nuestro país fueron hombres abnegados. Se sintieron inspirados para establecer un gobierno para el mayor bien del mayor número de personas —"el gobierno del pueblo, para el pueblo y por el pueblo", según la acertada definición de Abraham Lincoln.

Y con la Constitución y la divisa *In God We Trust* (En Dios ponemos nuestra confianza) empezó una tradición y una filosofía del gobierno en Norteamérica que estimulaba la integridad, recompensaba la iniciativa y fomentaba la prosperidad para la nación y para su pueblo. Porque la nación prosperó a medida que su pueblo creaba riqueza.

La riqueza se crea a través de la actitud mental positiva, la educación, el trabajo, el conocimiento, el modo de actuar y el carácter moral del pueblo, con un gobierno que garantiza la libertad de la iniciativa privada y respeta y protege la vida y la propiedad privada de cada individuo. Los ingredientes importantes para su adquisición son: el pensamiento, el trabajo, las materias primas, el buen crédito y los impuestos justos. El dinero o el medio de intercambio tienen que tener un valor reconocido y aceptable.

Todas estas cosas son importantes. Todas son buenas. Todas son tradicionales en Norteamérica. La han hecho rica. El gobierno de los Estados Unidos de América a través de la aplicación de su *Constitución*, crea un clima favorable para la adquisición de riqueza por parte de todo aquél que la busca recurriendo al empleo del *sistema que nunca falla para alcanzar el éxito: Inspiración para actuar, método para actuar y conocimiento de la actividad.*

En muchos países, el clima no es favorable para la adquisición de la riqueza por las masas, porque su tradición obedece a filosofías diferentes. Ni esos países ni sus pueblos adquirirán gran riqueza a no ser que abandonen teorías económicas anticuadas referentes a la riqueza y al crédito y adopten la actitud mental adecuada para la adquisición de la riqueza.

¿Cómo se crea la riqueza?

Usted habrá oído decir a menudo que el valor monetario de una aguja es más de mil veces superior al valor de la materia prima de la cual está formada análogamente, el valor de las materias primas de un edificio de 60 pisos, de un gran barco o de un computador moderno es desdeñable en comparación con el coste final del producto acabado. Los costes reales se pagan en salarios por *el pensamiento y el trabajo* que convierten la materia prima en productos utilizables. La riqueza representada por el edificio puede fluctuar, pero su valor de mercado existirá mientras exista la estructura. Y lo mismo ocurre con el computador o con el barco, mientras pueden ser utilizados.

En nuestro tiempo, *el pensamiento y el trabajo* producen riqueza adicional, representada por una propiedad tan tangible como las acciones, las obligaciones y los contratos. A menudo, la riqueza intangible crea para el individuo riquezas mayores que las que crea la propiedad. Por ejemplo, el valor de mercado de las acciones de una compañía exitosa es superior al valor de mercado de sus propiedades concretas. El inversionista toma en consideración los beneficios, los negocios establecidos, la tendencia de la industria, los beneficios futuros, y la mayor de todas las propiedades: una buena administración. De este modo, el valor de mercado está basado en el futuro tanto como en el presente.

Norteamérica tiene millones de personas con buenos empleos que producen grandes ingresos; cientos de miles que son ricos, y decenas de miles que son millonarios. Son ricos y millonarios, no debido al valor líquido de las compañías que pueden poseer, sino en muchos casos, debido al valor de mercado de los valores que poseen —valores que pudieron comprar porque *ahorraron dinero con los ingresos que ganaban.*

Digamos una vez más que el pensamiento, el trabajo y las materias primas crean empleos y producen riqueza. Y su adquisición exige un buen sistema de negocios y de créditos al consumidor.

Cualquier persona de buen carácter tiene en este país la oportunidad de establecer y de mantener créditos. Usted puede convertir su pensamiento creador, su talento artístico, sus conocimientos, su modo de actuar, su personalidad y su energía física en grandes riquezas, si dispone de la actitud mental adecuada.

Puede disfrutar del uso de un automóvil, muebles o una casa —puede montar un negocio o adquirir y equipar una granja— mientras los va pagando con nuestro sistema de crédito. Pero si quiere mantener el crédito, tiene que cumplir sus obligaciones y pagar los plazos a su debido tiempo.

Y cuando compre usted, y otros consumidores como usted,

crean empleos para otros americanos que a su vez compran a crédito artículos necesarios y de lujo.

Cuando ha pagado todos los plazos de su casa, o de cualquier otra cosa que haya comprado a crédito, usted posee una riqueza tangible en la medida de su valor de mercado. Y el valor de mercado de un negocio, o de una inversión comprada o realizada con dinero prestado, puede ser equivalente a muchas veces el precio de compra en el momento en que se hayan acabado totalmente de pagar los plazos.

Cuando usted quiere riqueza con dinero prestado, aumenta la riqueza de la nación. *Porque la riqueza de una nación depende de la riqueza de su pueblo*, y la riqueza del pueblo depende de ingresos seguros obtenidos de los empleos y trabajos.

The National Sales Marketing Executives Club, Inc., nos dice que un agente de venta mantiene empleadas a otras treinta y dos personas. Por ejemplo, cuando usted compra un automóvil el vendedor y los empleados del fabricante perciben un ingreso. Y lo mismo ocurre con los proveedores del fabricante y con sus empleados —y con los propietarios y empleados de las compañías que proveen a los proveedores. Cada una de estas personas paga impuestos directos e indirectos. A su vez, el gobierno paga a sus empleados, y éstos realizan compras. De este modo, otras personas siguen trabajando y se convierten en consumidores y también ellos compran a crédito y también ellos pagan impuestos.

También los accionistas pagan impuestos sobre sus beneficios y su riqueza aumenta a través del aumento de los valores de mercado de las acciones según prospera la compañía.

Los impuestos son buenos

Unos impuestos justos sobre los ingresos y las propiedades son una buena cosa. Son una buena cosa para la nación, y lo que es bueno para la nación es bueno para el pueblo.

Pero no es bueno tolerar la corrupción o el despilfarro del tiempo o del dinero debidos a la ineficacia u operaciones comerciales mal llevadas. La administración del gobierno —como la de cualquier otro negocio— debe ser inspeccionada con regularidad a fin de evitar estas cosas.

También aquí, el gobierno de los Estados Unidos puede hacer

grandes cosas en una gran proporción debido al crédito. Además de los ingresos corrientes, el gobierno actúa con dinero prestado —y se trata de un buen riesgo de crédito, porque nunca en toda su historia ha dejado de cumplir sus obligaciones monetarias. La tradición empezó cuando pagó el dinero emitido durante la Guerra Revolucionaria. El carácter moral del gobierno de los Estados Unidos es un fiel reflejo del elevado carácter moral de su pueblo.

Los impuestos justos son buenos porque, gracias a ellos, un gobierno como el de los Estados Unidos puede mantener una fuerza militar para proteger la vida, la libertad y la riqueza de su pueblo. Puede ayudar a todos los pueblos del mundo amantes de la paz en sus esfuerzos para mantener su libertad. Y, al ayudarles a proveer a sus necesidades, adquiere una riqueza adicional. Más fábricas, más maquinaria, más productos y más empleos suponen más ingresos gracias a los impuestos.

Los impuestos son buenos porque, al igual que muchas cosas buenas de la vida, puede ocurrir que no nos preocupemos por ellos a no ser que empleemos la razón para advertir su deseabilidad. Por lo que se refiere a los impuestos federales, el Congreso fija las reglas y dice: "Ahorre todos los impuestos que pueda, pero actúe respetando las reglas. Si hay alguna desigualdad cambiaremos las reglas". ¿Puede haber algo más honesto que esto?

El hombre de negocios inteligente actúa respetando las reglas. Convierte las desventajas en ventajas, y al obrar así adquiere una riqueza adicional. En vez de guardarse los beneficios en forma de grandes ingresos personales (cuando los impuestos pueden elevarse a un 91 por ciento de las ganancias) los vuelve a invertir en su negocio y de este modo ese negocio crece y crece cada vez más.

Entonces, si necesita una gran suma de dinero, "se come su pastel" y lo consigue, —todo ello de acuerdo con las reglas. Ofrece una parte de la propiedad de su compañía haciendo un ofrecimiento público de acciones en el mercado. Y aunque es propietario de un porcentaje menor de su compañía, su riqueza aumenta porque el valor de mercado de sus acciones puede valer muchas veces más que lo que le hubiera supuesto la venta o liquidación de su compañía en el caso de que una parte de sus acciones no fueran propiedad pública. Recuérdese que el comprador de acciones toma en consideración, cuando compra, muchos factores intangibles, tales como la dirección de la compañía y su futuro. El que invierte en esas acciones también incrementa su riqueza. Su dinero le produce dinero. Porque los dueños o directores principales de las compañías son personas que tienen que trabajar para hacer dinero para sí mismos y para edificar su propia riqueza en valores. Al actuar así, el valor de las acciones del comprador aumenta en la misma proporción. Además el accionista también puede pedir dinero para cualquier finalidad, apoyándose en sus acciones.

La riqueza de las naciones

Cuando comparamos las naciones ricas con las pobres, es evidente que la riqueza de la nación no se debe a sus recursos naturales minerales, al petróleo, a una vegetación espléndida, a un clima favorable, a buenos puertos, y a una gran cantidad de canales fluviales interiores. Se debe principalmente a un pensamiento inspirado, a los conocimientos, al modo de actuar y al trabajo de su pueblo. Los recursos naturales son solamente riqueza *potencial*. Del mismo modo que el conocimiento no es poder sino solamente *poder potencial*, así también los recursos naturales no son riqueza hasta que no se les transforma.

Antes de analizar cómo pueden ser transformados los recursos naturales por las naciones que tienen la suerte de poseerlos y sin embargo son relativamente pobres, naciones como la India, México, Argentina y Brasil, recordamos que hay naciones que no son tan afortunadas pero que van camino de hacerse ricas—Japón, Alemania occidental y Puerto Rico, por ejemplo. Su progreso se debe a la actitud mental positiva de sus gobiernos y de sus pueblos, a sus conocimientos y modo de actuar al fabricar, financiar, vender y exportar, cada una de ellas está empleando un sistema para alcanzar el éxito. Cada una de ellas seguirá progresando. Ahora bien, no es difícil ver que en los Estados Unidos—o en cualquier otro país con ricos recursos naturales—se puede crear una gran riqueza para las masas convirtiendo sus recursos naturales en riqueza a través del *sistema que nunca falla para alcanzar el éxito*, si:

1. Todas las materias primas provienen del interior de las fronteras del país.

2. Se emplea mano de obra nacional para elaborar los productos acabados.

3. El trabajo, los materiales y todos los demás gastos se pagan en moneda del país.

4. Prevalece un buen sistema de créditos, que beneficia a los negocios, a la industria y a los consumidores.

5. Un gobierno fuerte garantiza la aplicación de sus leyes a fin de preservar la libertad de la iniciativa privada y de proteger la vida y los derechos de propiedad de todos los individuos por igual.

6. El gobierno se esfuerza en evitar la guerra porque es tan fuerte que ninguna nación enemiga se atreverá a atacarle.

7. La actitud del pueblo es positiva, y éste siente orgullo por sus realizaciones personales lo cual engendra la alegría de trabajar y hacer que su país y el resto del mundo sean un lugar donde se pueda vivir mejor.

La riqueza aumentada merced a los donativos

Los Estados Unidos aumentaron su riqueza tangible al enviar excedentes agrícolas y productos manufacturados de todas clases —incluyendo material de guerra— a las naciones necesitadas de todo el mundo. Esto supuso más fábricas, más maquinarias, más productos, más casas y más ingresos debidos a los impuestos dentro del país. Aunque en muchos casos los alimentos y los productos manufacturados nunca fueron pagados (puesto que se les enviaba a fin de ayudar a que otros pueblos se ayudaran a sí mismos) de todos modos se aumentaba en nuestro país la riqueza tangible cada vez que hacíamos un envío al extranjero. Y lo más importante de todo es que dimos fuerzas y alientos a nuestros aliados y amigos que estaban dispuestos a sacrificar sus vidas —si hacía falta— por su libertad y por la nuestra, porque merced a nuestra ayuda estuvieron en condiciones de salvarse a sí mismos. Noruega, Italia, Grecia, Alemania occidental y Japón constituyeron algunos ejemplos destacados.

Además, los Estados Unidos y su pueblo han tenido el valor de ayudar a otras naciones a ayudarse a sí mismas compartiendo con ellas los ingredientes del *sistema que nunca falla para alcanzar el éxito*. *La inspiración para actuar* fue llevada a esos países por misioneros de diversas iglesias, doctores, enfermeras, científicos, maestros y hombres de negocios que también proporcionaron el *conocimiento* y el *modo de actuar* tan pronto como esas naciones fueron capaces y estuvieron dispuestas a asimilarlos. Les concedimos créditos y préstamos y compramos sus productos manufacturados para que también ellos pudieran adquirir con mayor rapidez, riqueza.

Los balances de crédito exterior

El miedo a un saldo desfavorable en la balanza del crédito monetario exterior ha mantenido a algunas naciones inútilmente en la pobreza. Los dirigentes de esas naciones harían bien en aprender de aquellos países que han adquirido riqueza.

Para cada problema existe una solución satisfactoria, pero es preciso intentar resolver el problema con la actitud mental adecuada. Si una nación bien desarrollada se encontrara con un saldo desfavorable en su balanza comercial podría usar prudentemente la moderación en sus importaciones y abandonar el falso orgullo, y utilizar transitoriamente un sistema que ha resultado tremendamente exitoso para las naciones que lo han empleado de buena fe: el empleo de un plan nacional de crédito basado en el trueque en lugar de recurrir a la plata o al oro como medio de intercambio. De este modo, si una nación industrial necesita los productos de una nación agrícola, el plan funciona de la manera siguiente: La nación industrial acuerda comprar una cantidad determinada —digamos 500,000.000 de dólares— de lana, madera, carne y otros productos del país agrícola. Este país agrícola acuerda a su vez comprar una cantidad equivalente de productos manufacturados a la nación industrial. Ambos pagan los productos industriales o agrícolas en su propia moneda y a su propio pueblo. El hombre de negocios del país agrícola paga a la agencia de su gobierno los productos manufacturados importados, y de un modo análogo el mayorista de carnes del país industrial paga en su propia moneda a su gobierno o a su agencia.

Resumiendo, *la riqueza se crea a través de una actitud mental positiva, educación, trabajo, conocimientos, modo de actuar y carácter moral del pueblo, con un gobierno que garantiza la libertad de la iniciativa privada y respeta y protege la vida y los derechos de propiedad de cada individuo. Los ingredientes importantes para su adquisición son: el pensamiento, el trabajo, las materias primas y los impuestos justos. El dinero, o el medio de intercambio, tiene que tener un valor reconocido y aceptable.*

Ganemos la guerra fría más deprisa

Si queremos ayudar a las naciones pobres del mundo a adquirir riqueza, podemos *insipirarlas* a que empleen los *conocimientos* y el *modo de actuar* para adquirir riqueza—lo cual estamos dispuestos a compartir con ellos.

La India se vuelve cada vez más pobre debido al aumento de población. La razón: hay más consumidores. Los Estados Unidos se vuelven cada vez más ricos debido a aumento de población. La razón: hay más consumidores. La misma fórmula para adquirir riqueza en Norteamérica incrementaría la riqueza en la India si se la empleara.

Todavía hay algo más: Rusia y China pueden adquirir riqueza sin conquistar a otras naciones y sin esclavizar a sus propios pueblos. Porque también ellos pueden adquirir riqueza acumulando riquezas desde dentro, empleando el *sistema que nunca falla para alcanzar el éxito*. Pero tienen que comprender cómo se crea la riqueza moderna y aplicar los principios necesarios.

Usted, la riqueza y la oportunidad

Tenga presente que si todo el oro de Fort Knox fuera un mito, el valor de la propiedad tangible creado solamente en los Estados Unidos por el pensamiento, el trabajo y las materias primas excederían con mucho el valor de todas las existencias del mundo de plata y oro.

Si usted, comprende las ideas relativas a la riqueza contenidas en este capítulo, está usted en condiciones de aplicar los principios a su propia vida.

GRANDES PUERTAS GIRAN SOBRE PEQUEÑAS BISAGRAS

La riqueza de una nación depende de la riqueza de su pueblo, usted forma parte de Norteamérica.

Usted tiene que *comprender* el origen y el funcionamiento de la riqueza para poder adquirirla. ¿Por qué no vuelve a leer este capítulo?

Casi sin lugar a dudas descubrirá cosas que antes le pasaron desapercibidas.

15

Cómo encender el fuego de la ambición

"¿Qué entiende usted por *botón caliente?*" le pregunté.

"Bueno, se trata de algo que es muy corriente en todas las personas —dijo Jack— para descubrir lo es necesario saber lo que desea una persona —lo que necesita para conseguirlo— y cómo podemos ayudarle a conseguirlo.

"Lo primero que debemos hacer es ayudarle a concretar en su mente una necesidad de algo que no tiene. Después, le enseñamos que tenemos lo mejor para satisfacer esa necesidad. Y cuando su deseo se ha convertido en un deseo arrollador, ya hemos apretado el *botón caliente* de esa persona".

"¿Quiere usted decir que cuando se aprieta el *botón caliente* de una persona se le motivó?—le pregunté.

"Sí, contestó Jack, hombre cuyas ventas personales han sobrepasado a veces el millón de dólares al año. Es una autoridad por lo que se refiere a cómo motivar a hombres y mujeres para que tengan éxito en las ventas. Les enseña a apretar el *botón caliente.*

Jack Lacy es bien conocido por sus éxitos en la formación de agentes de venta en las clínicas de venta a cargo del National Sales Executives Clubs. Ha formado a agentes de ventas para centenares de compañías en todo el país. Los cursos por correspondencia y los álbumes de discos de la Jack Lacy Clinic son conocidos en muchas partes del mundo.

Ahora ya sabe usted que el ingrediente más importante del *sistema que nunca falla para alcanzar el éxito* es la *inspiración para actuar.* Jack Lacy dice: "Si quiere motivar; apriete el *botón caliente!"* Con esto Jack se refiere al botón adecuado para inspirar a actuar a una persona.

Déle un sentido a su vida

Leonard Evans ascendió, de ser uno de mis agentes de venta, al puesto de director de ventas. Más adelante se convirtió en director de distrito en el Estado de Mississippi. Pero conservaba su casa en Dermott (Arkansas). Parece ser que cuando una persona mete los pies en el barro de Arkansas de pequeño, tiene que volver allí por una razón u otra. En la tierra de Arkansas hay algo que atrae poderosamente.

Aunque Leonard tuvo éxito como director de ventas, se sintió satisfecho con ésto y el negocio empezó a decaer. Era un buen negocio y Leonard obtenía buenos ingresos, pero yo en tanto que dirigente nacional de ventas estaba satisfecho. Una y otra vez procuré apretar el botón adecuado para crear en Leonard un chispazo de inspiración que le hiciera salir de la apatía en la que se encontraba. Pero parece que todos los chispazos de inspiración que tenía se apagaban enseguida.

Leonard estaba más que satisfecho. Pero yo seguía intentando. Por supuesto, hubo alguna mejora. Pero él no se mantenía al mismo ritmo de nuestro progreso a escala nacional. Entonces recibí cierto día una carta de Scottie, su mujer:

> "Querido señor Stone:
> Leonard ha sufrido un grave ataque al corazón. El médico dice que puede morir. Leonard me ha pedido que le escriba para anunciarle su dimisión".

Si hubiera presentado su dimisión cuando estaba en buena salud, yo la habría aceptado de buena gana. *Pero en los negocios hay algo más que el hecho de ganar dinero,* y yo quería que Leonard viviera. El secreto de la motivación es llamar a las emociones tanto como a la razón. Así pues, envié a Leonard una carta cuidadosamente escrita. En ella:

* Mencionaba que su dimisión era rechazada —y que su fututro estaba ante él.
* Le sugería que empezara a estudiar, a pensar y a hacer planes.
* A continuación le hablaba del valor que tiene estudiar el curso sobre

CÓMO ENCENDER EL FUEGO DE LA AMBICIÓN

Ciencia del Exito AMP que consta de 17 lecciones, y le instaba a que rellenara el cuestionario que está al final de cada lección—y especialmente que se concentrara en la primera pregunta de la Lección Primera: "¿Cuál es su objetivo principal concreto?"
* Le dije que me proponía ir en avión a Dermott para verle tan pronto como volviera del hospital a casa y estuviera dispuesto a recibirme.

La experiencia me ha enseñado que *un sistema para conservar en vida a un hombre es darle un sentido a su existencia*. En mi carta le decía a Leonard: "...te necesitamos mucho; ponte bueno deprisa porque tengo planes muy ambiciosos para tí".

Y Leonard vivió y se puso bueno muy deprisa. Porque tenía una razón para seguir viviendo; se había dado cuenta de que *hay algo más en la vida, además de los negocios y del deseo de hacer dinero*.

Cuando llegué a su casa, ya estaba levantado. Había empezado a estudiar, a pensar y a hacer planes. Se sintió inspirado con 5 objetivos principales:

* Retirarse tres años más tarde, el 31 de diciembre.
* Duplicar para entonces el volumen anual del negocio.
* Tener una riqueza tangible de un millón de dólares.
* Ser un constructor de hombres inspirado, formando y guiando a agentes y a directores de venta bajo su supervisión a fin de que obtuvieran ingresos mayores y crecientes y adquirieran riqueza económica.
* Pero sobre todo, compartir con lo demás la inspiración y la sabiduría que había alcanzado merced al estudio de la *Biblia* y del Curso de *Ciencia del Exito*.

Cumplió cada uno de esos objetivos. Las vidas de muchas personas que oyeron sus discursos sobre AMP (actitud mental positiva) se vieron cambiadas y mejoradas—vendedores, directores de venta, estudiantes adolescentes, hombres de negocios pertenecientes a Clubs, maestros y miembros de grupos religiosos. Todos estaban de acuerdo en que Leonard Evans contribuyó a hacer que su mundo resultara más habitable.

De qué modo le motivé

Examinemos ahora alguno de los factores que motivaron a Leonard Evans. Son los siguientes:

1. Según el vocabulario de Jack Lacy "contribuí a hacer que se concretara una necesidad en su mente...y le enseñé que yo tenía lo mejor para satisfacer esa necesidad". Esto es una sugestión.

2. Había un llamamiento a sus emociones a la vez que a su razón. Dije a Leonard que lo necesitaba y que tenía plena confianza en que su futuro estaba ante él. Me creyó porque yo era sincero.

3. Durante su convalecencia se puso bien muy deprisa porque empleó muy bien su tiempo dedicado al estudio, a pensar y a hacer planes. Tenía un objetivo al qué mirar.

4. Tenía un sendero qué seguir porque estudió un curso por correspondencia de autoayuda que ha movido a muchos a hacer grandes cosas.

5. Contestó los cuestionarios, cada uno de los cuales estaba planeado para encauzar su mente en un canal determinado dirigido al desarrollo de una actitud mental positiva. De ese modo, cuando contestó la primera pregunta, descubrió cinco objetivos principales concretos—cinco metas deseables.

6. Intensifiqué la fuerza de las sugestiones por escrito con una entrevista personal que eliminó cualquier sospecha que pudiera haber tenido de que yo estaba simplemente intentando ser amable con un moribundo. Además le conté la historia de mi amigo Charlie Sammons de Dallas (Texas). Charlie había sufrido un ataque al corazón pero su vida tenía un sentido. Cuando se recobró de la enfermedad siguió las instrucciones del médico; aprendió a emplear su mente y dejó que otras personas hicieran los trabajos físicos. Aunque sus realizaciones eran ya muy destacadas antes del ataque al corazón fueron mucho mayores después de él. El médico de Charlie afirma: Vivirá muchos años porque su ataque al corazón le ha movido a tener cuidado con su salud.

Déle una oportunidad ... para que sus sueños se conviertan en realidad

El que contrató a Leonard Evans fue Johnie Simmons. También él contrató a Félix Goodson. Una vez le pregunté a Félix: "Por qué crees que hemos tenido tanto éxito al contratar a más directores de ventas destacados de Arkansas que de cualquier otro Estado?".

Me contestó: "Por lo que se refiere a los demás, no lo sé, pero cuando Johnie Simmons me hizo intervenir me dio la oportunidad para ganar en un sólo día trabajando para vosotros lo que yo ganaba entonces durante una semana, ví la opotrunidad que se me ofrecía y eso es todo lo que me hizo falta. Porque yo estaba dispuesto a trabajar. Y entonces pude ver la manera de ganar dinero a fin de que mis sueños se convirtieran en realidad".

Trabajó pero trabajó sistemáticamente. Empleó nuestros *sistema que nunca falla para alcanzar el éxito*, y de agente de ventas ascendió a director de ventas y luego a director de distrito en Virginia occidental. El también adquirió riqueza.

Cuando Felix era niño, el barro de Arkansas rezumbaba entre sus pies al ir de la granja de sus padres a la escuela. Al pasar por delante de la gran mansión que estaba en la cima de una colina se decía a menudo a sí mismo: "Algún día seré dueño de esa granja y viviré en esa hermosa casa blanca sobre la colina".

Poco después de convertirse en nuestro dirigente de distrito en Virginia occidental, compró la granja con la mansión blanca en la cima de la colina. Y su ganado de raza fue el mejor de todo el Estado.

Como director de ventas demostró que profesaba un gran amor a sus semejantes. Porque era verdaderamente un constructor de hombres. Era un hombre de carácter y forjó hombres de carácter. Quizá por eso no me sorprendió cuando me informó —siendo todavía relativamente joven— que quería retirarse y emplear sus talentos a fin de hacer que otro de sus sueños se convirtiera en realidad: Convertirse en un profesor de música y ayudar a su iglesia. Con su capacidad como vendedor y como hombre de negocios también pudo ayudar a su grupo religioso a conseguir fondos para extender los beneficios de su obra. Le supuso muchos años de estudio pero hoy en día es profesor de música. Está ayudando a su iglesia y esforzándose por hacer que nuestro mundo sea un mundo mejor

Asi pues, el principio que aprendí de Felix Goodson es el siguiente: Podemos motivar a otra persona para que haga lo que deseamos cuando le damos una oportunidad de conseguir lo que desea.

Una de las maneras más interesantes y más fáciles de motivar a otra persona, es a través del *encanto de las historias* —esto es, empleando historias de experiencias auténticas para inspirarles a actuar— o sea llamar a sus emociones a la vez que a su razón. Esto es lo que yo he intentado a lo largo de este libro. Pero ¿*me está saliendo?*

Para motivar ... cuente historias

"*Me está saliendo* y *no me está saliendo* son expresiones que emplean las pandillas de adolescentes "me explicaba el Reverendo David Wilkerson, joven, esbelto, y de aspecto infantil, "predicador de pandillas" en Brooklyn (Nueva York).

Empleo su historia para demostrar cómo yo podría contar una historia a fin de acondicionar su mente para que aceptara y empleara el automotivador que aprendí de Napoleón Hill: *Toda adversidad lleva en sí la semilla de un beneficio equivalente o mayor.* Esto es lo que él me contó:

"Yo era pastor de una pequeña iglesia rural en las colinas de Pennsylvania, en Coalport. Había oído tantas cosas sobre los delitos de las pandillas de adolescentes y su afición a los estupefacientes que había veces que no podía ni comer. Tampoco podía dormir. Este asunto empezó a embrujarme. Y se me convirtió en obsesión la idea de que había que llegar a esos muchachos".

Cierto día estaba sentado en mi estudio y cogí un ejemplar de la revista *Life*. Ví la fotografía de siete muchachos acusados de asesinato— del asesinato de Michael Farmer en High Bridge Park en Upper Manhattan. No pude olvidar sus caras. Parecía como que me embrujaran. La obsesión se volvió más fuerte. Entonces Davey, como le llamaban sus íntimos, me contó que se fue a Nueva York y que asistió al juicio. Me explicó la angustiosa experiencia que sintió al escuchar los detalles del repugnante crimen de los siete muchachos acusados. Me habló de su compasión y de cómo quiso ejercer su ministerio ante ellos. He aquí sus propias palabras, tal y como yo las anoté:

"Lo único que sentía por ellos era lástima a pesar de lo que había escuchado durante el juicio. Cuando el Juez se levantó para aplazar la vista hasta la tarde, sentí un extraño deseo de levantarme y de hablar—uno de esos momentos culminantes que se convierten en obsesión. Yo tenía que ver a este Juez que regresaba a su despacho. Los guardias estarían allí de nuevo. No habían dejado verle antes, y sabía que tampoco me dejarían verle ahora.

"Así que cogí mi Biblia para que viera que era sacerdote y dije: "Señor Juez Davidson ¿me respetará usted como sacerdote que soy y me concederá, por favor, audiencia?". Se sobresaltó. Se inclinó sobre el pupitre y gritó: "¡Echenlo de aquí, deprisa".

"Y de pronto la sala se convirtió en un clamor. Dos policías se abalanzaron sobre mí y empezaron a arrastrarme por el pasillo central. Treinta y cinco individuos, por lo menos, echaron a correr hacia la salida, y algunos gritaban: "¡Preparar las cámaras—aquí viene, preparar las cámaras!".

"Y me enteré con gran sorpresa de que eran reporteros. La policía me registró para ver si llevaba armas. La vida del Juez había corrido peligro y yo no me había enterado. Al llegar a la puerta tenía todo el pelo sobre los ojos y empecé a llorar. Todo ello me parecía una pesadilla. Yo tenía buenas intenciones, y me parecía que el mundo entero se había derrumbado sobre mí en un instante.

"Llegué a la puerta. Había toda una batería de flashes, televisión, NBC, United Press, INS, —y todos me gritaban que levantara la Biblia en alto si no me daba vergüenza. Les dije que la Biblia no me avergonzaba y que la palabra de Dios era la única solución en esta situación.

"Así pues, levanté en alto la Biblia, y en esa postura me sacaron las fotografías.

"...Compré un periódico. Era horrible. Lo recuerdo como si fuera hoy. Todavía puedo ver aquellas fotografías—los dos agentes de policía, ya con el pelo sobre los ojos y los titulares: ¡PREDICADOR RADICAL POR SU CUENTA INTERRUMPE VISTA POR ASESINATO!"

Y entonces Davey me contó la humillación que supuso para él volver a Coalport. Su padre creyó que había tenido un ataque nervioso. Los administradores de su iglesia le sugirieron que se tomara dos semanas de vacaciones.

"La organización de la que dependía celebró una reunión y quiso retirarme la licencia por haber comprometido el sacerdocio" me dijo.

David Wilkerson volvió a Nueva York, y usted podrá ver, a través de su experiencia, un ejemplo de este automotivador: *Toda adversidad lleva en sí la semilla de un beneficio equivalente o superior.*

"Porque —dijo el joven sacerdote— bajaba por la calle 176, después de haber aparcado mi coche cuando oí que alguien me decía: "Hola, Dave".

"Me volví y dije: "¿Me conoce usted?".

"Me dijo: "Usted es el predicador al que expulsaron en el juicio de Mike Farmer. Usted intentaba ayudar a Rul Valdrez y a los muchachos, ¿verdad?.

"Contesté afirmativamente.

"Me dijo: "Bueno, yo soy Tom, presidente de la pandilla Orval. Venga a conocer a nuestros muchachos".

"Me llevó con él y me presentó a sus chicos...

"Y me dijeron: "Es usted un buen tipo. Es usted uno de nosotros". Yo no comprendía hasta que uno de ellos me dijo: "Bueno, cuando vimos que dos polis le sacaban del tribunal, esto quiere decir que los polis no le quieren. Y a nosotros no nos quieren. Así que usted es uno de nosotros". Y empezaron a llamarme "el predicador de las pandillas".

Debido a su gran derrota —ser expulsado a la fuerza del Tribunal, publicidad en primera página y humillación— David Wilkerson pudo hacerse simpático a los jefes de las pandillas adolescentes de Nueva York y con sus seguidores—con muchachos a los que nadie más tenía acceso.

Porque Dave Wilkerson *cayó bien* a los adolescentes criminales, a las prostitutas, a los alcoholizados y a los que se drogan con estupefacientes: Los Orvals, Dragons, Hell Burners, Mau Maus, Chaplains, GiGis y otros muchos. Les inspiró para que se volvieran decentes, ciudadanos cumplidores de la ley debido a que se acercó a ellos con una técnica evangelista contundente.

A menudo se dan curaciones completas con esta técnica suya. Su éxito ha sido tan asombroso que muchos sacerdotes dicen: "¡Hace milagros!". Incluso algunos de los peores alcohólicos adolescentes, drogados y criminales viciosos y brutales se han sentido inspirados para acabar sus estudios superiores, ingresar en el sacerdocio y ayudar a Dave Wilkerson a cumplir su misión en la vida.

Ahora bien, ¿qué supone esto para usted?

No supondrá nada a no ser que esté usted dispuesto.

No supondrá nada a no ser que pueda usted relacionar, asimilar y emplear este principio: *Toda adversidad lleva en sí la semilla de un beneficio equivalente o superior.*

Encienda la llama de la ambición gracias al sistema que nunca falla para alcanzar el éxito

Quizá desee usted preguntar:

* ¿Cómo puedo yo relacionar, asimilar y emplear el principio: para motivar... *cuente historias?*
* ¿Cómo puede usted motivar a una persona para que no se vuelva ambiciosa cuando no lo es?
* ¿Cómo inspirar a alguien a que actúe, esto es, a que supere su apatía?
* Para empezar ¿cómo encender la llama de la ambición?
* ¿Cómo evitar que no se apague la llama del entusiasmo?

Estas preguntas me las han formulado a menudo padres, maestros, sacerdotes, hombres de negocios, directores de venta y responsables juveniles. Y mi respuesta es siempre ésta: *"Emplee el sistema que nunca falla para alcanzar el éxito.* Consiste en tres ingredientes importantes: (1) inspiración para actuar, (2) modo de actuar y (3) conocimiento de la actividad". Y a continuación *cuento una historia*: "Por ejemplo —les sigo diciendo— doy una clase todos los miércoles por la noche en el Robert R. McCormick Chicago Boys Club. Tenemos un grupo de adolescentes que forman lo que ellos llaman el Junior Success Club (Club del éxito de los jóvenes)".

Y después le hablo a la persona que me ha formulado la pregunta—como le he hablado a usted del valor de los libro de autoayuda, de películas especiales inspiradoras y de los álbumes de discos de autoayuda. El Junior Success Club tiene todos los libros de autoayuda mencionados en *Success Through a Positive Mental Attitude* así como los libros a que me he referido en el libro que está usted leyendo ahora. Todos los muchachos reciben al principio el libro *I Dare You* (Te desafío). En una reunión posterior, se les invita a que digan lo que este libro ha hecho realmente por ellos.

En la primera reunión, les dije: "Este es vuestro club. ¿Qué queréis que realicemos en las dos reuniones siguientes?"

La respuesta fue: "¿Cómo mejorar en la escuela y cómo conseguir un empleo?" Por ello las dos reuniones siguientes empezaron y terminaron con lo que se ha convertido en costumbre al iniciar y al clausurar estas reuniones.

El presidente abre la sesión con la pregunta: "¿Qué tal va vuestra AMP?" El grupo responde con entusiasmo: "¡Estupendamente!"

El presidente pregunta entonces: "¿Cómo os encontrais?

La respuesta entusiasta del grupo es: "¡Me encuentro *sano*! ¡Me encuentro *feliz*! ¡Me encuentro estupendamente!"

Antes de cerrar la reunión, invito a cada uno de los muchachos a que se ponga de pie y diga: (*a*) lo que supone la reunión para él; (*b*) la ayuda especial que recibió en la reunión anterior; y (*c*) qué acciones concretas ha hecho en base a los principios que ha aprendido.

Y acto seguido, el presidente repite las mismas preguntas que les hizo al empezar la reunión.

¿Cómo puedo mejorar en la escuela?

Me quedé asombrado al descubrir que a estos muchachos les interesaba más que cualquier otra cosa saber cómo podrían mejorar en la escuela. Por ello les pregunté en qué temas concretos estaban más flojos. Si bien hubo respuestas diferentes, tenemos como ejemplo las matemáticas. He aquí lo que hice:

1. *Inspiración para actuar*: Les conté historias sobre lo emocionante, lo alegre y lo necesario que es cada tema: ¡Les dije el *por qué* cada uno de estos temas era tan importante para *ellos*!

Les conté historias sobre las matemáticas de grandes matemáticos como Arquímedes y Einstein. Les hablé de las matemáticas como ayuda para pensar lógicamente y la posibilidad para comunicarse con seres de otros planetas a través de los símbolos matemáticos. Les enseñé qué fácil resulta aprender matemáticas aprendiendo de memoria y comprendiendo los principios o fórmulas que vienen al principio de cada capítulo.

Les hice ver que, si sabían los principios, podrían solucionar cualquier problema recurriendo a esos principios. Al estudiar trigonometría en el colegio yo no entregaba trabajos hechos en casa, pero empleé este sistema y me dieron muy buenas notas en todos los exámenes. La finalidad de los problemas es aprender los principios. ¿Por qué *no aprender* los principios? Después podremos *hacer* los problemas más rápidamente. Comprendemos entonces exactamente lo que estamos haciendo.

2. *Modo de actuar y conocimiento*: Se le preguntó al grupo cuál de los profesores de su propia escuela les gustaría que les diera clase en el McCormick Club. Eligieron al profesor que quisieron. Un maestro profesional tiene los *conocimientos* y el *modo de actuar* necesarios para ense-

ñar. Es posible que no tenga el *modo de actuar* que se necesita para motivar, pero yo me encargaba de eso. Los muchachos estudiaban voluntariamente con el profesor, con el que habíamos llegado a un acuerdo económico satisfactorio. *¿Cuáles fueron los resultados?* Un estudiante adelantó dos cursos en 90 días. (Llevaba un retraso de dos cursos). Un estudiante de 7º tenía una capacidad de lectura de tercero. En 90 días su capacidad fue de 5º, y al acabar el semestre, llegó a la 7º. Ahora no está a la cabeza de su clase pero su proefsor afirma: "Con la actitud mental positiva de Dick es muy probable que al graduarse esté entre el 10% de los mejores". Muchos de los muchachos están recibiendo las mejores calificaciones escolares.

Cómo conseguir un empleo

Es comprensible que un muchacho adolescente necesite dinero. Quiere ganar dólares honradamente. En cierto sentido la necesidad actúa de motivador para él. Sin embargo, repetí el procedimiento de la semana anterior. Esto es lo que hice:

1. *Inspiración para actuar.* Les describí, contándoles una historia, la alegría de trabajar y la emoción de conseguir algo, y a continuación les di *The Richest Man in Babylon* (El hombre más rico de Babilonia) libro que analizamos previamente. Cualquier persona puede adquirir riqueza si ahorra el 10% de lo que gana y lo invierte inteligentemente. Entonces hicimos los arreglos necesarios para formar un Club de Inversiones.

2. *Modo de actuar y conocimiento*: Analizamos las diversas maneras de conseguir empleo. Todos los muchachos propusieron ideas, y yo las archivé. Algunas de esas ideas propuestas eran: (*a*) repasar los anuncios de ofertas de trabajo y las agencias de colocación; (*b*) visitar de puerta en puerta todas las tiendas; y (*c*) montar un negocio por uno mismo. Vender periódicos, revistas, felicitaciones de Navidad u otras especialidades, o confeccionar algo y venderlo. Se les explicó cómo abordar a un posible patrono, cómo despedirse después de haber recibido una negativa, y otras técnicas similares.

3. *Instrucciones*: A todos los que deseaban un empleo, se les dijo que dieran su nombre al director adjunto, Tom Moore. Tom tenía una lista de casas comerciales que necesitaban ayudantes jóvenes. Mi ayudante, Art Niemann, llegó a un acuerdo con la Cámara de Comercio (Uptown Chamber of Commerce) para sondear a todos los candidatos a puestos disponibles. *¿Cuáles fueron los resultados?* A un muchacho le dieron seis negativas consecutivas, pero a continuación consiguió un empleo maravilloso. Todos los que buscaban empleo lo consiguieron. Más adelante, si alguno de ellos quedaba cancelado por una razón u otra, el muchacho en cuestión encontraba un empleo por su cuenta o iba a pedir consejo a Tom.

Así pues, queda claro que los ciudadanos decentes y honorables no nacen, se hacen; estudiantes malos pueden convertirse en estudiantes buenos; el muchacho que desea colocación puede encontrarla.

Y cuando lea el capítulo 16 podrá también darse cuenta de que "Los superdotados no nacen...se hacen".

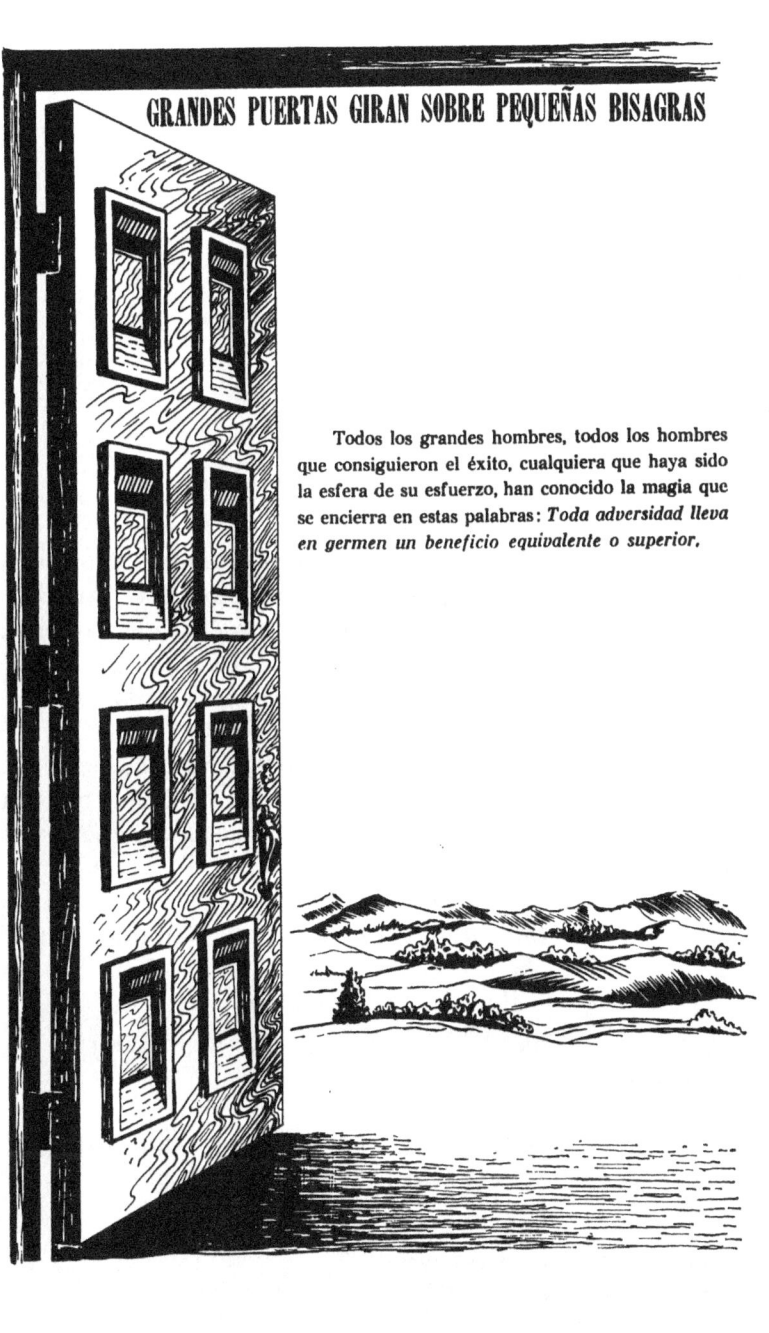

GRANDES PUERTAS GIRAN SOBRE PEQUEÑAS BISAGRAS

Todos los grandes hombres, todos los hombres que consiguieron el éxito, cualquiera que haya sido la esfera de su esfuerzo, han conocido la magia que se encierra en estas palabras: *Toda adversidad lleva en germen un beneficio equivalente o superior.*

16

Los superdotados...
no nacen...
se hacen

¿Es usted un superdotado?

Ya sea su respuesta positiva o negativa, créame: usted es un *superdotado potencial*. Y se le podrá calificar con justicia de superdotado, cuando, al realizar cosas, emplee adecuadamente sus dotes naturales. Es posible que no crea ahora en esto. Por ello, convénzase a sí mismo y compruebe si es o no un superdotado.

¿Por qué no se valora a sí mismo recurriendo a las definiciones y escritos de los expertos? Es sencillo. Lo único que hace falta es colocar un *Sí*, un *No*, o un ? en el espacio que precede a las frases que van a continuación.

¿Qué es una persona superdotada? Veamos lo que dicen los expertos. Empezaremos por definiciones y términos que son aplicables.

INTELIGENCIA

Webster dice que la *inteligencia* es:

* *La facultad de afrontar cualquier situación* —en especial una situación nueva— *con éxito gracias a los adecuados reajustes de conducta.*

    ——— ¿Ejercita usted esa facultad?
    ——— ¿Puede usted aprender a emplear esa facultad?
    ——— ¿Empleará usted un diccionario para buscar todas las palabras que no entienda de este capítulo?

* La *Capacidad para aprender* las *interrelaciones* de los *hechos* en presencia, de modo que *se dirija la acción hacia una meta deseada.*

———— ¿Emplea usted esta capacidad?
———— ¿Puede usted desarrollar esa capacidad?

* *El éxito al enfrentarse con problemas o al resolverlos*, especialmente los que son nuevos o abstrusos.

———— ¿Experimenta usted este éxito?
———— ¿Cree usted que puede mejorar ahora en lo que se refiere a enfrentarse con los problemas o al resolverlos?

* La *capacidad de comprensión,* y de otras formas de *conducta adaptable,* aptitud en entender las verdades, los hechos y los significados.

———— ¿Entiende usted las verdades, hechos y significados?
———— ¿Puede usted mejorar su comprensión de las verdades, hechos y significados?

Sicólogos eminentes afirman que la *inteligencia* es:

* "La capacidad de un organismo para adaptarse adecuadamente a sí mismo a su medio ambiente".[1] (T. L. Engle).

———— ¿Se adapta usted satisfactoriamente a su medio ambiente?
———— ¿Puede usted aprender a adaptarse mejor a las personas, lugares, situaciones y cosas?

* "La capacidad que posee un individuo de enfrentarse con situaciones o problemas nuevos".[2] (Lester y Alice Crowe).

———— ¿Se enfrenta usted por lo general con las situaciones y problemas nuevos con una actitud mental adecuada?
———— ¿Está usted dispuesto a procurar ayudarse a sí mismo, en lo que se refiere a afrontar con más inteligencia las situaciones y problemas nuevos?

* "La capacidad para penetrar un problema y solucionarle aplicando lo que uno ha aprendido en experiencias pasadas. La inteligencia no es una cosa que se tenga en menor o en mayor medida, sino que es un modo de actuar. Una persona demuestra inteligencia cuando trata una situación con inteligencia. Está estrechamente relacio-

[1] *Psychology—Principles and Application,* World Book Co., 1945
[2] *Learning to Live with Others.* D. C. Heath & Co., 1944.

nada con el intelecto, que es un término que abarca la observación, la comprensión y el pensamiento …La inteligencia depende del conocimiento, pero es más bien un empleo del conocimiento y no simplemente el hecho de tenerlo. Decimos a veces de una persona que sabe mucho, y sin embargo, es más bien estúpida porque hace muy poco uso de lo que sabe".[3] (Robert W. Woodworth y Mary Rose Sheehan).

—— ¿Penetra usted un problema y lo soluciona aplicando lo que ha aprendido por la experiencia?
—— ¿Procurará usted identificar sus problemas y solucionarlos aplicando lo que ha aprendido?
—— ¿Entiende usted lo que quiere decir: *"Es un modo de actuar?* ¿Es satisfactoria su combinación de observaciones, comprensiones y pensamientos?
—— ¿Puede usted mejorar su observación, su comprensión y su pensamiento?
—— ¿Entiende usted la expresión *conocimiento de la actividad* empleada en este libro?
—— ¿Entiende usted la expresión *modo de actuar?*
—— ¿Emplea usted los conocimientos que tiene para procurar alcanzar objetivos concretos?
—— ¿Entiende usted por esta definición que la *inteligencia* se valora por: acciones... aplicaciones... acciones... observaciones... comprensiones... pensamientos... usos... etcétera.

* William H. Roberts dice: "Es importante tener en cuenta la diferencia entre conocimiento o información e inteligencia. La inteligencia es la capacidad. No es la información sino la capacidad para adquirir información. No es la habilidad sino la capacidad de ser hábil. Una gran inteligencia no garantiza, sin embargo, el éxito ni en la escuela, ni en el trabajo, ni en la vida por lo general…"[4]

—— ¿Entiende usted que la inteligencia es una capacidad —y no el conocimiento, ni la habilidad, sino la capacidad de volverse hábil?
—— ¿Está claro que la inteligencia no garantiza el éxito?
—— ¿Comprende usted que la capacidad es una habilidad latente?

* Joseph Tiffin y Frederick B. Knight dicen: "La inteligencia—o la conducta inteligente— depende de la (1) claridad de impresión, (2) capacidad para asimilar y retener, (3) imaginación fértil, (4) reacción ante las condiciones, (5) autocrítica, (6) confianza y (7) una fuerte motivación".[5]

[3] *First Course in Psychology,* Henry Holt & Co., N. Y., 1951.
[4] *Psychology You Can Use, Harcourt,* Brace & Co., 1943.
[5] *Psychology of Normal People.* D. C. Heath & Co., 1940.

—— ¿Cree usted que todas esas cosas las podrá desarrollar?
—— ¿Afirmaría usted que tiene claridad de impresión?
—— ¿Tiene usted la capacidad de asimilar y de retener?
—— ¿Tiene usted imaginación fértil?
—— La imaginación se puede fomentar. ¿Está usted dispuesto a intentarlo?
—— ¿Reacciona usted ante las condiciones? Supongamos, por ejemplo que algo ha hecho ofende a otra persona. ¿Lo reconocería usted y haría algo por enmendarlo?
—— ¿Se dedica usted a una autocrítica total a fin de mejorarse a sí mismo?
—— ¿Tiene usted confianza?
—— ¿Tiene usted motivaciones fuertes para hacer las cosas que debiera o quisiera hacer?

SUPERDOTADO — APTITUD — GENIO — TALENTO

"Un niño superdotado es aquél cuyas realizaciones en un campo valioso de la actividad humana son coherentes o repetidamente notables", es una frase que he oído decir al Doctor Witty en una conferencia. El Doctor Paul Andrew Witty es profesor de educación y director de la Clínica Sicológica Educativa de la Northwestern University.

—— ¿Son sus realizaciones, en algún campo valioso, coherente o repetidamente notables en comparación con otras personas?

El diccionario Webster's New Collegiate Dictionary publicado por Merriam da las siguientes definiciones:

1. SUPERDOTADO: Dotado por la naturaleza con prendas notables; hombre de talento.
   —— ¿Cree usted que todas las personas normales tienen esas dotes?
2. SINÓNIMOS DE DOTES: *facultad, aptitud, genio, talento, destreza, y propensión* quieren decir una especial capacidad para un trabajo concreto. ¿Ha descubierto usted la suya?
   —— Si no la ha descubierto, ¿lo intentará?
3. APTITUD: Implica una disposición natural para alguna habilidad y un éxito probable en ella.
   —— ¿Sabe usted para qué actividades tiene usted una disposición natural?
4. GENIO: Prendas o dotes morales innatas: talento; poder extraordinario de invención o de originalidad de cualquier clase, como hombre genial.

—— Toda persona normal tiene dotes morales innatas, prendas o talentos pero no todo el mundo sabe emplearlos. ¿Ha demostrado usted con realizaciones que está empleando sus dotes?
—— ¿Ha probado usted a inventar o a crear algo original?
—— ¿Procurará usted emprender un pensamiento creador y un esfuerzo aplicado a algo concreto en breve?

5. TALENTO: Se le cita a veces en contraste con el genio; normalmente, pero no invariablemente, sugiere unas dotes innatas que dependen de la capacidad de desarrollarlas que tenga su poseedor.
—— La industriosidad y el trabajo desarrollan el talento. Usted tiene la capacidad innata de desarrollar talento. ¿Está usted trabajando en este sentido?

Comentarios sobre lo que dijo el experto

En la conferencia a que me he referido, el Doctor Witty afirmó:

"Los niños superdotados son superiores a sus compañeros de clase de edad similar en tamaño, fuerza y salud general".
¿Puede usted mejorar su fuerza y su salud general? ——

"El desarrollo educativo de los superdotados fue superior en general. Su mejor trabajo lo hicieron en el campo de la lectura y el lenguaje; sus realizaciones más flojas en escritura y pronunciación.
¿Puede usted aumentar su habilidad en lo que se refiere a leer de prisa y a la comprensión y entendimiento de la semántica? ——

"El alumno superdotado es por lo general muy notable en desarrollo del lenguaje y en la expresión".
También estas son habilidades adquiridas. ¿Puede usted mejorarse en el empleo de ellas? ——

"La rapidez con la que aprenden los niños superdotados es una característica muy destacada que han comentado una y otra vez los escritores especializados".
¿Puede usted encontrar un método con el que puede aumentar la rapidez con la que aprende? ——

La motivación tiene la máxima importancia

Después de la conferencia, pregunté al Doctor Witty qué papel juega la motivación en el desarrollo del niño superdotado. Estuvo de acuerdo conmigo en que la *motivación tiene la máxima importancia.*

LOS SUPERDOTADOS... NO NACEN... SE HACEN

Thomas Edison dijo que *el genio es un 1% de inspiración y un 99% de transpiración.* Decía también: *Los principales ingredientes para el éxito son la imaginación más ambición y voluntad de trabajar.*
¿Es cierto que a través de la motivación podrá usted desarrollar la imaginación, la ambición y la voluntad de trabajar?

En su libro *The Gifted Child,* el Doctor Witty nos revela la esencia de la palabra *genio.* Escribe:

La palabra "genio" es claramente equívoca aplicada a un niño o a un joven. Se la debiera reservar para describir a individuos que ya han realizado aportaciones originales de valor destacado y duradero. Los que obtienen en las pruebas una puntuación de 180 de I.Q. (coeficiente de inteligencia) o superior y que están todavía en su período de desarrollo, pueden ser considerados como "genios potenciales", y tendrá que pasar tiempo para que esos jóvenes demuestren que poseen la industriosidad, perseverancia, iniciativa, y originalidad necesarias para merecer el título de "genio".
La inspiración para actuar desarrolla la industriosidad, la perseverancia y la iniciativa. Enciende la imaginación y la hace originalidad. ¿Ha procurado usted hacer aportaciones originales de valor duradero y destacado a través de la autoinspiración?

Conozca a un genio potencial

Si todavía no lo ha hecho, rellene los espacios en blanco de las listas anteriores. Y cuando lo haga, descubrirá que: *Es usted genio potencial.*
Porque, como ya ha visto usted en los capítulos anteriores y como verá en el próximo capítulo "El poder que cambia el rumbo del destino", todos los seres vivos pueden emplear la *inspiración para actuar,* el *modo de actuar* y el *conocimiento* para dar salida a los poderes de su subconsciente—poderes conocidos y desconocidos. Napoleon Hill me dijo una vez que Thomas Edison —al referirse a esos poderes— empleaba la expresión: *fuerzas invisibles que vienen del éter.* Estas fuerzas invisibles que usted puede llamar a su servicio—así como la capacidad intelectual que ha heredado y la actitud mental que puede libremente adoptar— no son medibles con un tests de I.Q.
Al referirse a los tests de I. Q. el Doctor Witty escribe:

> Si por niños superdotados entendemos aquéllos que prometen una creatividad de orden elevado, es dudoso que un típico tests de inteligencia sea apto para identificarlos. Porque la creatividad presupone originalidad y la originalidad implica administración, organización y control exitosos de nuevos materiales de experiencias. Los tests de inteligencia contienen materiales superaprendidos. El contenido del tests de inteligencia falla claramente en las situaciones que revelan originalidad o creatividad.

Usted puede aumentar su I. Q.

Durante muchos años me he dado cuenta de que lo que no hacen los tests de I. Q. es medir la capacidad intelectual. La construcción de estos tests deja de lado los poderes creadores del subconsciente.

Conociendo esto, ha sido capaz de motivar a individuos al llegar a esas alturas, inspirándoles para que escogieran un medio ambiente que les desarrollara mejor hacia sus objetivos y para que se dieran cuenta de la magnitud de los poderes que posee el individuo cuando emplea su mente consciente a fin de encarrilar a su subconsciente por los canales deseados.

> Los niños de orfanatos adoptados en buenos hogares muestran a menudo una mejora en su I. Q. Normalmente el aumento no es muy grande, pero puede llegar a ser de 10 a 20 puntos.

Esto es lo que dicen Robert Woodworth y Mary Rose Sheehan en *First Course in Psychology* (Primer curso de Sicología). Asimismo, experimentos de educación adulta enseñan que, al aumentar el vocabulario y la comprensión de lecturas, se alcanza una calificación superior en el I. Q. Un modo de hacer esto es *seguir leyendo*. Lea un mínimo de cuatro buenos libros por año, una revista mensual como el *Readers's Digest* y los periódicos de la mañana y de la noche. De los cuatro libros, por lo menos uno debe ser de autoayuda.

También puede seguir un curso de lectura rápida. Existen muchos y todos son sumamente eficaces, porque al seguirlo es preciso concentrar la atención; se siente uno inspirado para actuar, porque si no no seguiría el curso y el curso proporciona el conocimiento de la actividad. Y este es el *sistema que nunca falla para alcanzar el éxito*.

Ahora bien, ¿tienen un valor los tests de I. Q.? La respuesta es resueltamente afirmativa. Miden la preparación de un individuo, basándose en normas concretas.

Ahora que ya es usted consciente de sus poderes potenciales, trasladémonos al capítulo siguiente "El poder que cambia el rumbo del destino", y veamos como se le puede emplear.

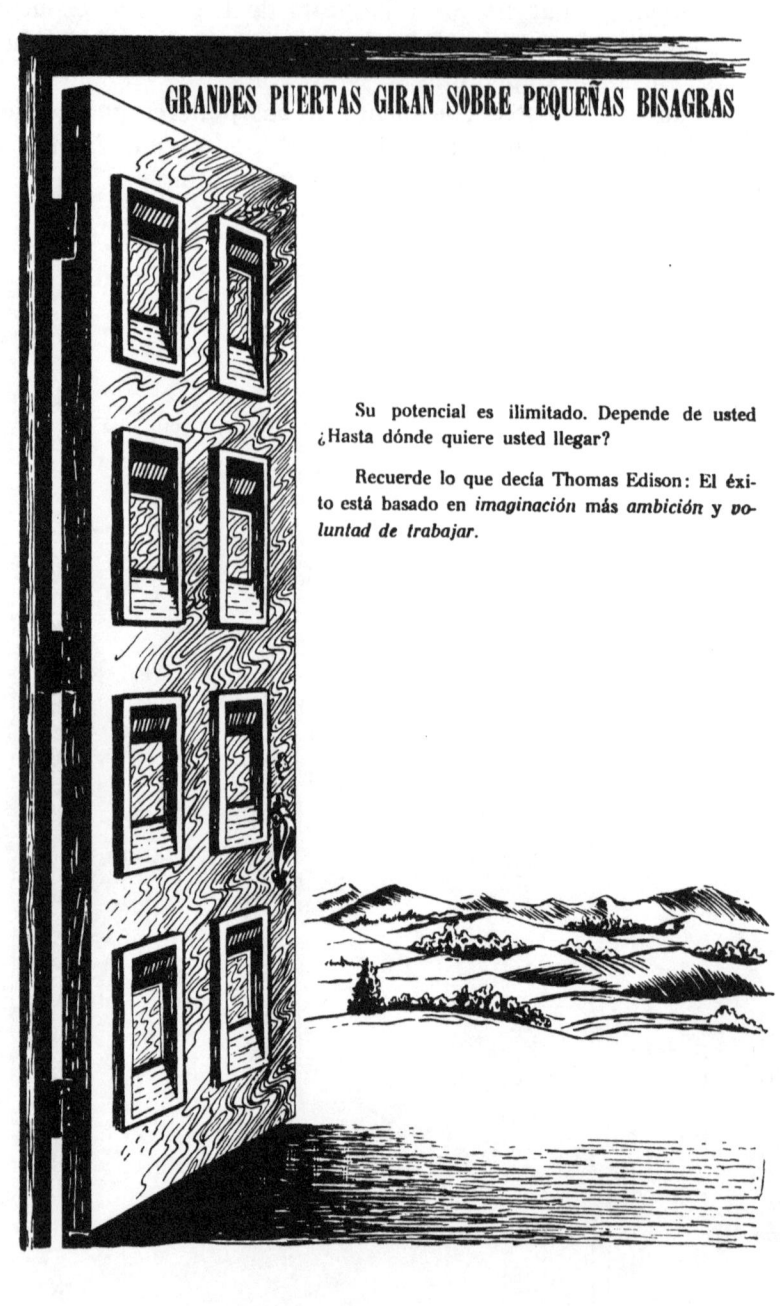

GRANDES PUERTAS GIRAN SOBRE PEQUEÑAS BISAGRAS

Su potencial es ilimitado. Depende de usted ¿Hasta dónde quiere usted llegar?

Recuerde lo que decía Thomas Edison: El éxito está basado en *imaginación* más *ambición* y *voluntad de trabajar*.

17

El poder que cambia el rumbo del destino

¡Eureka! ¡Eureka! *¡Lo encontré! ¡Lo encontré!* exclamó Arquímedes, levantándose de su bañera.

Arquímedes fue un gran matemático e inventor de la antigua Grecia. Su amigo el rey le había pedido ayuda en un problema, poco corriente. Parece ser que el rey había encargado una corona de oro macizo. Le habían dado al orfebre la cantidad justa de metal necesario para ello. Cuando entregó la corona terminada, el rey empezó a preguntarse si era realmente de oro macizo. Sospechaba que el orfebre se había guardado parte del oro y lo había reemplazado por un metal inferior.

El rey quería que Arquímedes comprobara la pureza de la corona, pero sin estropearla.

Así pues, Arquímedes dedicó *tiempo a pensar*. Reflexionó sobre este problema durante varios días sin encontrar ninguna solución, pero su subconsciente trabajó constantemente. Entonces, cierto día, Arquímedes se metió en una bañera que estaba llena hasta arriba. El agua rebosaba por el borde. Arquímedes se quedó inmóvil durante un momento y luego gritó con alegría: "¡Eureka!".

La respuesta había saltado desde su subconsciente a su mente consciente, del mismo modo que a veces nos llega inesperadamente la solución a un problema cuando estamos descansando, bañándonos, afeitándonos, oyendo música o despertándonos después de haber dormido.

Estos chispazos de inspiración toman la forma de imágenes

mentales de algo que hemos visto, oído, olido, tocado, sentido, experimentado o pensado. Y la imagen mental puede revestir la forma de un símbolo que se puede interpretar fácilmente por asociación de ideas. Esto es cierto, sobre todo cuando la respuesta que buscamos nos llega en sueños.

La idea que se le ocurrió a Arquímedes fue coger tres recipientes idénticos cada uno de ellos con una cantidad igual de agua, y colocar en la primera vasija la corona, en la segunda la cantidad de oro que el rey había suministrado al orfebre y en la tercera un volumen equivalente de plata—y después anotar la diferencia en la cantidad de agua que desbordaba en cada una de las vasijas.

Arquímedes—al igual que el hombre que emplea el "autoarranque" ¡Házlo ahora! inmediatamente se lanzó a la acción, se lanzó a probar su idea. Su experimento demostró de modo concluyente que el orfebre había hecho trampa. Había empleado una aleación de plata y se había guardado el sobrante de oro. La conclusión se basó en el principio que también conocemos ahora: *un cuerpo sumergido en un líquido pierde un peso igual al de un volumen igual de ese mismo líquido.*

Arquímedes —al igual que muchos científicos que conocemos— no se sentía interesado por adquirir riquezas tangibles o por montar un negocio. Pero si esto le hubiese interesado, habría podido emplear exactamente los mismos métodos a fin de conseguir que su subconsciente y su mente consciente trabajaran para él. Porque sabía cómo emplear *el poder que cambia el rumbo del destino.*

Emplee el poder que cambia el rumbo del destino

¿Cuál es ese poder que puede cambiar el rumbo de su destino?

Se trata de un poder que usted posee, pero como todos los poderes, puede ser positivo o negativo. Se le puede emplear para el bien o para el mal. Eso depende de usted. El poder que cambia el rumbo del destino es...¡*el pensamiento*!

Como todos los poderes, puede ser latente o aparente, concentrado o diluido, utilizado o no. Aumenta con el uso—cuanto más pensamos, más podemos pensar. Pero es preciso pensar con la actitud mental adecuada.

Sabemos que todo efecto tiene una causa. Y el *pensamiento* es la primera causa del éxito en cualquier realización valiosa. Si no pensamos, no triunfamos. Si los pensamientos se basan en premisas equivocadas no se pueden alcanzar las respuestas correctas.

A Arquímedes le llevó *tiempo de pensar* la resolución de su problema. Y Napoleón Hill empleó *tiempo de pensar* para encontrar un título adecuado para su libro.

Emplee la sesera

Cuando Napoleón Hill acabó su libro, tenía el título provisional: *The Thirteen Steps to Riches*. (Los Trece Peldaños para la riqueza). Sin embargo, el editor quería un título que se vendiera mejor, quería para el libro un título de un millón de dólares. Siguió llamándole todos los días pidiéndole un título nuevo pero, aunque Hill intentó hasta 600 posibilidades diferentes, ninguna de ellas valía nada.

Entonces, cierto día el editor telefoneó y le dijo: "El título tiene que estar para mañana. Si usted no lo tiene, yo sí. Es: "Emplee la sesera y consiga la pasta".

"Me va usted a arruinar —gritó Hill— Ese título es ridículo".

"Bueno, si no me concibe usted otro mejor para mañana por la mañana, se quedará con ese" contestó el editor.

Aquella noche Hill habló con su subconsciente. En voz alta le dijo: "Tú y yo hemos recorrido juntos un largo camino. Has hecho mucho por mí—y otras en contra. Pero me hace falta un título de un millón de dólares, y lo necesito para esta noche. ¿Te enteras?". Durante varias horas, Hill pensó; después se fue a dormir. Hacia las dos de la madrugada se despertó como si alguien le hubiera sacudido. Al salir de su sueño una frase brilló en su mente, corrió a la máquina de escribir y la escribió. Después agarró el teléfono y llamó al editor: "Ya lo tenemos gritó —¡el título de un millón de dólares!"

Y tenía razón. Porque se han vendido hasta hoy millones de ejemplares de *Think and Grow Rich* (Piense y enriquézcase), y se ha convertido en un clásico en el campo de la autoayuda.

Hace poco, Napoleon Hill y yo almorzamos con el doctor Norman Vicent Peale, en Nueva York. Durante la conversación, Hill aludió a cómo se había llegado al título de *Piense y enriquéz-*

case, tal y como acabo de contarlo. Sin vacilar el Doctor Peale contestó:

"Usted le dio al editor exactamente lo que buscaba... ¿No es cierto? *Emplee la sesera* es una expresión de argot: *pensar*. *Consiga la pasta* es una expresión de argot: *enriquézcase*. *Emplee la sesera y consiga la pasta* y *Piense y enriquézcase* son una misma cosa.

En estas historias y en otras de este libro, observará usted el empleo de la sugestión, de la sugestión ante uno mismo y de la autosugestión. Verá usted cómo las reacciones de cada hombre dependen de sus experiencias y hábitos previos de pensamiento y de acción.

Cada uno de nosotros tiene el poder de dirigir sus pensamientos. Cuando dirigimos adecuadamente nuestros pensamientos, podemos controlar nuestras emociones—y cuando controlamos nuestras emociones, podemos neutralizar cualesquiera efectos perniciosos de aquellos poderosos impulsos interiores que hemos heredado y que tan a menudo nos motivan a hacer cosas que no entendemos del todo.

Podemos protegernos a nosotros mismos de graves errores futuros *si nos fijamos cánones morales altos e inviolables por debajo de los cuales no actuamos.*

Un deseo impulsivo le movió a una mala acción

En el capítulo titulado "El destino de toda carne" se dijo que el sexo, el alcohol, el engaño y el robo eran las cuatro causas básicas de fracaso de los agentes de venta. También son causa del fracaso de hombres, mujeres y niños dedicados a cualquier actividad y cuando una de ellas es la causa, generalmente está conectado con ella el engaño en una forma o en otra. Demostremos esto con el ejemplo de Joe. Estoy orgulloso de él. Es un hombre que ganó una victoria permanente sobre sí mismo. Sucedió de este modo: Joe es uno de mis agentes de venta que se sintió movido a la acción en una reunión de ventas, pero cometió un acto malo, porque él era producto del hábito—de un hábito malo. No había adquirido la norma inquebrantable de la honradez. Al competir en un programa de estímulo, en lugar de procurar conseguir los honores que se conceden a aquéllos que los ganan de un modo honorable, se sintió movido a robar la corona del heroe.

En una organización agresiva de ventas—en donde hay entusiasmo dinámico, impulsos constantes y esfuerzos por establecer nuevos records de venta—cuando el director de ventas celebra una reunión, hace un llamamiento a la razón y a la emoción de sus agentes.

En la reunión a la que asistió Joe, fijé metas muy altas para la organización y para cada individuo. En estas reuniones, el agente de ventas cree que puede llegar a la elevada meta que le han fijado. Después de la reunión entra en acción, y se alcanzan las metas elevadas fijadas por la organización porque... *el subconsciente convierte en realidad un deseo impulsivo cuando el individuo cree que es alcanzable.*

Después de esa reunión concreta, Joe consiguió más ventas al día que cualquier otro representante de todos los Estados Unidos. El record de ventas parecía fantástico. Se pagaron por completo todos los cientos de pólizas de seguros que él ofrecía. Al final del programa de estímulo, resultó que Joe había ganado los máximos honores y recompensas. Era "el muchacho del pelo rubio".

Su código moral no le detuvo

Le llevé a reuniones de ventas de muchas partes del país, y Joe contaba con todo detalle cómo consiguió exactamente su éxito. Sus historias parecían tan sinceras y convincentes que eran creíbles. Se ascendió a Joe al cargo de director de ventas en otro territorio. Pero cuando vencieron las renovaciones, descubrimos que, igual que el orfebre, Joe había hecho trampa. Había engañado a la dirección, había robado la corona del heroe. Pero lo peor de todo era que Joe se había engañado a sí mismo y cuanto más mentía al hablar de sus supuestos éxitos, tanto más empezaba a creerselos él mismo. De este modo es como actúa el subconsciente.

Cánones bajos no impidieron que engañara; cánones elevados sí que lo conseguirían.

En un esfuerzo para ayudar a Joe, le exigí que pagara un precio: devolvió todas las recompensas, se le privó de sus honores, y cayó en desgracia ante sus compañeros de trabajo porque el engaño se hizo público cuando se recompensó a los legítimos ganadores.

Pedí a Joe que se marchara de la organización hasta que pudiera demostrar que se había vuelto a encontrar a sí mismo. Como la esperanza es uno de los mayores motivadores, se le hizo esperar que cuando volviera a encontrarse a sí mismo, se le readmitiría en el personal de ventas. Le aconsejé que recurriera a un tratamiento siquiátrico profesional y que me enviara un informe con regularidad. Igualmente, se le instó a que pidiera ayuda allí donde se puede conseguir ayuda por parte de cualquiera que la busque, esto es, en su iglesia.

Después de esta experiencia cogimos la costumbre de inspeccionar todas las ventas después de un programa de incentivos y antes de otorgar las recompensas. Joe parecía a todo el mundo un hombre de carácter y sin embargo, sus acciones eran increíbles. A fin de conseguir prestigio, había pagado en realidad de su propio bolsillo las comisiones netas que correspondían a la compañía.

Ahora bien, hay muchos hombres, como Joe, cuyos códigos morales no les detienen. Hacen el mal y son incapaces de ofrecer ninguna excusa para ello. Pero la verdadera razón es que *no desarrollaron normas morales elevadas* e inviolables por debajo de las cuales no están dispuestos a actuar.

Normas elevadas le mantuvieron alejado del delito

Existía ahora un problema. Me inquietó tanto que seguí buscando la solución.

¿Cuál era la razón de ese engaño? ¿Cómo podríamos evitar su repetición? ¿Cómo puedo yo ayudar a Joe y a otros como él? Mis pensamientos se concentraron sobre el problema concreto. Los dirigí como se puede dirigir los pensamientos: haciéndome preguntas a mí mismo. Encontré soluciones, debido a mi experiencia en la resolución de problemas, relacionando los principios contenidos en los materiales que había leído y estudiado y asociándolos con el problema en cuestión, del mismo modo que a Arquímedes le llegó la respuesta porque estaba familiarizado con las matemáticas y porque relacionó entre sí las leyes físicas.

Yo había estudiado el célebre libro de Emil Coué *Self-Mastery Through Conscious Autosuggestion* (El autodominio a través de la autosugestión consciente). Y el término *autosugestión consciente* es sinónimo del término *sugestión ante uno mismo* empleado en este libro.

Como es sabido, el Doctor Emil Coué ganó una gran reputación universal al ayudar a la gente a ayudarse a sí misma en la curación de enfermedades y en la conservación de buena salud física, mental y moral a través de afirmaciones que yo califico de automotivadores.

La más famosa era: *Día tras día estoy mejorando en todos los sentidos*.

También conocía los experimentos hipnóticos en los que el sujeto hipnotizado recibe un cuchillo imaginario. Se le dice que un muñeco es un enemigo que va a atacarle y se le ordena: "¡Apuñálalo!" Pero, como el sujeto estaba preparado para apuñalar lo que él creía que era una persona viva con lo que él creía que era un puñal real, se detenía. Su subconsciente no le permitía cometer un asesinato.

¿Por qué? Porque el individuo tenía unas normas inviolables tan arraigadas en su subconsciente, que ese subconsciente se negó a reaccionar ante esta sugerencia que estaba por debajo de esa norma. Normas muy elevadas le mantuvieron alejado del delito.

Ahora bien, un individuo que ya ha apuñalado a un hombre, o cometido un crimen y que no se siente inhibido a este respecto cuando le motivan, no vacilaría en actuar así en un estado hipnótico, ejecutando lo que realizaría voluntariamente en el caso de estar consciente.

Cánones elevados e inviolables rechazan las sugestiones malas

Mientras estaba consagrado a pensar, las respuestas que estaba buscando se me aparecieron con claridad meridiana:

1. ¿Cuál es la razón de ese engaño? Esas son las conclusiones a que llegué:
   * Joe había asistido a una reunión de ventas dinámica y entusiástica, en la cual el poder magnético de la sugerencia de que él alcanzara objetivos de venta elevados en el programa de estímulos suscitó sus emociones. Y una persona que está altamente emocionalizada

se encuentra en esas condiciones muy receptiva ante las sugestiones que le resultan deseables. A Joe se le dijo, y él lo creyó, que alcanzaría objetivos de venta muy elevados.

* Joe no había fomentado en sí mismo cánones elevados e inviolables de honradez por debajo de los cuales no estuviera dispuesto a conseguir sus objetivos. No era hombre que robara dinero, pero sí podía robar la corona del heroe. Su conciencia no le impedía engañar al informar o pagar por ventas que no había hecho. Porque él había desarrollado la costumbre de engañar, primero en cosas triviales y más adelante en asuntos importantes.

2. ¿Cómo podemos evitar la repetición?

* Condicionando las mentes de los que asisten a una reunión de ventas, haciendo hincapié en la importancia de la honradez y de la integridad.
* Recomendando concretamente el empleo de estos automotivadores:

    ¡Ten valor para enfrentarte con la verdad!
    No mientas.

* Introduciendo editoriales en los boletines periódicos a fin de motivar a los agentes de ventas a que desarrollen cánones elevados inviolables de honradez y de integridad.
* Dando a conocer a todo el mundo que se inspeccionará su trabajo, porque es una cosa bien sabida que la gente puede no hacer lo que se *espera* de ella a no ser que se le *inspeccione*.

3. ¿Cómo puedo ayudar a Joe y a otro como él? He aquí cómo le ayudé:

* Joe se había colocado en un empleo en que no se tienen tentaciones de acuerdo con la sugerencia que le había hecho. Le escribí y le animé a seguir con la buena labor que estaba haciendo en su empleo, porque ya me había enterado a través de él y del siquiatra.
* Se le instó a que aprendiera de memoria los dos automotivadores: *Ten valor para enfrentarte a la verdad*, y *No mientas*. Debía repetirlos muchas veces al día —especialmente por la mañana y por la noche— durante diez días. Después, cuando se sintiera tentado a mentir o a engañar, tenía inmediatamente que hacer la cosa adecuada en cuanto uno de esos automotivadores lanzaran su llamado de su subconsciente a su mente consciente.
* Le envie los editoriales que había escrito a fin de motivar al lector a desarrollar normas elevadas e inviolables de honradez y de integridad.
* Un año después, cuando tanto él como su siquiatra me informaron que Joe estaba ya preparado, volví a contratarle después de una entrevista personal. Le hice saber qué orgulloso estaba de que hubiera conseguido una victoria personal.

El descubrimiento de la necesidad de desarrollar cánones elevados e inviolables por debajo de los cuales no se está dispuesto a actuar, independientemente de las influencias exteriores, resultó una experiencia emocionante y maravillosa. Porque llevó a técnicas adicionales para ayudar a la gente en todas las edades de la vida —especialmente a los niños y a los adolescentes— a ayudarse a sí misma.

Para mí ésta es una de las verdaderas riquezas de la vida.

Ya ha leído usted en el capítulo 12 lo que se refiere al empleo de la autosugestión con los adolescentes. Como usted, probablemente sabe, cuando a los niños se les siembra continuadamente semillas de sugestión a través de afirmaciones como: "Eres malo; nunca servirás para nada; nunca llegarás a nada" muchos niños reaccionarán portándose mal y no sirviendo nunca para nada y no llegarán nunca a nada.

Por supuesto, en otros casos puede darse una reacción inversa. Si un niño tiene el hábito de llevar la contraria puede ser que se diga a sí mismo: "Os voy a demostrar de lo que soy capaz"!" porque, si el niño ha adquirido el hábito de pensar *Puedo* en vez de *No puedo*, entonces las sugestiones negativas causan a menudo una reacción inversa.

Durante mi trabajo con el Chicago Boys Club y mi asociación con movimientos como Teen Age Evangelism de Brooklin y la House of Correction de Chicago, me he dado plena cuenta del impacto que tiene la sugestión al ayudar a los llamados "niños problemas". Cuando un niño semejante hace algo que es bueno sembramos en ellos semillas de buenos pensamientos, reaccionan favorablemente al instante.

He aquí algunas semillas de buenos pensamientos: "Estás mejorando. Cada día progresas más. Estoy orgulloso de tí".

Cómo desarrollar el poder que cambia el rumbo de su destino

Ya hemos visto:
* El poder del pensamiento para cambiar el rumbo del destino.
* La importancia de la sugestión, la sugestión ante uno mismo y la autosugestión.
* La interrelación del subconsciente y de la mente consciente.

Hemos visto también que el poder o el proceso de pensar nos

ayuda a resolver problemas. El pensamiento se aplica a una idea, expresada o no expresada, que brota en nuestra mente a consecuencia de la reflexión, y la reflexión lleva tiempo.

El propósito de este capítulo es animarle a emplear diariamente el estudio, el pensamiento y el tiempo dedicado a hacer planes, y a desarrollar y a utilizar el poder que puede cambiar el rumbo de su destino. Porque, como dijo el Doctor Alexis Carrel: *hacer del propio pensamiento la meta del pensamiento es una especie de perversión mental*. El pensamiento debe ir seguido de la acción.

Ahora ya puede usted ver que, si emplea a diario el estudio, el pensamiento y el tiempo para hacer planes, podrá desarrollar y emplear el poder que puede cambiar el rumbo de su destino. Pero quizá no sepa cómo.

Cuando lea el capítulo 19, titulado "El Indicador del Exito produce el éxito" encontrará la historia de George Severance y de su Agenda Social, y aprenderá a construir su propia Agenda que le garantizará el éxito, si la emplea diariamente siguiendo las instrucciones. Le ayudará a aumentar su poder de desarrollar a discreción la *inspiración para actuar* y para encontrar los *conocimientos* necesarios para adquirir el *modo de actuar* en cualquier actividad que pueda interesarle.

Pero echemos primero un vistazo a las *verdaderas alegrías de la vida*. En el capítulo 18 podrá leer citas de las cartas que recibí de personas célebres en respuesta a la pregunta: "¿Cuáles son las verdaderas riquezas de la vida?". Y leerá la historia de un hombre que adquirió esas riquezas.

GRANDES PUERTAS GIRAN SOBRE PEQUEÑAS BISAGRAS

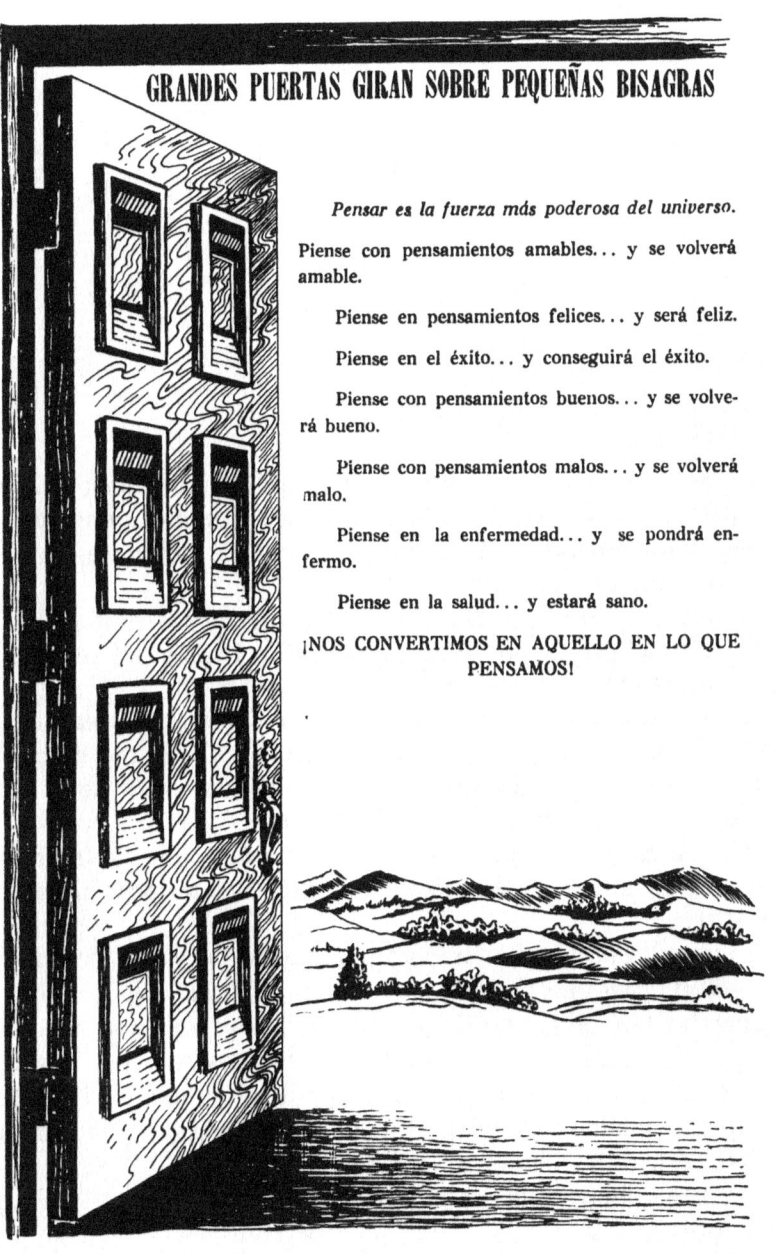

Pensar es la fuerza más poderosa del universo.

Piense con pensamientos amables... y se volverá amable.

Piense en pensamientos felices... y será feliz.

Piense en el éxito... y conseguirá el éxito.

Piense con pensamientos buenos... y se volverá bueno.

Piense con pensamientos malos... y se volverá malo.

Piense en la enfermedad... y se pondrá enfermo.

Piense en la salud... y estará sano.

¡NOS CONVERTIMOS EN AQUELLO EN LO QUE PENSAMOS!

18

Las verdaderas riquezas de la vida

"Hola, Jack" dijo una voz al otro extremo del hilo cierta mañana a la siete y media. Esta llamada telefónica desencadenó una serie de acontecimientos que cambiaron la vida del joven hombre de negocios Jack Stephens.

La voz pertenecía a Harold Steele, director ejecutivo de un Club de muchachos de Atlanta, Georgia. Había un sentido de urgencia grave en la explicación de Harold:

"Jack, mi coche no arranca y no voy a poder desplazarme a una cita importante. He prometido recoger a un niño de cuatro años y a su madre a las ocho de esta mañana para llevarlos al Hospital. El chico tiene leucemia en último grado, y me han dicho que cuando mucho le quedan unos días de vida. ¿No podrías ayudarme a llevarlo al hospital? Su casa está a pocas manzanas de la tuya.

A las ocho de aquella mañana la madre del niño estaba sentada en el asiento delantero del coche de Jack. El chiquillo se encontraba tan débil que iba echado con la cabeza apoyada en el regazo de su madre y sus piececitos descansando en la pierna derecha de Jack. Después de poner en marcha el motor, Jack miró al pequeño que le miraba fijamente. Sus miradas se encontraron.

"¿Eres Dios?" preguntó el niño.

"Jack vaciló y le contestó dulcemente: "No, hijo. ¿Por qué me lo preguntas?"

"Mamá me dijo que Dios vendría y me llevaría con El".

Y seis días más tarde Dios vino a llevarse el niño con El.

El rumbo de la vida de Jack Stphens quedó transformado. Porque la imagen del niño descansando con su cabeza en el regazo de su madre, los ojos del niño desahuciado y la pregunta "¿Eres Dios?" seguían grabadas en su recuerdo. Crearon una impresión emocional que obligó a Jack Stephen a lanzarse a la acción.

Hoy en día Jack Stephen está consagrado activamente en una obra para toda la vida ayudando a que los niños de Atlanta se conviertan en ciudadanos norteamericanos sanos, honestos y patriotas. Porque es director del Joseph B. Whitehead Memorial Boys Club.

Desde que Jack Stephen me contó su historia he pensado a menudo en ella. Porque es la historia del poder del pensamiento. Todo el mundo tiene el poder de pensar y de hacer el bien o el mal.

"¿Eres Dios?"

Nadie le hará a usted esta pregunta. Pero quizá usted sienta, como Jack Stephen, el impulso de buscar las *verdaderas riquezas de la vida* tal y como las convive. Porque existen muchas riquezas entre las que se puede elegir.

¿Cuáles son las verdaderas riquezas de la vida?

En una reciente reunión de la Junta de directores de los Boys Clubs of America pregunté al General Robert E. Wood.

"Si alguien le preguntara, para publicar la respuesta, cuáles son las verdaderas riquezas de la vida, ¿qué contestaría usted?"

Sin vacilar me contestó: "Un matrimonio y un hogar felices".

Cuando volví a casa se me ocurrió una idea feliz: ¿por qué no hacer la misma pregunta a otras personas eminentes—a personas que han tenido la suerte de escoger lo que quisieron en la vida? Así pues, formulé la pregunta a personas como J. Edgar Hoover, a la señora Franklin Delano Roosevelt y el Capitán Eddie Rickenbacker, que son —pienso yo— tres de las personas más estimadas hoy en día en nuestro país; y también a los gobernadores de varios Estados. A continuación reproduzco alguna de las respuestas que recibí. Esas ideas unidas contribuyen a dar una imagen del *verdadero* éxito para vivir.

J. Edgar Hoover:

"Yo creo que una de las verdaderas riquezas de la vida estriba en el conocimiento de que a través del servicio a nuestro país y a la humanidad, contribuimos a preservar nuestra preciosa herencia y a proteger nuestra sagrada libertad."

Eleanor Roosevelt:

"Pienso que la verdadera riqueza de la vida consiste en el sentimiento de haber satisfecho algunas necesidades ajenas."

Eddie Rickenbacker:

"Ayudar a la juventud americana."

S. Ernest Vandiver,
Gobernador del Estado de Georgia:

"Cuando visité el hospital siquiátrico de Georgia en Milledgeville a propósito de un vasto programa de reformas en la salud mental, contemplé un mar de rostros que durante muchos años no habían reflejado ninguna esperanza; solamente reflejaron su resignación a una semivida en un "almacén humano". Pero el día que yo miré aquellos rostros ví en ellos esperanza—una clase de esperanza ansiosa, aferrada y recién descubierta. Para mí aquello fue una de las mayores riquezas de la vida."

"Una persona con un cargo público tiene oportunidades ilimitadas para conquistar las verdaderas riquezas de la vida, quizá más que en cualquier profesión."

Michael V. DiSalle.
Gobernador del Estado de Ohio:

"En aquellos días en los que yo era el mayor de siete hermanos, mis padres se enfrentaban con grandes dificultades para conseguir mantenernos a todos. Pero durante aquellos días aprendimos, gracias a ellos, que por muy poco que se tenga es una gran suerte poder compartirlo con otras personas."

Buford Ellington ,
Gobernador del Estado de Tennesse:

"Una de las verdaderas riquezas es un amigo. Un amigo siempre está cerca. Se alegra con nuestras propias alegrías; comparte nuestras desilusiones; y nuestros problemas se convierten en sus propios problemas."

"Uno nunca es pobre, aunque su ropa esté raída y su bolsillo vacío, sigue teniendo el amor y la comprensión de amigos leales."

LAS VERDADERAS RIQUEZAS DE LA VIDA 207

John Anderson Jr.,
Gobernador del Estado de Kansas:

"Quizá lo más importante de la vida de un hombre consista en ser amado y respetado por sus semejantes."

John Graham Altman,
Gobernador del Estado de Carolina del Sur:

"Las riquezas reales de la vida de un hombre se consiguen mejor a través del servicio público. Esto no implica necesariamente que tenga que ser únicamente un servicio político."

John Dempsey,
Gobernador del Estado de Connecticut:

"Las verdaderas riquezas de la vida se experimentan con el sentimiento de satisfacción que viene de haber servido a nuestros semejantes. El hombre que cifra su meta primordial en realizar ese servicio tendrá, casi con toda seguridad, un matrimonio feliz, un hogar feliz y todas las demás cosas que asociamos con " las verdaderas riquezas de la vida."

Matthew E. Welsh,
Gobernador del Estado de Indiana:

"Personalmente opino que la fe, un hogar feliz y un trabajo estimulante son los factores motivadores de una vida feliz."

Otto Kerner,
Gobernador del Estado de Illinois:

"En mi opinión la mayor riqueza que puede amasar un hombre en su vida es la duradera recompensa de servir a sus semejantes. Solamente a través de una actividad por los demás, olvidándonos de nosotros mismos, llegamos por fin a descubrir quiénes somos."

Elmer. L. Anderson,
Gobernador del Estado de Minnesota:

"La felicidad y el éxito de nuestros hijos."

Norman A. Erbe,
Gobernador del Estado de Iowa:

"Para mí las verdaderas riquezas de la vida incluyen el privilegio de trabajar en aquellas tareas que pervivirán como realizaciones benéficas para la humanidad, y la satisfacción de saber que he contribuido al progreso de esas tareas."

Albert D. Rosellini,
Gobernador del Estado de Washington:

"Estoy de acuerdo con Aristóteles en que aprender es el mayor de todos los placeres, y estoy de acuerdo con los fundadores de nuestro país que creían en la libertad al amparo de la ley. A esto podríamos añadir la salud, un hogar feliz y la oportunidad de trabajar con los demás y de servirles en el marco de nuestra Comunidad."

Archie Gubbrud,
Gobernador del Estado de Dakota del sur:

"*Salud y conformidad.* Quizá esta respuesta resulte muy manida. Pero, tras reflexionarlo mucho, me parece que es el fin último en lo que se refiere a las aspiraciones físicas y mentales."

J. Millard Tawes,
Gobernador del Estado de Maryland:

"En mi humilde opinión yo diría lo siguiente: Dios en su Cielo; la Constitución de los Estados Unidos y la grandeza de la madre Naturaleza."

Farris Bryant,
Gobernador del Estado de Florida:

"Saber que cumplí mi misión es una de las verdaderas riquezas de la vida".

Elbert N. Carvel,
Gobernador del Estado de Delaware:

"1. Salud física y mental robustas.
"2. La oportunidad y el deseo de acumular conocimiento gracias a un profundo pozo de sabiduría.
"3. La utilización total de sus talentos por el bienestar de la humanidad."

Richard J. Hughes,
Gobernador del Estado de Nueva Jersey:

"Para mí, las verdaderas riquezas de la vida son una familia feliz, amistades íntimas y fieles, y una fe fuerte y duradera. La medida en la cual un hombre se ve agraciado con cada una de éstas, y las considera como gracias, determina la riqueza de su vida cotidiana."

Jack R. Gage,
Gobernador del Estado de Wyoming:

"Entre las riquezas de la vida la salud viene en primer lugar; a continuación el privilegio de trabajar en una ocupación grata, lo cual —si trabajamos mucho— nos permitirá disfrutar honestamente de nuestro ocio y de nuestro recreo. Recíprocamente, si no se da un trabajo duro, nada resulta divertido."

F. *Ray Keyser, Jr.*
Gobernador del Estado de Vermont:

"Sólo puede haber una respuesta. La motivación de buscar y disfrutar de la paz eterna de los principios de la felicidad."

¿Cuáles son las verdaderas riquezas de la vida?, pregunté a Stanley, mi barbero del Orrington Hotel de Evanston (Illinois). Stanley pensó durante un largo rato y esto fue lo que me dijo:

"Solidaridad ... bondad ... búsqueda ... y la alegría de encontrar."

¿Cuál hubiera sido su respuesta?

Las bellas artes y las verdaderas riquezas de la vida

Entre las *verdaderas riquezas de la vida* están aquellas que llaman a la imaginación y al sentido de la belleza: la pintura, el dibujo, la escultura, la arquitectura, la poesía, la música, la declamación y las demás. Todas ellas componen las bellas artes. Y para muchas personas, las artes hacen que la vida valga la pena de ser vivida. Aportan descanso, sosiego y alegría, estimulan el pensamiento creador y motivan a personas de todas las edades y en todos los campos de la vida.

El amor por la música fue lo que motivó a una chica de trenzas demasiado pobre para ir al National Music Camp (Campo nacional de música) de Interlochen—a realizar tantas cosas para tantas personas, una vez que consiguió ir allí. Compartió una parte de su tiempo y de sus talentos, que hicieron que se convirtiera en realidad el sueño de un gran hombre y de miles de chiquillos. He aquí como lo cuenta ella:

Cuando llevaba trenzas y ensayaba con un saxofón tenor en la banda de la escuela de una pequeña ciudad de Missouri, mi sueño más querido—al igual que miles de otros pequeños músicos de Norteamérica—era pasar un verano en ese sitio fabuloso de los bosques al norte de Michigan que conocía solamente por el nombre de Interlochen.

Para todos nosotros, Interlochen era entonces una palabra mágica, un campo de verano en el que todos los muchachos que amaban la música podían residir y tocar instrumentos tanto como quisieran. Y para la mayoría de nosotros estaba fuera de alcance, era un sueño futil de infancia que, en aquellos años de la Depresión, sabíamos perfectamente que nunca podría satisfacerse."

Esta muchacha es Norma Lee Browning redactora del Chicago *Tribune*. Cierto día su marido Russell Ogg y ella estaban cenando en mi casa. Nos leyó fragmentos del manuscrito de su nuevo libro sobre Interlochen y Joseph E. Maddy. Todavía no había escogido el título ni estaba editado el manuscrito. Mientras leía se interrumpía a sí misma según le iban brotando ideas en la mente. En cierto momento dijo: *La vida tiene un sistema de compensar los desencantos y de enlazar una cadena de acontecimientos inesperados como una brillante sarta de perlas.* Y siguió leyendo.

Uno de los relatos de su manuscrito hablaba de sus sentimientos cuando perdió la oportunidad de conseguir una beca para ir al National Music Camp de Interlochen. Decía así:

"Durante mi primer año de enseñanza media —1932— ocurrió algo que me sacudió como un rayo. Eligieron para ir a Interlochen a una pequeña llamada Eleanor Cisco, que iba un año detrás de mí en la escuela y que tocaba el clarinete. Eleanor era clarinetista de 1ª en la banda y en la orquesta de nuestra escuela. Su hermano tocaba el cornetín y su madre era una buena pianista y dirigía la orquesta de nuestra iglesia. Me alegré por Eleanor pero me sentí secretamente herida porque no me hubieran escogido a mí para Interlochen. Pensaba que era tan buena con mi saxofón como ella con su clarinete. Mi profesora de música me enseñó con mucho tacto algunos hechos de la vida—y de la música. Creo que fue entonces cuando empecé a darme cuenta de que, en el mundo de la buena música, el saxofón no es precisamente un instrumento indispensable. Además, Eleanor tocaba el piano tan bien como el clarinete; le ofrecieron una beca para Interlochen. Y había pocas probabilidades de que a mí me ofrecieran alguna vez una beca—por saber tocar el saxofón."

"Eleanor volvió de Interlochen contando cosas sobre el National Music Camp que nos dieron mucha envidia a todas. Ya habíamos oído hablar anteriormente del campo, pero era la primera vez que alguien de nuestra ciudad iba allí. Aunque comprendí que no había ninguna probabilidad de que yo pudiera ir alguna vez a Interlochen, esta experiencia produjo en mí una profunda impresión y quizá fue un factor motivador de mi futura vida.

Y fue debido a lo siguiente: a causa de mi amor por la música, a causa de la palabra *Interlochen*—lugar que nunca había visto y del que no sabía nada pero que había hecho en mí tan gran impresión—y porque sabía que no era lo suficientemente buena como para ir allí, en secreto, con testarudez, con determinación, decidí que algún día *sería* lo bastante buena como para poder ir allí. A pesar de las sombrías insinuaciones a propósito de mi saxofón practiqué cada vez más y con más intensidad. Decidí que sería instrumentista. Empecé a ahorrar dinero para ir al colegio—a *estudiar música*."

De nuevo dejó de leer y dijo:

"Pero, antes de que me licenciara de la escuela, mi profesora de música me dijo que yo podría escribir mucho mejor de lo que tocaba el saxofón y me aconsejó sabiamente que estudiara periodismo. Así lo hice."

Norma Lee Browning acabó los estudios, se casó con su novio y condiscípulo Russell Ogg (que en la actualidad es un fotógrafo conocido), y los dos salieron para Nueva York y otros puntos a trabajar, como fotógrafo y escritora en equipo.

"En el verano de 1941—dijo Norma Lee—Russ y yo viajábamos por el norte de Michigan por encargo del *Reader's Digest*. De pronto, frente a nosotros, apareció una pancarta, adornada con una campana de flores. Decía:

>   INTERLOCHEN
>   NATIONAL MUSIC CAMP
>   GIRE A LA IZQUIERDA

"Con un repentino arrebato de nostalgia, exclamé: "*Tengo* que ver este sitio. Quiero ver si es tan bonito como siempre lo he soñado."

Era tal y como lo había soñado de pequeña y aún mejor. Lo describe bellamente en su nuevo libro.

Actualmente la cadena de acontecimientos inesperados ha completado su ciclo. Por una ironía del destino, la niña cuya familia era demasiado pobre para enviarla a Interlochen, y cuyo saxofón tenor no sirvió para conseguir una beca, es ahora miembro de la Facultad. Norma Lee Browning fue una de las primeras en ser invitadas a formar parte de la Facultad de la Academia de Bellas Artes de Interlochen. No enseña música, pero enseña a escribir a los jóvenes dotados que allí estudian.

A través de su influencia como escritora, Norma Lee Browning ha hecho más por la Academia de Bellas Artes de Interlochen que cualquier otra persona, con la excepción del Doctor Maddy. Porque ha extraído cientos de miles de dólares para ayudar a construir y a mantener esta escuela para niños bien dotados. Norma Lee Browning fue la que me abrió el camino a una de las verdaderas riquezas de la vida: Conocer y hacerme amigo personal íntimo de uno de los grandes hombres de Norteamérica: el Doctor Joseph E. Maddy.

Comparte el amor de la música y descubre la verdadera riqueza

¿Ha conocido usted alguna persona por primera vez y ha sentido inmediatamente que sería un privilegio pasar a ser íntimo amigo suyo? Así es como me sentí con el Doctor Joseph Maddy cuando le hablé por primera vez, y así me siento ahora que ya le conozco muy bien. Porque es un hombre de carácter con actitud mental positiva, un hombre de acción que sabe lo que quiere y va en su busca—y lo consigue.

Su mujer Fay, es un símbolo de todo lo que debiera ser una buena madre o esposa. La música, Fay y un deseo impulsivo de crear grandes músicos en Norteamérica—y compartir una parte de su amor por la música con toda la humanidad—motivan constantemente a este hombre a realizaciones cada vez mayores. Al Doctor Maddy le gusta hablar, y a todos los que le tratan les gusta escuchar. Porque cuenta historia tras historia sobre los grandes músicos de nuestro tiempo.

En su nuevo libro Norma Lee Browning cuenta cómo el Doctor Maddy comparte el amor por la música y descubre verdaderas riquezas, pero ahora me gustaría compartir con usted fragmentos de su filosofía y de sus actividades tal como él me las contó. Porque creo que sentirá usted la sensación del *sistema que nunca falla para alcanzar el éxito: inspiración para actuar, modo de actuar y conocimiento de la actividad.* A continuación reproduzco alguna de las muchas notas que tomé cuando le escuchaba: "Mi propósito en la vida ha sido procurar que la música forme parte de nuestro sistema educativo."

"Mis creencias se han basado en la experiencia."

"El principal requisito para enseñar música es la motivación. Si tenemos una motivación adecuada, tendremos éxito. En el caso contrario, fracasaremos."

"El sistema de ensayos que hemos creado en Interlochen—y que es bien conocido en el mundo musical— es el mayor motivador que existe para inspirar a los estudiantes de música a que procuren sobresalir. Porque cada uno de ellos tiene la oportunidad de que se reconozca su trabajo sobre una base competitiva."

"No es fácil explicar por qué ingresé en le campo de la enseñanza musical. Yo quería simplemente enseñar. Tanto mi padre como mi madre eran maestros de escuela. Pensé que tenía inclinaciones para la enseñanza. Hubo además otro factor que me empujó a la enseñanza musical: Siempre tuve la comezón de tocar cualquier instrumento musical que veía."

"Una vez pregunté a Joe como le llaman sus amigos." ¿Cuál es la diferencia entre la técnica de enseñanza creada por usted y la que se emplea en Alemania y en otros países europeos?"

"El método europeo es mecánico —contestó—, se emplean horas aburridas consagradas a dominar totalmente el manejo del instrumento. A cada uno se le enseña individualmente y no en una clase."

"Yo empleo el método motivacional. Primero procuro inspirar en los estudiantes de la clase el amor y el aprecio de la propia música. A continuación, se toca una canción sencilla y popular, después de lo cual, cada estudiante toca las notas en su propio instrumento.

"Todo el mundo ha tenido la experiencia de oír una canción o una melodía populares, y a la mañana siguiente cantarlas o tararearlas. Mis estudiantes convierten sencillamente la tonada, que está en su cabeza, en los sonidos de sus instrumentos.

"Una expresión común para expresar esto es la de "tocar de oído."

"Los estudiantes se sienten motivados porque resulta divertido. Después es una simple cuestión de motivarles para que perfeccionen sus técnicas."

Así es como el señor Maddy creó lo que se conoce por Método "Universal Teacher" (Profesor universal), que es la técnica de enseñanza básica de los Estados Unidos. Los alumnos en grandes clases, con todo tipo de instrumentos, aprenden al mismo tiempo. Todos los miembros del grupo están ocupados. Miles y miles de jóvenes que tocan hoy instrumentos musicales —y los tocan bien— porque aprendieron con el sistema motivacional y no con el llamado sistema mecánico.

El Doctor Maddy afirma: "Mi aportación en colaboración con el Doctor T. P. Getdings, es la cosa más importante que he hecho, porque ha permitido que tengamos orquestas sinfónicas en todas las pequeñas ciudades de los Estados Unidos y que se enseñen todos los instrumentos en las escuelas cualesquiera que sea su tamaño."

"En Europa todavía forman a los solistas —continuó—, aquí formamos a la orquesta. Y tenemos 1.400 orquestas sinfónicas lo cual constituye el 80% de todas las orquestas sinfónicas del mundo. Así es como formamos en el National Music Camp y así es como formaremos a los alumnos en la Academia."

El Doctor Joseph E. Maddy es la persona a la que me refería al terminar el último capítulo, cuando hablaba de un hombre que posee las verdaderas riquezas de la vida, porque emplea su poder de pensar y de hacer el bien ...tiene un matrimonio feliz y un hogar feliz ...presta un servicio a nuestro país y a la humanidad ...satisface algunas de las necesidades ajenas ...contribuye a edificar el carácter de la juventud americana ...inspira esperanza ...comparte sus riquezas con los demás, se siente enriquecido con la amistad de muchos amigos leales ...es querido y respetado por sus semejantes ...está entregado a una obra estimulante que ama ...ha triunfado en una verdadera actividad, olvidándose de sí mismo ......encuentra felicidad en los éxitos de sus hijos ...emoción al aprender algo nuevo ...posee buena salud y satisfacción, sin permitir que la satisfacción le impida realizar ulteriores progresos. En resumen, el doctor Maddy ha adquirido muchas de las verdaderas riquezas de la vida.

Hay personas que tienen objetivos elevados pero que fracasan. Porque ni siquiera empiezan la carrera, o bien corren durante la primera milla y luego abandonan. Quizá recorran la segunda milla —pero no siguen hasta el final de la carrera. Y sin embargo, para llegar al lugar de destino cualquiera que sea, es necesario llegar hasta el final.

No hay nada que pueda detenernos. Porque tenemos el privilegio de la libertad de elección en un país de oportunidades ilimitadas, con un gobierno que pone las verdaderas riquezas de la vida a la disposición de quienes las buscan. Como memorándum de estas riquezas, escuchamos lo que nos dice el gran norteamericano Herbert Hoover:

> Con nuestro sistema norteamericano único en el mundo, damos más oportunidades a todos los muchachos y muchachas que cualquier otro gobierno. ...Pero lo más importante de todo es que nosotros, en mayor grado que la mayoría de las naciones, respetamos los derechos individuales y la dignidad personal de nuestros conciudadanos...
>
> La distinción espiritual característica de esta filosofía en comparación con la otra (el comunismo) es la compasión. Se trata de la expresión más noble del hombre...
>
> No solamente creo que la fe religiosa triunfará sino que es vital para la humanidad en el porvenir...
>
> Debido a su fe religiosa, los Padres Fundadores enunciaron la ley más Fundamental de progreso humano desde el Sermón de la Montaña, cuando afirmaron que el hombre recibe del Creador ciertos derechos inalienables y que estos derechos deben ser protegidos, por la ley o por la justicia, contra las interferencias de los demás...
>
> Una de las riquezas de la vida norteamericana es la gran reserva de sentido dirigente que hay en el pueblo...
>
> (La libertad) es una cosa espiritual. Los hombres tienen que ser libres para rendir culto a Dios, para pensar, para sustentar opiniones, para hablar sin miedo. Tienen que ser libres para retar al mal y a la opresión con la seguridad de la justicia. La libertad supone que la mente y el espíritu del hombre solamente pueden ser libres si él es libre para moldear su propia vida, para desarrollar sus propios talentos, libre para ganar dinero, para gastarlo, para ahorrarlo, para adquirir propiedad para su vejez y para su familia...
>
> Ciertamente, es evidente que los objetivos de una sociedad organizada son asegurar la justicia, la libertad, el respeto por la dignidad del hombre y la mejora y seguridad de la vida.[1]

---

[1] *Addresses Upon the American Road*, Stanford University Press, Stanford, California.

Y es justo que este capítulo termine con otra afirmación de Herbert Hoover:

> Permítaseme sugerir que existen ya algunos antiguos y seguros Códigos de Etica. Existen los Diez Mandamientos, el Sermón de la Montaña, y las reglas del juego que aprendimos a los pies de nuestra madre. ¿Puede una nación vivir si no son estos los guías de la vida pública? Reflexionemos sobre ello.[1]

Y una vez que usted haya "reflexionado sobre ello" estará preparado para el próximo capítulo: "El indicador del éxito produce éxito".

---

[1] *Addresses Upon the American Road*, Stanford University Press, Stanford, California.

GRANDES PUERTAS GIRAN SOBRE PEQUEÑAS BISAGRAS

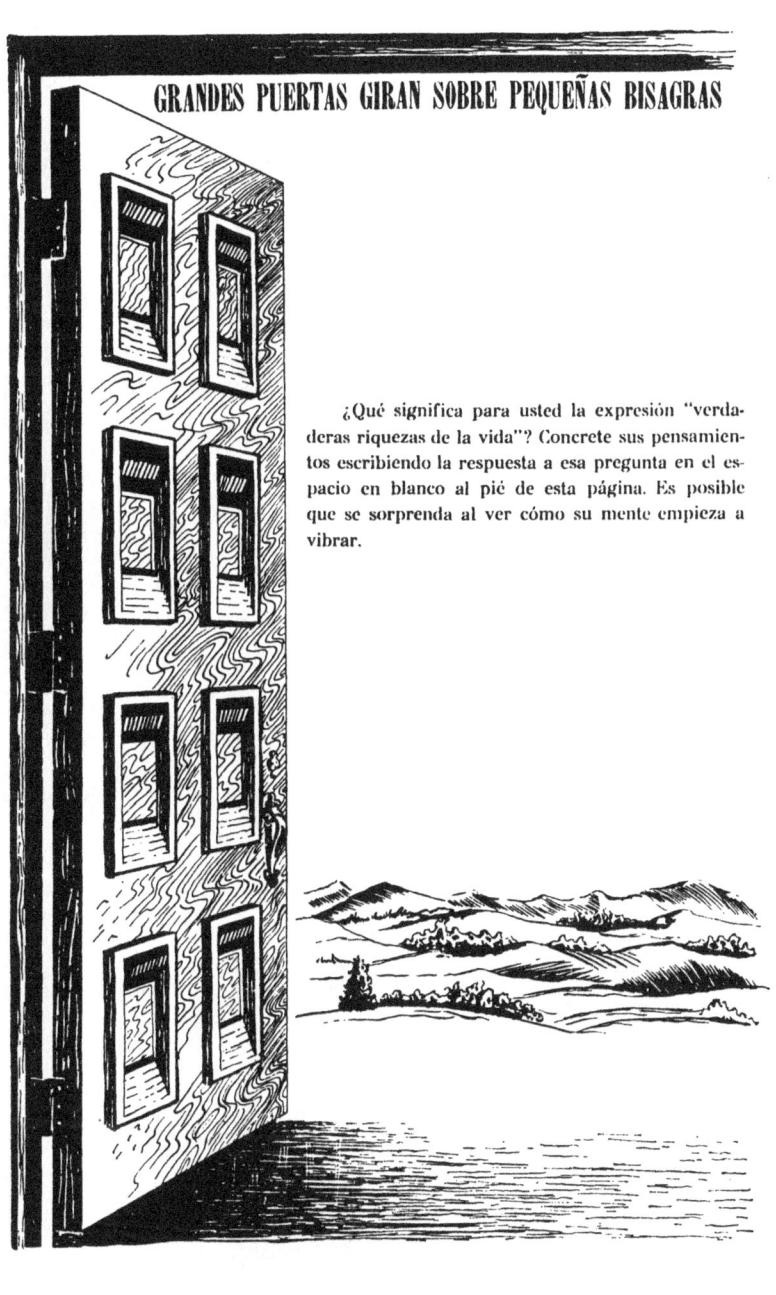

¿Qué significa para usted la expresión "verdaderas riquezas de la vida"? Concrete sus pensamientos escribiendo la respuesta a esa pregunta en el espacio en blanco al pié de esta página. Es posible que se sorprenda al ver cómo su mente empieza a vibrar.

Quinta Parte
TERMINA LA BUSQUEDA

19
El indicador del éxito produce éxito

¡Usted no puede fracasar!
Repito: Usted no puede fracasar—si *sigue las instrucciones* bosquejadas en este capítulo, que le explicará:

* Qué es el *Indicador del éxito*.
* Cómo construir un *indicador del éxito*.
* Cómo puede usted emplear el suyo propio.
* Por qué produce éxito el *Indicador del Exito*.

Y si usted emplea su *Indicador del Exito* se motivará a sí mismo para hacer grandes cosas ...eliminará los malos hábitos y adquirirá otros buenos ...saldrá de deudas ...ahorrará dinero ...adquirirá riquezas, salud, felicidad. ¡Se lo garantizo!

"Demuéstremelo", piense usted quizá.

Yo se lo demostraré, si usted hace algo por mí. Construya su *Indicador del Exito* y úselo a diario, tal y como se explica más adelante en este mismo capítulo. Entonces empezará a ver pruebas concretas; empezará a advertir cambios importantes en usted mismo. Haga la prueba. No tiene nada que perder y puede ganarlo todo. Pero tiene mucho que perder si, por inercia, apatía o pereza, no lo intenta. Entonces no sabrá usted nunca lo que ha desperdiciado.

Los principios sobre los que se base el *Indicador del Exito* no han producido más que bien a los innumerables miles de personas que los han utilizado: hombres de estado célebres, filósofos, sacerdotes, personas en todos los campos de la vida. Pero leamos primero la carta de Edward R. Dewey, sobre Indicadores Directores —al que me referí en el capítulo 11— porque también esta carta puede tener un tremendo impacto en su vida.

Indicadores Directores

¿Necesita usted saber lo que el futuro puede deparar a los negocios? Hay muchas maneras de hacer esto. Una de ellas es empleando los Indicadores Directores."
Un indicador director es cualquier cosa que ocurre antes que otra. Unas nubes negras son indicador director de la lluvia. la caída de las hojas proporciona un Indicador director del invierno. Los conejos de juguete por doquier son un Indicador director de la Pascua. En todos los casos, el Indicador se adelanta (*se dirige*) al acontecimiento en el que usted puede sentirse interesado.
Ciertas cifras de negocios tienden a subir o a bajar antes que otras. Esto es, tienden a llegar a un máximo y a empezar a bajar (o a llegar hasta un mínimo y empezar a subir) antes que le ocurra lo mismo a los negocios en general.
"Nuevos pedidos de bienes duraderos" son un ejemplo muy conocido de Indicador Director. Los pedidos decaen; luego decae la producción; aparecen entonces los tiempos muertos; éstos a su vez llevan a reducir los gastos. A consecuencia de ellos, las ventas de los detallistas se desmoronan; luego los detallistas reducen sus pedidos, etc., etc.
Otros Indicadores Directores son "las horas trabajadas en las manufacturas", "el número de nuevas compañías", "los precios en la Bolsa", "los contratos de construcción", "las quiebras".
Las "quiebras" (ya sea el *número* de quiebras o, mejor todavía, la suspensión de pagos) actúan al contrario. Esto es, cuando las quiebras aumentan es una mala señal; cuando disminuyen, es una buena señal.

El Indicador de Geisinger

Hay combinaciones e interrelaciones especiales de cifras de negocios que predicen todavía mejor (y con mayor anticipación) que los Indicadores Directores corrientes las vicisitudes de los negocios. Una de estas combinaciones especiales fue descubierta por Robert Geisinger de Troy (Ohio). Se le conoce con el nombre de Indicador de Geisinger. Normalmente cambia nueve meses antes de que cambie la situación en la producción industrial ("la producción industrial" es una medida del volumen de las cosas producidas por la industria.)
Solamente hay tres personas en el mundo que sepan cómo funciona el Indicador de Geisinger: Bob Geisinger, la señorita Gertrude Shirk, editora del *Cycles Magazine*,[1] y yo.

[1] 680 West End Ave, Nueva York, 25. N. Y.

Cycles Magazine publica mensualmente el Indicador Geisinger a fin de ayudar a sus suscriptores a adivinar el futuro de los negocios en general (la producción industrial).

Cómo relacionar y asimilar

A todo lo largo de este libro ha leído usted la expresión repetida muchas veces de *relacionar y asimilar*. Y, como lo que es obvio no es siempre evidente veamos cómo podría usted relacionar, asimilar y emplear los principios de la carta de Ned Dewey sobre Indicadores Directores.

¿Quiere usted saber lo que le depara el futuro en sus negocios, su familia, su vida social o personal (su estado físico, mental y moral)?

Recuerde que: *un Indicador Director es algo que ocurre antes que otra cosa. En todos los casos, el Indicador se adelanta, (se dirige) al acontecimiento en el que usted se siente interesado.*

Pero es preciso tener los *conocimientos* y el *modo de actuar* a fin de interpretar el sentido de lo que se observa. Si no sabemos que las nubes negras preceden a la lluvia, que las hojas caídas preceden al invierno, o que la venta de juguetes de Pascua precede a la Pascua, estos Indicadores Directores no tendrán ningún sentido para nosotros. Del mismo modo, si no sabemos que el hombre es hijo del hábito, no nos percataremos de que los robos hacen de él un ladrón, las mentiras hacen de él un embustero, y el hecho de decir la verdad hace de él una persona digna de crédito.

Dado que resulta fácil determinar qué características son Indicadores Directores del buen carácter y cuáles no lo son, usted puede escoger aquéllas que le ayuden a convertirse en la clase de persona que desea ser. Pero, para reaccionar ante un Indicador Director, hay que pensar.

Vemos que algo ocurre. Entonces, a través de la experiencia y del raciocinio inductivo, podemos lógicamente deducir lo que va a ocurrir. Ahora bien, si carecemos de experiencia, nuestra lógica se basará en premisas equivocadas, por lo que nuestras conclusiones serán erróneas. Por esto es por lo que trae cuenta oír la voz de la experiencia hasta que adquiramos una experiencia propia suficiente.

Es posible que veamos un resultado determinado. Gracias a la experiencia y al raciocinio, podremos descubrir la causa. Cuando conozcamos la causa, conoceremos el Indicador Director para ese mismo resultado en el futuro.

He aquí un sencillo ejemplo: si uno de mis nuevos agentes de ventas tiene la actitud mental adecuada, esto constituye un Indicador Director. Si aprende la teoría que se enseña en nuestra escuela de ventas, esto constituye un Indicador Director. Si emplea los principios que ha aprendido, también esto constituirá un Indicador Director. Cada uno de ellos indica que él tendrá éxito como agente de ventas para mi compañía.

Cuando conocí por vez primera a George Severance, me dí cuenta de que era un hombre de carácter, de que tenía una actitud mental positiva, de que le gustaba su trabajo y de que era un experto. De estos hechos pude lógicamente deducir que tendría éxito en su esfera de actuación.

Su Agenda Social y el sistema que nunca falla para alcanzar el éxito

Quizá recuerde usted que, en el capítulo 3, describí cómo George Severance creó un *Social Time Recorder* (Agenda Social) y se convirtió en un hombre que se construye a sí mismo.

A continuación, y por primera vez, le revelo a usted el secreto del éxito de George:

"El gran problema de la vida para casi todo el mundo —me dijo George— puede aclararse con el ejemplo de los agentes de venta que no llevan nota del total del tiempo efectivo dedicado a vender —*o tiempo de ventas*— esto es, del que dedican a esa labor. Estos vendedores no se dan cuenta del valor monetario del *tiempo de ventas* que desperdician. De hecho, no saben a donde van en la vida, ni cómo llegar a donde les parece que quieren ir—todo ello porque no llevan una Agenda Social". "Bueno, ¿cómo resolvió usted mismo el problema?" —le pregunté.

"En primer lugar, si uno quiere mejorar en su vida diaria, deberá ciertamente conocer alguno de los errores que se esconden en nuestros actos cotidianos. Para empezar, el hecho de conocer esos errores nos hace conscientes de cualquier automejora. Para

eso es para lo que me sirve mi Agenda Social. Me ayuda a *hacer más cosas—trabajando menos".*
"Y ¿por qué?"—le pregunté.
"Bueno, hay que tener objetivos concretos en la vida. El Presidente Wilson solía decir: *"Si no tiene visión, el pueblo perece".* Y sin dirección no se sabe a dónde se va. *Hay que tener algún propósito en la vida.*
"Porque lo que va a ocurrirnos mañana depende de lo que hacemos hoy y de lo que planeamos para mañana. Por eso me gusta saber lo que realizo cada día a fin de prepararme para el próximo".
"Dígame George —le pregunté— ¿cómo emplea usted exactamente su Agenda Social?
"Recuerde que el diagrama que he creado para mí mismo se ajusta a mi vida como un guante. Pero cualquier persona puede *emplear exactamente los mismos principios* que yo empleé, y planear su propia Agenda Social. Puede motivarle para alcanzar éxitos en cualquier actividad que elija. Por supuesto, *tendrá que usarla a diario.*
"Como puede ver yo he escrito en el diagrama: *Oficina, Comida o Cena, Reuniones, Charlas superfluas, Tiempo extra en las entrevistas, Deberes familiares y Horas últimas o perdidas.*
"Hablemos de los *Deportes*, por ejemplo. Siempre he sido un deportista entusiasta. Al principio de mi carrera de vendedor, me interesaba el Ping Pong y el Squash, y por ello busqué un Club en el que había un grupo de personas expertas en esos juegos. Nos reuníamos a las doce, y sabrá usted que yo jugaba a esos juegos hasta las tres de la tarde".
"En la línea señalada con la palabra *Deportes* escribía "dos horas" en la columna *Tiempo desperdiciado*. Después al acabar el mes, hacía un recuento. Y descubría que había gastado hasta 25 horas jugando al Ping Pong o al Squash durante el *tiempo de ventas*. Me dí cuenta enseguida que había que hacer algo a este respecto. No me interprete mal. Sigo jugando al Ping Pong y al Squash, pero solamente durante unas horas que dedico al *tiempo de jugar".*
¿Cómo le motivó su Agenda Social a hacer algo para eliminar el desperdicio del *tiempo de ventas?* —le pregunté:
"Bueno, en el diagrama, tengo unos cuadritos titulados *Me-*

joras necesarias: *Negocios y Personales*. En la columna *personales* escribo: "¡Suprime el ping pong y el squash durante el tiempo de ventas! Esta frase la abrevio en clave a fin de que, si alguien coge mi diagrama, no se dé cuenta de mis defectos personales.

"Como yo *rellenaba un diagrama nuevo todos los días*, cualquier interferencia de mis deportes en mi *tiempo de ventas* me llamaba la atención y actuaba para corregirlo. Al terminar el mes, podía ver el número de horas que los deportes habían robado al *tiempo de ventas*. Eso me motivaba a hacer algo al respecto".

"¿Dónde queda registrado el total en su Agenda Social?—le pregunté?".

"Para contabilizar el total al final del mes, hacía un diagrama especial cambiando simplemente la palabra "día" en "mes" en la primera línea de la cara primera de mi Agenda Social (véase la figura 3) y apunto la suma de todo el tiempo gastado en los lugares adecuados".

"¿Qué efecto tenía esa en usted?".

"Escribir a diario. "¡Suprime el ping pong y el squash!" bajo el epígrafe "mejoras necesarias" afectaba evidentemente mi subconsciente. Yo quería triunfar, y a su debido tiempo desarrollé el hábito de convertir el tiempo de ventas desperdiciado en tiempo de ventas útil. También hice deporte, pero durante mi tiempo dedicado a jugar".

"George, ¿tendré razón si llego a la conclusión de que ciertos epígrafes de la cara primera de su diagrama corresponden a un tiempo que podría constituir *una interferencia en el tiempo de ventas?*. Concretamente:

* *Charlas superfluas*. ¿Se refiere a cosas como desperdiciar con una taza de café el tiempo de ventas dedicado a las visitas?
* *Tiempo extra en entrevistas*. ¿Se refiere al tiempo innecesariamente gastado entre visitas demasiado prolongadas?
* *Deberes familiares*. ¿Se refiere a hacer recados o ir de compras para la familia durante el tiempo de ventas?

"¿Y me equivoco al decir que *horas perdidas* se refiere a un tiempo perdido o robado a su familia o a su hogar innecesariamente después de las reuniones de negocios, y que la abreviación *Obj.* equivale a "Objetivos" y que la *M* indica miles de dólares de seguros sobre la vida?

"Tiene usted toda la razón—dijo George.

"¿Cuál es la razón del epígrafe *Tardes?"*—le pregunté.

"En mi negocio, es necesario hacer algunas visitas por la tarde. Con mi Agenda Social he reducido este trabajo a dos noches por semana en lugar de seis. En estas ocasiones, sin embargo, abrevio mi día dedicado a los negocios para tener mucho tiempo que consagrar a mi familia, al recreo y al estudio. Todas estas cosas tienen una máxima importancia para llevar una vida verdaderamente exitosa.

"Les dije a continuación: "En la cara segunda de su diagrama (figura 4) pone usted los nombres de las personas que se propone visitar. *Tiempo de ventas* indica el tiempo u horas de sus citas. Y en la columna *Visitas de ventas* apunta usted el tiempo que ha invertido realmente en hablar con el posible cliente. En la sección *Entrevistas de ventas* la palabra *Sig* quiere decir *Visitas siguientes.* ¿No es cierto?

"Sí, y *hago una diferencia entre Visitas de ventas y las Entrevistas de ventas.* Hay muchas ocasiones en las que hago una visita y no intento realizar una venta. Puedo simplemente buscar una información o preparar un acuerdo para una *visita de ventas.* Se habrá fijado usted también en la anotación *Imp. Ventas*: quiere decir el importe total de los seguros sobre la vida vendidos. El epígrafe *Otras horas—Vis de serv* equivale a visitas de servicio.

"Consigo muchos clientes posibles en estas *visitas de servicio* y apunto su número en el epígrafe *Cl.*

"En *Clubs* pongo también el número de clientes posibles porque acepto invitaciones para jugar al golf durante mis horas de trabajo, si sé que con ello puedo conseguir nombres de buenos clientes posibles. Esto forma parte de mi negocio.

Entonces le pregunté: "¿Pone usted nombres en el epígrafe *Sustitutos para la lista de clientes posibles?*

"Sí, contestó George—Pasa igual que en el trabajo forestal. Si se corta un árbol, hay que plantar otro. Porque, si no se consiguen sustitutos, antes de poco tiempo se queda uno sin negocio.

"Vendo casi un 95% en mi primera visita de ventas, porque preparo todas esas visitas en las entrevistas de venta previas.

Nunca hago más de tres visitas a cada posible cliente. No quiero desperdiciar mi tiempo de ventas".

"Y ¿qué son esas dos líneas de cuadros al final de la cara segunda?".

"Son importantes. Es preciso tener algunos objetivos y hay que estar en condiciones de ver el progreso que se realiza. Como yo *preparo cada diagrama diariamente* tengo objetivos concretos para cada día.

"Cuando paso revista a los diagramas que he rellenado durante un mes, me resulta como ver un noticiario cinematográfico sobre lo que realmente ha sucedido. Al principio, lo que veía me daba vergüenza. Y porque me daba vergüenza hice algo al respecto".

No espere lo que no inspeccione

Epicteto dijo: *El camino hacia el infierno está empedrado de buenas intenciones.* Porque él conocía el poder atador de los hábitos una vez que se han creado y la dificultad de cambiarlos. George Severance también lo sabía. Y lo sabía Frank Bettger y Benjamín Franklin y usted.

Yo afirmo, y Epicteto estaría de acuerdo con esto, que: el camino hacia el cielo está empedrado de buenas intenciones, cuando lo recorre actuando y adquiriendo hábitos buenos y nuevos que reemplacen a los antiguos y malos.

Puede ocurrir que usted se sienta *inspirado para hacer acciones deseables,* pero quizá carezca de los *conocimientos* necesarios, o descuide el uso de las *capacidades* necesarias—en el caso de que las tenga—fracasando así en su propósito de desarrollar nuevas pautas de hábitos.

Pero Epicteto, Franklin, Severance y Bettger sabían lo que hay que hacer y cómo hay que hacerlo. Porque cada uno de ellos creó y empleó su propio *Indicador del Exito* para ayudarse a sí mismo a cumplir cada día sus propósitos. También usted puede hacer un *Indicador del Exito* especialmente planeado para usted.

¿Qué es un *Indicador del Exito?* Para George Severance es su Agenda Social y su Control del Tiempo de Ventas: Para Benjamín Franklin fue un pequeño libro. En su Autobiografía, Franklin escribió:

Cara 1ª   AGENDA SOCIAL

EL CONOCIMIENTO NOS HACE CONSCIENTES DE NUESTRAS PROPIAS MEJORAS

AGENDA SOCIAL

Nombre _____ Día _____ Fecha _____

Total de horas desperdiciadas _____ ¿Fué este día un éxito social? Sí.—No.— Esquemas de trabajo.

	Tiempo útil	Tiempo desperdiciado	Mejoras necesarias.	Objetivos semanales	Planeado	Realizado
1. Oficina			NEGOCIOS		Hora entrada	
2. Comida o cena				M		
3. Reuniones				Objetivos mensuales.	Hora salida	
4. Charlas superfluas						
1. Tiempo extra en Entrev.						
2. Deportes			PERSONALES	M	Tardes	
3. Deberes familiares				Objetivos anuales		
4. Horas perdidas						
EL AHORRO ... CLAVE DE INDEPENDENCIA					Estudio y planes	
Planeado [ ] Realizado [ ]				M		

RASGOS DE CARACTER Y PERSONALIDAD

Positivos, que hay que acentuar   Negativos, que hay que eliminar
1 _____   1 _____
2 _____   2 _____
3 _____   3 _____

Figura 3

Cara 2ª   AGENDA DE VENTAS

EL EXITO DE MAÑANA DEPENDE DE LO REALIZADO HOY

CONTROL DEL TIEMPO DE VENTAS

VISITAS	Tiempo de Ventas		Visitas de ventas		Entrevistas de ventas		RESULTADOS			OTRAS HORAS			
	Hora	Gast.	1ª	2ª	1ª	2ª	Sig	Int. ventas	Imp. ventas	Vis de serv.	Cl.	Club	Tel.	Comidas

SUSTITUTOS PARA LA LISTA DE CLIENTES POSIBLES

NOMBRE   DIRECCION   EDAD   INGRESOS   HIJOS

1 _____
2 _____

Citas tarde [ ]   Tiempo de viajes [ ]   Horas de ventas [ ]   Horas oficina. [ ]   Nº de citas por mes [ ]

Obj [ ]   Obj [ ]   Obj [ ]   Obj [ ]   Obj [ ]

Figura 4

Hice un pequeño libro, en el cual dediqué una página para cada una de las (Trece) Virtudes. Cuadriculaba cada página con tinta roja, para tener siete columnas, una para cada día de la semana, y marcaba cada columna con una letra para cada día. Cruzaba esas columnas con trece rayas rojas, marcando el principio de cada línea con la primera letra de una de las Virtudes, en cada línea y en la columna adecuada, yo podía marcar con un pequeño punto negro todas las faltas que descubría, tras de un examen, que había hecho durante ese día por lo que se refiere a cada una de las virtudes.

Y las páginas que Franklin diseñó se asemejaban a éstas:

HUMILDAD							
Imita a Jesús y Sócrates							
	D	L	M	M	J	V	S
T							
S	*	*				*	
O	*	*	*		*	*	*
R		*					*
F			*	*			
I		*			*		
S	*	*		*			
J		*			*		
M			*	*			*
C	*					*	
T			*		*		
C		*			*	*	
H							

En su libro *How I Raised Myself from Failure to Success in Selling*. (Cómo me elevé del fracaso al éxito en el negocio de vender) explicó exactamente cómo empleó el principio de Franklin. En lugar del libro utilizó trece cartones que a él—como a George Severance—le parecieron más útiles que un librito. Al igual que George Severance y que Benjamín Franklin, colocaba un automotivador en la parte superior de cada cartón o diagrama. En su primer diagrama "Entusiasmo"—el automotivador era: *Para ser entusiasta—actúa entusiásticamente.*

Estos hombres emplearon sus Indicadores del Exito para varios fines: uno de ellos era controlar su propia actividad de cada día. Una organización de negocios exitosa considera que es obligatorio examinar el trabajo con regularidad; y sin embargo, no es corriente que una persona inspeccione a diario sus hábitos. Ahora bien, en esto estriba el secreto del éxito:
No esperes lo que no inspecciones.

Usted puede fácilmente comprender que cumplirá sus propósitos de Año Nuevo con mucha mayor eficacia si se controla a sí mismo a diario y si sigue esforzándose.

Ahora, antes de ofrecerle sugerencias que le serán útiles para planear su propio Indicador del Exito, analicemos hasta qué punto es importante la *inspección* porque es preciso tener fe en uno mismo y en los demás, pero la fe no tiene que ser ciega.

"La Fe"[1]

"La Fe", cuadro reproducido en este capítulo, fue pintado al temple por el célebre pintor español José Gausachs, profesor de las Bellas Artes Dominicanas de Santo Domingo. Fíjese bien en la reproducción de ese cuadro. ¿Qué vé usted?

Yo veo una concepción de la fe—una fuerza terrible que surge del Mar Caribe—femenina y poderosa, avanzando hacia los cielos, enfrentándose con todos los hombres de la tierra. ¿Están cerrados sus dos ojos o tiene uno abierto en parte? Nadie más que usted, ni siquiera José Gausachs, puede contestar a esta pregunta por usted. Mire fijamente el cuadro y decida por sí mismo.

Fe es lo que se cree—confianza completa en algo o en alguien, aunque ese algo o ese alguien se presta a dudas o a sospechas. La fe ciega, con sus dos ojos constantemente cerrados, carece de discernimiento, y evidencia poca predisposición para comprender. Una fe semejante carece a menudo de razón o de discernimiento. Es madre de la ignorancia y es causa frecuente de desgracias y de desastres.

¿No se fortalece la fe cuando tiene un ojo cerrado y otro abierto en parte—ya sea la fe en un individuo, en una idea o en una filosofía? ¿No es eficaz cuando aquellos en los que usted, quiere influir no están absolutamente seguros de que un ojo esté en parte abierto o no, cuando parece que ambos están cerrados?

Mantener abierto en parte un ojo para inspeccionar no denota, por sí mismo, el más mínimo grado de desconfianza. Sino que, al actuar así, fortalece, protege y garantiza la conservación y la eficacia de la fe en todas aquellas relaciones en que la fe es imprescindible para la armonía y la felicidad.

Tenga fe en usted mismo y en los demás pero no se ciegue a la realidad. Los demás no tienen por qué conocer con ningún grado de certeza si —al igual que los ojos del cuadro "La Fe"— ambos ojos están cerrados o si uno de ellos está en parte abierto. Ellos, al igual que usted, tienen que tomar su propia decisión y actuar de acuerdo con ella.

Sea honrado consigo mismo

"Si usted es una persona honrada cuando promete algo a otra persona lo cumplirá. Pero tan importante como eso es ser *honesto con uno mismo*. Así pues, cuando se prometa algo a usted mismo cumpla esa promesa. Y no haga una promesa si no piensa cumplirla", afirma George Severance.

Depende de usted

Formule ahora una promesa solemne:
Me prometo a mí mismo que:
1. Empezaré a planear mi propio Indicador del Exito antes de acostarme esta noche.
2. Dedicaré por lo menos treinta minutos diarios durante los treinta días próximos a estudiar, a pensar y a hacer planes —esforzándome con concentración en la automejora— a fin de sacar el mayor provecho posible de mi Indicador del Exito.
3. Empezaré inmediatamente una nueva serie de treinta días si algún día dejo de cumplir mi promesa de dedicar media hora a esta forma de automejora.
4. Pediré el auxilio divino siempre que empiece mi media

EL INDICADOR DEL ÉXITO PRODUCE ÉXITO

hora de automejora, y daré gracias al Poder Divino por sus gracias concretas. (Enumérelas).

Las sugerencias siguientes pueden ayudarle:

* Empiece con un lápiz y un trozo de papel. Más adelante, cuando ya haya creado una fórmula que sea eficaz, haga que se la reproduzcan con multicopista o en imprenta. Los diagramas de George Severance están impresos, pero él empezó simplemente con una cuartilla.
* Debe haber un automotivador en la primera línea. Este automotivador se puede cambiar a intervalos regulares, pero no antes de una semana.
* Si le resulta difícil concebir una forma, puede usted copiar lo que sea aplicable de los reproducidos en este capítulo.
* Déle un título adecuado, como por ejemplo: "Mi Indicador del Exito".
* Prevea unos espacios adecuados a fin de poder controlar si ha cumplido un objetivo o si ha fracasado momentáneamente.
* Es posible que prefiera tener un diagrama que indique los progresos relativos.
* Señale las características positivas que desea adquirir. Le aconsejo que, en vez de indicar negaciones redacte sus frases en tono positivo. Ejemplo: "Si su punto débil es el engaño, en lugar de la expresión negativa. "Suprime los engaños" escriba: "Di la verdad" o "Verdad"
* Como el fuego del entusiasmo puede apagarse si no le reaviva, procure leer algunos libros de autoayuda durante cinco minutos diarios por lo menos.
* Ahora tiene que pensar usted solo. Sólo usted tiene poder para dirigir sus pensamientos y controlar sus emociones. Por consiguiente, tiene que crear sus propios diagramas para que este programa sea eficaz. Porque los autobeneficios se obtienen a través del esfuerzo propio.

GRANDES PUERTAS GIRAN SOBRE PEQUEÑAS BISAGRAS

El instrumento más potente de que se puede disponer para alcanzar firmemente el éxito es un balance por escrito de los hábitos diarios. Si se lleva correctamente, este balance será el fiel espejo de todos los esfuerzos y de todas las acciones de su vida cotidiana. Le permitirá, con sorprendente vitalidad, *re-dirigirse* a sí mismo. Siguiendo los principios y ejemplos de este capítulo, empiece hoy mismo a planear su Indicador del Exito personal.

20

El autor pasa revista a su propia obra

"Una pequeña mancha de tinta hace pensar a miles de hombres, e incluso a millones" escribió Byron en su *Don Juan*. Y eso mismo pensé yo cuando empecé a escribir el manuscrito de este libro. Porque su objetivo es motivar al lector para que:

1. Aprenda y emplee estos tres conceptos sencillos y fácilmente comprensibles que debe emplear cualquier persona para alcanzar un éxito continuado en cualquier actividad humana. En esto consiste la esencia de esta obra. Porque la persona que emplea esos tres ingredientes combinados en cualquier actividad concreta no puede fracasar.

* *Inspiración para actuar*: lo que nos motiva a actuar porque así lo queremos.
* *Modo de actuar*. Las técnicas y habilidades especiales que le consiguen resultados coherentes cuando las aplicamos. Se trata de una aplicación adecuada de los conocimientos. *El modo de actuar* se convierte en hábito a través de una *experiencia* real reiterada.
* *Conocimiento de la actividad*: Conocimiento de la actividad, servicio, producto, método, técnicas y habilidades que les conciernen.

2. Luche día tras día a fin de continuar su educación y ampliar así sus horizontes.

3. Se ayude a sí mismo a convertirse en una persona mejor, y luche constantemente para hacer que el mundo sea mejor para él mismo y para los demás.

4. Aprenda a desarrollar el hábito de identificar, entender, relacionar, asimilar y emplear los principios que le proporcionan sus lecturas, las personas que conoce y sus experiencias cotidianas.

5. Adquiera riquezas económicas y éxitos en los negocios, aunque toda *su atención esté concentrada en las verdaderas riquezas de la vida.*
6. Conserve y proteja su herencia en tanto que norteamericano.
7. Sienta, viva y actúe con una filosofía, resultante de la acción de luchar por cumplir los preceptos de las enseñanzas religiosas de su propia vida.
8. Buscar y descubrir las verdaderas riquezas de la vida.

Digamos una vez más que: *una gota de tinta hace pensar a miles de hombres, incluso a millones.* Y un libro de autoayuda ha mejorado las vidas de miles y miles de personas. La de Fuller Duke, por ejemplo.

Se ha abierto mi mente

Fuller era un agente de ventas exitoso, y pasó a ser director de ventas exitoso a mis órdenes, antes de quedarse ciego. Al igual que todos nuestros representantes, recibió libros y álbumes de discos de autoayuda, tales como: "El sistema que nunca falla para alcanzar el éxito".[1] Fuller es un marido feliz y padre de cinco niños guapos y cinco niñas maravillosas.

Y algo más: Fuller Duke tiene una fe religiosa muy viva. Lo ha demostrado muchas veces en el pasado. Y lo ha evidenciado en el momento actual, con la carta que hace poco me escribió y de la que transcribo a continuación un extracto:

"Me ha visto uno de los mejores oculistas del país. Ha hecho todo lo posible por salvar mi vista, y se quedó muy afligido en el examen último, al descubrir que no serviría de nada seguir operándome o tratándome.

"Por lo que se refiere a mis planes sobre el futuro: teniendo en cuenta que toda adversidad lleva en sí misma el germen de un beneficio equivalente o mayor, y utilizando "El sistema que nunca falla para alcanzar el éxito". me sentí *inspirado para actuar* e inmediatamente empecé a adquirir el *modo de actuar* y el *conocimiento* necesarios para descubrir, en el caso de que existieran, cuáles iban a ser mis limitaciones. Resultó apasionante descubrir que esto no constituye más que un rodeo en el camino hacia mi último objetivo.

"Desde el jueves pasado he hablado con muchos profesionales,

[1] Businessmen's Record Club, 415 N. Dearborn St., Chicago 10. Ill.

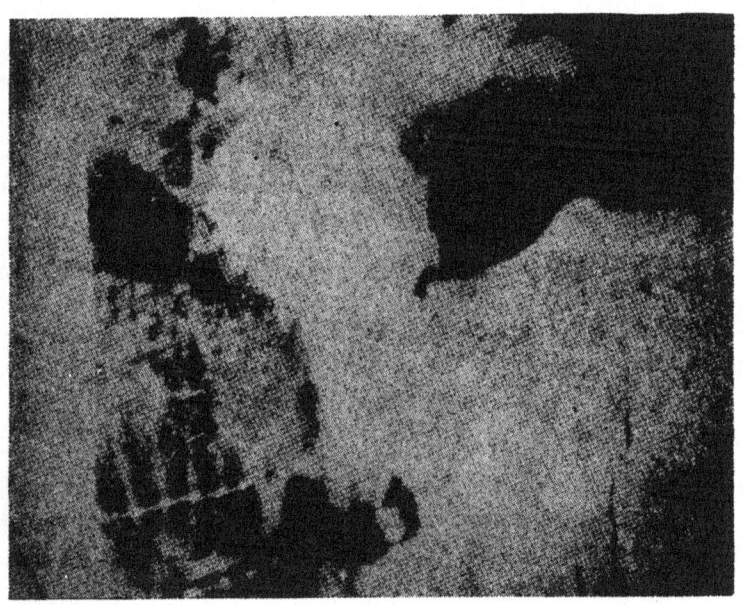

Esta foto fascinadora no es una ilusión. Es una foto real y clara de una cosa muy corriente. *¿Puede usted verla?*

© L. L. Tillery (véase al dorso)

El objeto de la foto es una vaca. La cabeza de la vaca nos mira fijamente desde el centro de la foto. La Optometric Extension Program Foundation emplea mucho esta foto para demostrar la diferencia entre *vista* y *visión*. ¿En qué consiste la diferencia? Según la Foundation, visión es la capacidad de dar un significado de lo que se vé.

La foto también puede ayudar a grabar en nosotros un dato de extrema importancia: *leer* no es lo mismo que *comprender*. ¿En qué consiste la diferencia? La comprensión es la capacidad de dar un *significado* a lo que se lee. Cuanto más capaz sea usted de esto, más valioso le resultará el tiempo que dedique a este libro.

Probablemente no vio usted inmediatamente la vaca en la foto la primera vez que la miró. ¿No será probable entonces que haya usted pasado por alto el *significado* de estas páginas, después de una sola lectura? Este libro hay que volverlo a leer y estudiarlo hasta que nos entregue sus poderosas ideas.

dirigentes y hombres de negocios, y me he enterado de que, yendo a una escuela durante tres meses, puedo aprender el alfabeto Braille y a viajar solo. En resumen, a llevar una vida normal. Me he dedicado a "muchas tormentas de ideas", y todos mis pensamientos son positivos...

"Desde luego, no dejaré de buscar la curación. Espero que yo también como George Campbell en el libro *Success Through A Positive Mental Attitude*—podré demostrar mi actitud mental positiva, probando que todavía soy capaz de alcanzar éxitos.

"Creo firmemente que la era de los milagros no ha pasado todavía y que, si tal es la voluntad del Todopoderoso, las oraciones de mis familiares y amigos no quedarán sin respuesta.

"*¡Aunque mis ojos se han cerrado... se ha abierto mi mente!*"

El modo en que podemos, usted y yo, mantener abiertas nuestras mentes es continuar nuestra educación.

Ensanche sus horizontes

"Educación es lo que estamos intentando hacer dentro de nuestro modo americano de vida a fin de fomentar lo mejor de cada individuo. Procuramos fomentar en el individuo su bienestar intelectual, físico y moral", dice el Doctor K. Richard Johnson, presidente del National College of Education en Evanston, (Illinois).

Y Paul Molloy en su libro lleno de humor, pero realista, *And Then There Were Eight*[1] (Y entonces fueron ocho) escribe:

"...La verdadera formacion del niño no empieza en la escuela o en la iglesia empieza en las rodillas de su madre."
"...Si los padres y los hijos se mezclaran más los unos con los otros, se sentirían menos inclinados a olvidarse los unos de los otros más adelante."
"...No sé lo que dirían los expertos en formación infantil sobre esto, pero nosotros hemos actuado apoyándonos en la teoría de que un niño lo suficientemente espabilado como para no querer nabos cuando hay dulces en la mesa, es casi lo suficientemente espabilado como para empezar a cuidarse de sí mismo."

Y por lo que a mí se refiere, yo recomendaría los consejos del hombre que tiene los conocimientos y el modo de actuar para educar niños, antes que el consejo del experto en educación infantil que nos explica cómo hay que educarlos, aunque él no tenga ningún niño propio que educar.

---

[1] Doubleday & Company. Nueva York.

Los libros de autoayuda cambiaron su vida

Y de esto mismo tenía yo garantías cuando escribí este libro. Porque tengo la experiencia, los conocimientos y el modo de actuar para motivar a la gente en todos los campos de la vida.

Una manera de motivar a la gente es proporcionarles un libro de autoayuda. Yo *cuento historias* sobre el valor de cualquier libro concreto que recomiendo, relatando sucedidos auténticos sobre cómo ese libro ha ayudado a otras personas. Esta técnica ha sido particularmente eficaz al tratar con adolescentes de ambos sexos a través de Clubs de Muchachos, escuelas, colegios e instituciones penales.

Francis McKay es asistente social en la Correccional de Chicago. Ha estudiado el curso de *PMA Science of Success* (Ciencia del éxito AMP), y se le ha enseñado el modo de motivar a los demás merced a libros de autoayuda. A continuación reproduzco parte de una carta que me inspiró cuando la recibí de uno de sus educandos adolescentes no hace mucho tiempo. El muchacho había aprendido el modo de relacionar y de asimilar principios que podían cambiar y mejorar el curso de su vida:

Muy señores míos:

Acabo de leer su libro *Success Through A Positive Mental Attitude*. Quiero darle las gracias por haber escrito un libro semejante...
Puedo decirles honradamente que el libro me ha inspirado y ha cambiado mi modo de pensar. Me ha demostrado que "allí donde hay voluntad, hay un camino".

Sabrán ustedes que tengo 19 años de edad y que el "niño-problema" y el "Charlie Ward" que ustedes mencionan en su libro soy yo mismo mirándome al espejo, y viéndoles tal como son. También sentí orgullo al sentirme reconocido como el niño malo número 1 de la pandilla. Debido a ese orgullo, a mi medio ambiente y a mis compañeros, he ido a reformatorios e instituciones como esa durante los últimos cuatro años. Sé que ya es hora de ser adulto y de abandonar a mis compañeros y de hacer algo por mí mismo:

Cuando pasen los años y viva y trabaje como debe hacerlo un hombre respetable, miraré hacia atrás y recordaré al asistente social y a los libros. Sé que puedo hacer buenas cosas, y con la ayuda de Dios las haré.

Mi filosofía de la vida solía ser: "Vive para hoy y olvida el día de mañana"; mis perspectivas han cambiado y son ahora: "Vive para el día de mañana".

Nunca olvidaré esas palabras porque creo en ellas: *Lo que la mente concibe y cree, la mente puede realizarlo.*

El vigilante de buen corazón

Arthur Ward es Superintendente del Correccional de Chicago. Se le conoce con el nombre de vigilante del buen corazón.

Más de la tercera parte de los internados son alcohólicos como lo es el propio Ward. Pero, gracias a la inspiración de su mujer y de su párroco, desarrolló el valor y la fuerza para contestar negativamente a las tentaciones de beber... y, como es un hombre que se construye a sí mismo, conoce el modo de inspirar y de construir a aquéllos que se ven afligidos por la misma desgracia que él supo superar. El sabe que la esperanza es el ingrediente mágico de la motivación, por ello creó una filosofía llamada *Operación Esperanza.* Cuando los hombres y las mujeres se van del Correccional, se sienten orgullosos por su apariencia y llevan en sus corazones una filosofía inspiradora. Porque, dentro del marco de la *Operación Esperanza,* se le daba a cada uno ropa adecuada y una oportunidad para aprender los principios del Exito, merced a *la Ciencia del Exito AMP* y a otros libros inspiradores.

Y Ward añade: "Me imagino que usted dirá que el tema de la *Operación Esperanza* ha sido la historia de mi vida. Simboliza para mí las verdaderas riquezas de la vida—la recompensa que obtenemos al ayudar a los demás a que jueguen el juego de la vida de la mejor y más completa manera posible".

¿Qué tienen que decir otras personas sobre este asunto? He aquí algunas respuestas adicionales a la pregunta: "¿Cuáles son las verdaderas riquezas de la vida?".

General David Sarnoff

"Si bien es cierto que podemos conseguir felicidad y paz y serenidad estando en el último peldaño de la escala, también es cierto que no podemos disfrutar del éxtasis de las realizaciones. El éxito en la acepción general de la palabra, significa la oportunidad de experimentar y de realizar al máximo las fuerzas que llevamos en nuestro interior".

John A. Notte Jr.
Gobernador del Estado de Rhode Island
y Providence Plantations

"A mí me parece que "las verdaderas riquezas de la vida" son espirituales y se derivan de una buena vida familiar, de la fuerza interior que nos viene de la fe practicada deliberadamente, y de ajustar elevados ideales a la conducta personal de cada día".

Price Daniel
Gobernador del Estado de Texas.

"Nuestro éxito en la vida depende enteramente de lo que hagamos en esta vida por nuestros semejantes. Esta es la prueba que nos dijo el Maestro que se aplicaría en el día del Juicio final. Según sus palabras: "Lo que hagáis al más pequeño de Mis hermanos, a Mí me lo hacéis".

Mark O. Hatfield
Gobernador del Estado de Oregon.

"Se me ha ocurrido inmediatamente que estas riquezas no se encuentran en las cosas materiales. Tampoco se encuentran en una filosofía sino que se encuentran en una Persona. San Pablo escribó a los Colosenses: "En Jesucristo se esconden todos los tesoros de Dios de sabiduría y de conocimiento" Yo he descubierto en mi vida privada que eso es cierto. En mi relación con esa Persona se encuentran verdaderas riquezas—el tesoro de la Sabiduría de Dios. Todo lo demás que tiene algún valor emana de eso".

Sor Joan Margaret,
Directora de la St. Vincent's School para niños impedidos.
Port-au-Prince. Haití.

"Me pregunta sobre "las verdaderas riquezas de la vida". Muy sencillo: el amor de Dios y el amor del prójimo. Esto remite simplemente a la Biblia. Yo creo firmemente que: "Todo lo que es conforme a la verdad, todo lo que respira pureza, todo lo justo, todo lo que es santo, todo lo que os haga amables, todo lo que sirva al buen nombre, toda virtud, toda disciplina loable, esto sea vuestro estudio" (Phil. 4,8)".

No sé cuál es la edad de Sor Joan Margaret... no sé que aspecto tiene... pero sé que ha encontrado las verdaderas riquezas de la vida. Esa muchacha norteamericana está haciendo tanto por los niños inválidos de Haití que para mí es un símbolo de todas las buenas mujeres que consagran sus vidas al servicio de la iglesia. Ella siente un gran amor por todo el mundo, y una compasión especial por los enfermos y por los inválidos.

Otra muchacha norteamericana que descubrió las verdaderas riquezas de la vida en Port-au-Prince, es Lavinia Williams Yarborough, famosa bailarina que dirige el Instituto Haitiano de Danza.

Por qué amo a mi gente

Lavinia me escribía hace poco: "Empecé a trabajar con Sor Joan Margaret en 1954 durante el Huracán Hazel. Realizó un trabajo gigantesco yendo en avión a varias partes de Haití para ayudar a llevar ropa y comida a las víctimas. En uno de estos viajes, encontró a una niña de seis meses de edad que era la única superviviente del pueblo. Se la llevó a Port-au-Prince y la cuidó hasta devolverle la salud. Había estado enferma y muriéndose de hambre.

"Dije a la hermana que empezaría a dar a la niña servicio a fin de desarrollar su cuerpo cuando tuviera tres años de edad. Era muy delgada para su edad, pero me gustaría que la viera ahora: es una muchacha hermosa, sana y normal que sigue bailando.

"También trabajo con los sordomudos. Uno de mis educandos de St Vincent es un sordomudo, y enseña danzas en el Hogar de Sor Joan. Cojo de alumnos a algunos de los mudos que bailan en mis conciertos. Nadie podría identificarlos como sordomudos, puesto que yo nunca los he distinguido de los niños normales. En la actualidad tengo como alumnos a cuatro mudos, y los cuatro son excelentes. También trabajo junto a Sor Joan, con las víctimas que se han recuperado de la poliomielitis. Estos niños estudian el ballet para fortalecer sus músculos. También tengo otros niños procedentes de St Vincent."

Las puertas grandes giran sobre pequeñas bisagras

Este capítulo es un repaso de todo el libro. En él, usted puede sentir las corrientes subterráneas que fluyen a todo lo largo. Hemos concentrado los focos sobre las verdaderas riquezas de la vida. Porque, al buscarlas, podemos encontrar también riquezas económicas y éxitos.

Durante un discurso, el Gobernador Price Daniel de Texas,

puso el siguiente ejemplo: "Un dirigente sudamericano y visitante nuestro al que, hace muchos años, le preguntaron por qué el progreso material de Norteamérica había superado en tan gran medida al de Sudamérica, contestó: *"Los hombres que poblaron Norteamérica vinieron aquí buscando a Dios. Los que fueron a Sudamérica iban en busca de oro.*"*

La mujer de uno de mis directores de ventas de Waco (Texas), Naomi Nyberg, está escribiendo un libro titulado: "Grandes puertas giran sobre pequeñas bisagras." El título se me quedó en la cabeza como una melodía, por lo que pedí a Naomi que me diera permiso para utilizarlo como capítulo o epígrafe y ella me dio, con amabilidad y entusiasmo, el privilegio de compartir este pensamiento con usted.

Así pues, al término de cada capítulo ha visto usted que "grandes puertas giran sobre pequeñas bisagras." La puerta abierta simboliza la fe en nuestros semejantes, nuestra visión del mundo exterior...y en su interior está el lugar oculto, tan evidente que no se le puede ver.

El lugar oculto...

Existe una vieja leyenda hindú que cuenta que, cuando los Dioses estaban haciendo el mundo, dijeron: "¿Dónde podremos esconder los tesoros más valiosos, a fin de que no se pierdan? ¿Cómo podremos esconderlos que la codicia y el ansia de los hombres no los roben ni destruyan? ¿Cómo podremos asegurarnos de que estas riquezas se traspasarán de generación en generación en beneficio de toda la humanidad?"

Por ello, en su sabiduría, eligieron un lugar oculto que era tan evidente que no se le podía ver. Y allí colocaron las verdaderas riquezas de la vida dotadas del mágico poder de renovarse eternamente. En ese lugar oculto, podrá encontrar esos tesoros cualquier persona viva de cualquier país que siga el *sistema que nunca falla para alcanzar el éxito.*

---

* N. T.: El señor gobernador Price Daniel seguramente olvidó a los misioneros y grandes virreyes que pasaron por nuestro continente y enseñaron su idioma y el cristianismo a nuestros indígenas y también no ha de recordar la famosa frase de muchos de los pobladores de norteamérica "no hay mejor indio que el indio muerto".

GRANDES PUERTAS GIRAN SOBRE PEQUEÑAS BISAGRAS

Las verdaderas riquezas de la vida están escondidas en los corazones y mentes de los hombres.

Bibliografía y libros recomendados

La Biblia.
Alger, Horatio Jr., *Robert Coverdale's Struggle.* (El combate de Robert Coverdale). (o cualquiera de los libros de Horatio Alger), Hurts & Company.
Baudoin, Charles. *Suggestion and Autosuggestion,* (Sugestión y Autosugestión). The Macmillan Co., Nueva York, N.Y.
Bettger, Frank. *How I Raised Myself from Failure to Success in Selling,* (Cómo me elevé del fracaso al éxito en el arte de vender). Prentice-Hall, Inc., Englewood Cliffs, N.J.
Blanton, Smiley, M. D., *Love or Perish.* (Ama o perece). Simon & Schuster, Nueva York, N.Y.
————, *The Healing Power of Poetry.* (El poder curativo de la poesía). Thos. Y. Crowell Co., Nueva York, N.Y.
Brande, Dorothea. *Wake Up and Live.* (Despierta y vive). Simon & Schuster, Nueva York, N.Y.
Bristol, Claude M., *The Magic of Believing,* (La magia de creer). Prentice Hall, Inc, Englewood Cliffs. N.J.
Bristol and Sherman, *TNT. The Power Within You.* (El poder que llevamos en nuestro interior). Prentice-Hall, Inc. Englewood Cliffs, N.J.
Butler, Samuel, *The Way of All Flesh,* (El destino de toda carne). E. P. Dutton, Nueva York, N.Y.
Carnegie, Andrew, *Autobiography of Andrew Carnegie.* (Autobiografía de Andrew Carnegie). Hougthon Miffling Co., Boston, Mass.
Carnegie, Dale, *How to Win Friends and Influence People.* (Cómo ganar amigos e influir en la gente). Simon & Schuster. Nueva York. N.Y.
Carrel, Alexis, *Reflections on Life,* (Reflexiones sobre la vida). Hawthorn Books, Inc., Nueva York, N.Y.
Clason, George S., *The Richest Man in Babylon,* (El hombre más rico de Babilonia). Hawthorn Books, Inc., Nueva York, N.Y.

Collier, Robert, *Secret of Ages.* (El secreto de las Edades). DeVorss & Co., Los Angeles, Calif.
Conwell, Russell H., *Acres of Diamonds.* (Campo de diamantes). Harper & Bros., Nueva York, N.Y.
Coué, Emile, *Self-Mastery Through Conscious Autosuggestion.* (El dominio de sí mismo a través de la autosugestión consciente). American Library Service.
Crow, Lester and Alice, *Learning to Live with Others.* (Aprendiendo a vivir con los demás). D.C. Heath & Co., Boston, Mass
Cycles Magazine, 680 West End Ave., Nueva York 25, N.Y.
Danforth, William H., *I Dare You!* (Te desafío!). I Dare You Committee, Checkerboard Square, St. Louis 2, Mo.
Dewey & Dakin, *Cycles,* (Ciclos). Henry Holt & Company, Nueva York, N.Y.
Dey, Frederic Van Rennselaer, *The Magic Story,* (La historia mágica). DeVorss & Company.
Douglas, Lloyd C., *Magnificent Obsession,* (Magnífica obsesión). Houghton Mifflin Company, Boston, Mass.
Durant, Will, *The Story of Philosophy.* (La historia de la Filosofía). Simón & Schuster, Nueva York, N.Y.
Edlund, Sidney & Mary, *Pick Your Job and Land It.* (Coja un empleo y conquístelo). Prentice-Hall, Inc., Englewood Cliffs, N. J.
Emerson, Ralph Waldo, *Essays,* (Ensayos). Thomas Y. Crowell Co., Nueva York, N.Y.
Enciclopaedia Britannica. Enciclopedia Británica, Inc. Nueva York, N.Y. y Chicago, Ill.
Engle, T. L., *Psychology—Principles and Application.* (Sicología. Principios y aplicaciones). World Book Co., Chicago, Ill.
Germain, Walter M., *Magic Power of Your Mind.* (El mágico poder de vuestra mente). Hawthorn Books, Inc., Nueva York, N.Y.
Guideposts magazine, Carmel, N.Y.
Haddock, Frank Channing, *Power of Will.* (El poder de la voluntad). Ralston Publishing Co., Cleveland, Ohio.
Hayakawa, S. I. *Language in Though and Action.* (El lenguaje en el pensamiento, en la acción). Harcourt, Brace & Co., Nueva York, N.Y.
Hill, Napoleon, *Think and Grow Rich.* (Piensa y enriquécete). Combined Registry Co., Chicago, Ill.
———, *The Law of Success.* (La ley del éxito). The Ralston Publishing Co.
———, *How to Raise Your Own Salary,* (Cómo aumentar nuestro sueldo). Combined Registry Co., Chicago, Ill.
———, *PMA Science of Success Course,* (PMA, Curso sobre la ciencia del éxito), Combined Registry Co., Chicago, Ill.
Hill and Stone. *Success Through a Positive Mental Attitude.* (El éxito a través de una actitud mental positiva). Prentice-Hall, Inc. Englewood Cliffs. N. J. En español, edición de Herrero Hermanos Sucesores, S. A.
Hoover, Herbert. *Addresses Upon the American Road.* (Alocuciones sobre

BIBLIOGRAFÍA

el camino de Norteamérica) (7 vols.), Stanford, University Press, Stanford, Calif.
Hoover, J. Edgar. *Masters of Deceit.* (Maestros en el engaño). Henry Holt & Company, Nueva York, N.Y.
Hudson, Thomson Jay. *The Law Of Psychic Phenomena.* (La ley de los fenómenos síquicos), A.C. McClurg & Co.
Hurkos, Peter. *Psychic, The Story of Peter Hurkos.* (Síquica: la historia de Peter Hurkos). Bobbs Merrill. Indianapolis, Ind. y Nueva York, N.Y.
James, William. *Principles of Psychology* (Principios de Sicología). Henry Holt & Company. Nueva York, N.Y.
Jones, Jim. *If You Can Count to Four.* (Si puede usted contar hasta cuatro) Whitehorn Publishing Co. Inc, El Monte, Calif.
King, William C. *Portraits and Principles* (1895), (Retratos y Principios). King Richardson & Co., Springfield, Mass.
Kohe, Martin J., *Your Greatest Power.* (Vuestro mayor poder). Ralston Publishing Company.
Marden, Orison Swett. *Pushing to the Front.* (dos vols), (Empujando hacia el frente). Success Co.
Menninger and Leaf. *You and Psychiatry.* (Tú y la Siquiatría). Charles Scribner's Sons. Nueva York, N.Y.
Molloy, Paul. *And Then There Were Eight.* (Y entonces fueron ocho). Doubleday. Nueva York, N.Y.
Monahan, James. *The Last Days of Dr. Tom Dooley.* (Los últimos días del doctor Tom Dooley). Farrar, Straus & Cudahy, Inc., Nueva York, N.Y.
Montmasson, Jos. & Marie. *Invention and the Unconscious.* (La invención y el subconsciente), Harcourt, Brace & Company. Nueva York, N.Y.
Moore, Robert E. and Schultz, Maxwell I., *Turn on the Green Lights in Your Life* (Encienda la luz verde en su vida). Prentice-Hall, Inc. Englewood Cliffs, N. J.
Osborn, Alex F. *Applied Imagination.* (Imaginación aplicada). Charles Scribner's Sons. Nueva York, N.Y.
———, *Your Creative Power.* (Vuestro poder creador). Charles Scribner's Sons. Nueva York, N.Y.
Peale, Norman Vincent. *The Power of Positive Thinking.* (El poder del pensamiento positivo). Prentice-Hall, Inc. Englewood Cliffs, N. J.
Rhine, Louisa E., *Hidden Channels of the Mind.* (Los ocultos canales de la mente). William Sloane Associates, Nueva York, N.Y.
Rhine, Joseph B., *New World of the Mind.* (El nuevo mundo de la mente). William Sloane Associates, Nueva York, N.Y.
———, *The Reach of the Mind* (El alcance de la mente) William Sloane Associates, Nueva York, N.Y.
Rhine and Pratt. *Parapsychology.* (Parasicología). Charles C. Thomas, Springfield, Ill.
Roberts, William H. *Psychology You Can Use.* (Sicología que usted puede emplear). Harcourt, Brace & Co., Nueva York, N.Y.
Stone, W. Clement. *The System That Never Fails.* (El sistema que nunca

falla) (Album de discos). Businessman's Record Club, Chicago 10, Ill.

Success Unlimited Magazine, Chicago 40, Ill.

Sweetland, Ben, *I Can* (Yo puedo). Cadillac Publishing Company, Nueva York, N.Y.

————, *I Will*. (Yo quiero). Prentice-Hall, Inc., Englewood Cliffs, N. J.

Turen and McCabe, *The Tuntsa*. (La Tuntsa). Henry Regnery & Co., Chicago, Ill.

Walker, Harold Blake. *Power to Manage Yourself*. (El poder para dirigirnos a nosotros mismos). Harper & Brothers. Nueva York, N.Y.

Witty, Paul Andrew. *The Gifted Child*. (El niño superdotado). D.C. Heath Co., Boston, Mass.

Woodworth and Sheehan. *First Course of Psychology*. (Primer curso de sicología). Henry Holt & Co., Nueva York, N.Y.

El autor de este libro

W. Clement Stone empezó su asombrosa carrera de vendedor siendo un niño que vendía periódicos en su ciudad natal de Chicago. A los veinte años montó su propia organización de ventas de seguros contra accidentes y sobre la salud. Tuvo tanto éxito en esta empresa que decidió dar de lado sus primeras ambiciones de ejercer como abogado, y en vez de ello, se consagró a la expansión de su negocio. Hoy en día, además de otras actividades, es presidente de los Chicago Boys Club y miembro del Consejo de dirección de los Boys Clubs of America. Es también miembro del Consejo del National Music Camp and Interlochen Academy of Fine Arts. El Señor Stone es Presidente del Consejo de Dirección de la American Foundation of Religion and Psychiatry y de la Foundation for the Study of Cycles.
W. Clement Stone es Presidente de las Combined Insurance Company of America...Combined American Insurance Company... First National Casualty Company y Hearthstone Insurance Company Massachusetts, así como editor de la revista Success unlimited magazine y Director de la Alberto-Culver Company. Ha escrito en colaboración con Napoleon Hill, Success Trhough A Positive Mental Attitude (Prentice-Hall, 1960.) y Herrero Hermanos Sucesores, S.A. México.

www.ingramcontent.com/pod-product-compliance
Lightning Source LLC
Chambersburg PA
CBHW032038150426
43194CB00006B/329